■ INHALT

Liebe Leserinnen und Leser,

mit diesem Heft setzen wir die Veröffentlichung von Beiträgen fort, die im Zusammenhang des 200-jährigen Jubiläums der Basler Mission 2015 entstanden sind. Die meisten Texte dieser Ausgabe entstammen der Tagung »Mission und ihre Akteure«, die vom 1. bis 3. Oktober 2015 in Bad Boll stattgefunden hat. Hinzugefügt wurde ein schon vor einigen Jahren entstandener Aufsatz von Hanns Walter Huppenbauer, der einen Blick auf alte Hausordnungen der Basler Mission, ihre Funktion und die Frage der Autorenschaft durch Christian Gottlieb Blumhardt wirft. In der Rubrik »Berichte und Dokumentationen« kommt die Hamburger Theologiestudentin Judith Bollongino zu Wort, die von ihren Erfahrungen in Fidschi berichtet und damit ein Stück gelebter »interkultureller Theologie« bietet.

Es folgt nun eine Einführung von Dieter Becker in die Idee und den Verlauf der Bad Boller Tagung, und als Schriftleitung freuen wir uns darüber, dass das Jubiläum dieses großen und wichtigen Missionswerks nicht nur zu missionsgeschichtlichen Rückblicken, sondern auch zu zahlreichen grundsätzlichen Überlegungen Anlass gegeben hat, die ihrerseits das Thema der Interkulturellen Theologie weitertreiben, wie schon die Beiträge des Basler Symposiums gezeigt haben.

Wir wünschen Ihnen wie immer interessante und fruchtbringende Lektüre!

Ulrich Dehn

»Mission und ihre Akteure«
Jahrestagung der Deutschen Gesellschaft für Missionswissenschaft aus Anlass von 200 Jahren Basler Mission

Die Gründung der Basler Mission vor 200 Jahren war der Anlass für eine gemeinsam veranstaltete große Tagung der Deutschen Gesellschaft für Missionswissenschaft und der Evangelischen Akademie Bad Boll. Auf dieser Konferenz vom 1. bis 3. Oktober 2015 ging es in Vorträgen und Arbeitsgruppen um die »Akteure« dieser zweihundertjährigen Geschichte sowie um ihr Fort- und Weiterleben im kollektiven Gedächtnis der beteiligten Kirchen und Christentumskulturen. Dabei wurde insbesondere das Zusammenspiel verschiedener Handelnder im Kontext kolonialer Mission erörtert. Beleuchtet wurden die Leitungsebenen der Missionsgesellschaft, die Missionare und Missionarinnen, ihre Familien sowie die Vertreterinnen und Vertreter der lokal entstandenen Kirchen. Als eine weitere Perspektive kam auch die aus der Missionstätigkeit heute entstandene Europakritik in den neu entstandenen Kirchen in den Blick, wobei über die Überwindung des Eurozentrismus in der ökumenischen Gemeinschaft der Kirchen nachgedacht wurde. Mit dem Blick auf Württemberg als einem Ausgangsort wichtiger missionarischer Initiativen wurden die spannungsvollen Beziehungen zwischen dem kolonialen Weltbild der Mission und den chiliastischen Erwartungen in der Erweckungsbewegung Thema der Erörterung.

In Bad Boll, gleichsam im Herzen Württembergs, gedachten die 70 Teilnehmenden eines Ereignisses, in dessen Folge es zahlreiche junge Männer und Frauen aus verschiedenen Teilen des deutschen Südwestens nach Basel zog, um sich für einen Dienst in weit entfernten »dunklen« Erdteilen ausbilden zu lassen. Die Gründung der Basler Mission vor 200 Jahren war ein Ereignis, dem viele Zeitgenossen heute wohl kaum einen Platz im sozialen Gedächtnis unserer immer weniger kirchlich geprägten Gesellschaft einräumen möchten. Wenn dies auf dieser Tagung jedoch für drei Tage im Fokus stand, geschah das nicht aus romantisierender Verliebtheit in ein kirchengeschichtliches Randgeschehen, sondern weil diesem Ereignis für die neuere Geschichte des Weltchristentums eine eminent wichtige Bedeutung zukommt.

Die Stadt Basel hatte in den ersten Jahrzehnten des 19. Jahrhunderts den Ruf erworben, eine überaus christlich geprägte Stadt zu sein. Man sprach im In- und Ausland anerkennend wie abschätzig vom »frommen Basel«. Hier bestand bereits das organisatorische Zentrum der international vernetzten Deutschen Christentumsgesellschaft. Am 25. September 1815 trafen sich damals in Basel auf Einladung des Württembergers Christian Friedrich Spittler sieben Herren im Haus des Stadtpfarrers Nikolaus von Brunn, der als apokalyptisch geprägter Theologe und Autor eine Rolle in der Christentumsgesellschaft spielte und bereit war, den Kreisen der Erweckten zu helfen, eine eigene Missionsanstalt zu gründen.

Die Basler Mission war das erste protestantische Missionswerk auf dem europäischen Kontinent und wurde in vieler Hinsicht die »Mutter« der weiteren Vereine und Gesellschaften, die in den folgenden Jahrzehnten an verschiedenen Orten entstanden. Die etwa 4000 Männer und Frauen, die in zwei Jahrhunderten aus Basel kommend an verschiedenen Orten der Welt als »Boten des Reiches Gottes« arbeiteten, stehen auf ihre Weise im Bezugsrahmen einer entstehenden Weltchristenheit, die heute nahezu drei Milliarden Menschen umfasst.

Die Tagung wurde mit einem Vortrag von Professor Dr. Winfried Speitkamp aus Kassel eröffnet, der in das Thema »Missionen als Akteure im kolonialen Umfeld« einführte. Über »Wandlungen der Erweckung in Württemberg«, wie sie im Blick auf chiliastische Erwartungen auf Missionsfesten deutlich wurden, sprach Dr. Michael Kannenberg, Heilbronn. Professor Dr. Heinrich Balz aus Weinsberg, der selber viele Jahre für die Basler Mission in Kamerun tätig war, untersuchte in seinem Beitrag das Thema »Volkstum, Gottes Offenbarung und ökumenische Weite: Theologische Strömungen in der Basler Mission im 20. Jahrhundert«. Unter dem Thema »Akteure im interkulturellen Kontakt« markierte der Generalsekretär der Church of South India, Dr. Ratnakar Sadananda, Chennai, »Wegmarken aus 200 Jahren Missionsgeschichte zwischen Basel und Südindien«. In dem abschließenden Vortrag von Frau Professorin Dr. Christine Lienemann aus Bern ging es um die Folgen der Europa-Kritik aus dem Süden« und um das, was daraus heute für die globale Mission folgt.

Erweitert und vertieft wurden die Vorträge durch Arbeitsgruppen. In ihnen ging es um Fotografien aus der Mission und ihre Deutung (Dr. Paul Jenkins), um Missionare als Kritiker des Komitees (Dr. Tobias Brandner) sowie um Missionsfamilien und ihre Kinder (Dr. Dagmar Konrad). »Communio und interkultureller Austausch« waren die Topics in drei Foren am Beispiel von Indien (Dr. Ratnakar Sadananda), Ghana (Dr. Nana Abraham Opare Kwakye) und Kamerun (Dr. Samuel Johnson).

Die Geschichte der Basler Missionsgesellschaft ist mit der evangelischen Landeskirche in Württemberg eng verbunden. Neben zahlreichen Missionarinnen und Missionaren stammten auch Direktoren und Inspektoren aus dem Süden Deutschlands. Württembergische, badische und pfälzische Kirchengemeinden und Gruppen unterstützen bis heute Hilfsprojekte und organisieren Begegnungen mit Partnern von *mission 21* und der *Evangelischen Mission in Solidarität* aus vier Kontinenten. Diese Verbindungen wurden von OKR Prof. Dr. Heckel in seinem Grußwort deutlich unterstrichen.

Gezeigt wurde in Bad Boll auch die informative Wanderausstellung mit dem Titel »Unterwegs zu den Anderen«, die von Mitarbeitenden der *Evangelischen Mission in Solidarität*, Stuttgart, vorbereitet worden war. In ihr ging es darum, wie die Begegnungen zwischen Menschen unterschiedlicher Kulturen auf beiden Seiten Alltag und Weltsicht veränderten. Die Thementafeln fragten nach dem Blick von Menschen in den heutigen Partnerkirchen auf die lokale Geschichte und zeigten Ausdrucksformen religiösen Lebens, die aus der Begegnung mit der je eigenen Kultur erwachsen sind. Im Anschluss an die Konferenz gab es das Angebot einer Exkursion. Das Thema lautete »Hermann Hesse, Hermann Gundert und Co. Auf den Spuren von ›Aussteigern‹ aus der Missionsszene«.

Die Tagung in Bad Boll ergänzte in historischer Hinsicht das internationale Symposion, das aus Anlass des Jubiläums im September 2015 bereits in Basel stattfand. Dass das Treffen in Bad Boll mit einem so reichhaltigen Programm zustande kam, verdankte sich in der Vorbereitung nicht nur den Verantwortlichen in der Deutschen Gesellschaft für Missionswissenschaft und der Evangelischen Akademie Bad Boll, insbesondere Herrn Pfarrer Wolfgang Mayer-Ernst, sondern auch der tatkräftigen Unterstützung wichtiger Repräsentanten in der alten *Basler Mission*, bei *mission 21* und der Stuttgarter Zentrale der *Evangelischen Mission in Solidarität*. Ihnen allen gebührt auch an dieser Stelle großer Dank. Mein herzlicher Dank gilt aber nicht zuletzt der Redaktion der *Interkulturellen Theologie* für die Bereitschaft, wieder einmal die Vorträge einer DGMW-Jahrestagung in der Zeitschrift herauszubringen.

Dieter Becker
Vorsitzender der Deutschen Gesellschaft für Missionswissenschaft
von 2004 bis 2015

Zur Freiheit hat uns Christus befreit. Bleibt daher fest und lasst euch nicht von Neuem das Joch der Knechtschaft auflegen!

(Gal 5,1)[1]

Verena Grüter

Es war für mich die große Freiheit, als ich gleich nach meiner Ordination 1995 nach El Salvador aufbrach. Ein völlig neuer Kontext wartete auf mich, mit Spanisch wollte ich eine neue Sprache lernen, eine ganz andere Kultur kennenlernen – und vor allem: in einer Kirche mitarbeiten, die geprägt war von der lateinamerikanischen Befreiungstheologie. Seit ich die Entscheidung getroffen hatte, nach meiner Ordination in der Lutherischen Kirche El Salvadors mitzuarbeiten, hatte ich die politischen Entwicklungen interessiert verfolgt: Den Friedensschluss 1992, der nach 12 Jahren dem Bürgerkrieg ein Ende setzte und die vergangene Militärdiktatur durch eine demokratische Gesellschaft ablösen sollte. Der Kampf der verschiedenen gesellschaftlichen Sektoren – der katholischen Landarbeiterbewegung, aber auch einer militanten Guerilla – war nicht einmal durch amerikanische militärische Interventionen zu stoppen gewesen. Er hatte, wie es schien, zu einem Sieg über Unterdrückung und massive Menschenrechtsverletzungen geführt.

Diese Befreiungsbewegung war geistig genährt und geführt von der katholischen Befreiungstheologie. Namhafte Vertreter der katholischen Theologie und Kirche hatten dafür ihr Leben gegeben: Erzbischof Oscar Romero, dessen Ermordung während einer Messfeier 1980 die gärenden sozialen und politischen Unruhen zu einem offen Bürgerkrieg eskalieren ließ, sowie sechs Jesuiten der Zentralamerikanischen Universität, die im Rahmen einer Großoffensive im No-

---

[1] Predigt im Rahmen der Hochschulgottesdienste der Augustana-Hochschule Neuendettelsau, St. Laurentius, am 17.1.2016 zur Eröffnung der Themenreihe »Reformation und die eine Welt«.

vember 1989 zusammen mit einer ihrer Haushälterinnen und deren Tochter bei Nacht und Nebel grausam ermordet worden waren, sowie zahlreiche weitere katholische Priester und engagierte Ordensleute, darunter auch etliche Frauen. Sie alle haben in ihren Glauben investiert: Die Gegenwart Christi unter den Unterdrückten und Marginalisierten war ihnen so wertvoll gewesen, dass sie dafür mit ihrem Leben bezahlt hatten.

Für mich als Lutheranerin gab es bis dahin keinen theologischen Zugang zu diesem Verständnis von Befreiung. Freiheit – das war bis zu dem Zeitpunkt für mich vor allem die persönliche Glaubens- und Gewissensfreiheit gewesen. Die Freiheit von der Bevormundung in religiösen Fragen, für die Luther eingetreten war. Und die Freiheit zum Dienst an anderen, wie Luther das in seiner Schrift *Von der Freiheit eines Christenmenschen* knapp zusammenfasst: Christenmenschen sind in ihrem Glauben frei und niemandem unterworfen. Und zugleich sind sie frei, sich in Liebe an andere Menschen hinzugeben. Freiheit in dieser doppelten Beziehung – frei von der Bevormundung in religiösen und Gewissenfragen durch klerikale oder weltliche Macht und frei zur Hingabe, so hatte ich Luthers Rechtfertigungslehre im Studium verstehen gelernt.

Während meines Vikariats waren jedoch neue Fragen auf mich zugekommen, die ich auf dieser theologischen Grundlage allein nicht beantworten konnte: Der Balkankrieg hatte Flüchtlinge aus Jugoslawien nach Deutschland gebracht. Sowohl im Predigerseminar in Nürnberg als auch in unserem Gemeindehaus in Ingolstadt waren Flüchtlingsfamilien einquartiert. In der Begegnung mit ihnen lernte ich, dass religiöse Freiheit politische Freiheit braucht, damit Menschen ihre Gewissensfreiheit ausüben können. Diese Erfahrungen ließen in mir allmählich den Wunsch entstehen, aus der Begegnung mit armen und marginalisierten Menschen heraus für meine Theologie zu lernen. Und so führte mich mein Weg nach El Salvador.

Auch die kleine Lutherische Kirche dort hatte in den Jahren des Bürgerkriegs die Gruppen unterstützt, die das Militärregime stürzen wollten. Die ILS hatte sich während des Bürgerkriegs in El Salvador eindeutig positioniert auf der Seite derer, die Widerstand gegen die Militärdiktatur leisteten. Ein beredtes Zeugnis davon legt das Kreuz ab, das in der Hauptkirche der ILS steht. Gleich nach meiner Ankunft dort erzählte mir der Bischof die Geschichte dieses Kreuzes: Im Jahr 1989, dem Jahr der großen militärischen Offensive, die den Guerillakampf beenden sollte, hatte die Gemeinde im Rahmen eines Gottesdienstes darauf die Sünden geschrieben, die in El Salvador zu der Zeit geschahen: Verletzungen der

Menschenrechte, soziale Ungerechtigkeit, Diskriminierung der Frauen, Ermordung von politisch unliebsamen Menschen. In der Nacht vom 15. auf den 16. November 1989 ermordete eine militärische Spezialeinheit sechs Jesuiten der Zentralamerikanischen Universität und eine ihrer Haushälterinnen sowie deren Tochter. Anschließend stürmten sie die Lutherische Kirche und suchten nach dem Pfarrer. Als sie ihn nicht fanden, verhafteten sie mehrere Gemeindeglieder und beschlagnahmten das Kreuz, das sie wegen der Aufschriften als subversiv beurteilten. Zusammen mit den Verhafteten wurde es ins Gefängnis verbracht. Bischof Gomez sagte dazu in einer Predigt 1990 in der Nikodemuskirche in München: »Das Kreuz wird ins Gefängnis gebracht. Zuerst kommt es in die Kaserne der verhaftenden Einheit. Dort ist es am Ort der Folter. Hier, wo sie foltern, zeigt es ihre Sünden auf, ihre Verbrechen, ihre Morde. Die salvadorianischen Gefangenen werden mehrfach vor dem Kreuz verhört.« Auf internationalen politischen und kirchlichen Druck hin wurden die Gefangenen, zusammen mit dem Kreuz, später freigelassen. Das Kreuz wird von da an vor jedem Gottesdienst in einer Prozession in die Kirche getragen als Mahnung an die Gemeinde, sich gegen Gewalt und Unrecht zu wehren.

Diese Geschichte atmet den Geist der Befreiungstheologie. Sie hatte eine charismatische Bewegung entfesselt, die von der Hoffnung auf Befreiung getragen war. Wie die Reformation, so war auch die Befreiungstheologie eine Volksbewegung. Christliche Gemeinden wurden aus Unbeteiligten zu Akteuren, die diese Bewegung voranbrachten. Sie nährten sich aus dem unmittelbaren Umgang mit der Bibel, die sie neu entdeckten und in ihre Sprache übersetzten, so wie es auch Luther getan hatte. Und in ihrer Mitte stand eine neue Kreuzestheologie. Auch das verbindet sie mit der Reformation. Das Kreuz war ein Symbol für das vorübergehende Leiden, auf dessen Kehrseite die Auferstehung erwartet wurde, eine neue Gesellschaft ohne Unrecht, Leiden und Unterdrückung.

Das Charisma der Freiheit, so der deutsche Theologe und Wirtschaftswissenschaftler Franz Hinkelammert, verbindet die Reformation des 16. Jahrhunderts mit der Befreiungstheologie des 20. Jahrhunderts.[2] Wie die Reformation eine Volksbewegung gegen die mittelalterliche Gesellschaftsordnung darstellte, so verlangten auch die befreiungstheologischen Basisgemeinden nach einer neuen Gesellschaftsordnung. Beide Befreiungsbewegungen verbindet nach Hinkelammert auch die Dialektik zwischen Charisma und Institution: Kritisch gegenüber

---

[2] Zum Folgenden vgl. Walter Altmann, Lutero e Libertaçao, Editora: Atica, 1994.

ihren überkommenen gesellschaftlichen und kirchlichen Institutionen hatten die beiden charismatischen Bewegungen zunächst keine institutionellen Visionen. Die lateinamerikanische Befreiungstheologie verband mit der präferenziellen Option für die Armen die Hoffnung auf Auferstehung eines neuen Volkes und die Verheißung einer neuen Erde. In einem Lied hieß es damals: »Wenn wir die Sonne anschieben, rückt der Tag schon näher.« Damit markiert Hinkelammert zugleich einen wesentlichen Unterschied zur Reformation: Luther, Zwingli, Calvin und Buzer waren keine Millenaristen. Die Subjektivität, die sie gegen die kirchliche und politische Macht behaupteten, wurzelte im Kontext bürgerlicher Werte. In der Befreiungstheologie hingegen setzte die Subjektivität bei den konkreten Bedürfnissen geschichtlicher Personen an, die in einer Spannung zur feudalen Oberschicht standen. Hinkelammert sieht die gesellschaftlichen Konsequenzen der europäischen Reformation daher in der Affirmation bürgerlicher Werte, das Anliegen der Befreiungstheologie dagegen in der Transformation der feudalen lateinamerikanischen Gesellschaften.

Kein Wunder, dass vor diesem Hintergrund in Zentralamerika eine andere Gestalt der europäischen Reformation viel Interesse fand: Thomas Müntzer und der sogenannte »linke Flügel« der Reformation. Müntzer entfachte auf der Grundlage einer mittelalterlichen Vorstellung von der Welt eine revolutionäre Bewegung. Der peruanische Theologe Echegaray urteilt, Müntzer habe kein ausreichendes politisches Urteil gehabt, aber die Welt aus religiöser Inspiration heraus zerstören wollen. Demgegenüber habe Luther zwar eine durchaus moderne Vorstellung verfolgt, indem er Religion und Politik als zwei getrennte Sphären behauptete und die subjektive Gewissensfreiheit forderte. Doch die Spannung zwischen innerer und äußerer Freiheit, zu der ihn sein radikaler anthropologischer Pessimismus führte, ließ keinen Gedanken an eine Mitwirkung der Menschen am Reich Gottes zu. Die Lehre von Zwei Reichen und Regimentern ließ als einzige Verbindung zwischen den beiden Sphären das individuelle Gewissen zu. Politik hatte für Luther keine moralische Relevanz. Dem Menschen, der durch die lutherische Rechtfertigungslehre die innere Freiheit erlangt hat, ist die effektive äußere Freiheit in der Welt bedeutungslos. So wird der Glaube zum Opfer des jeweils dominanten politischen Systems. Echegaray kommt daher zu der paradoxen Schlussfolgerung: Während Müntzer aufgrund einer mittelalterlichen Vorstellung von der Welt eine revolutionäre Bewegung entfacht, gelangt Luther auf der Grundlage eines modernen Ansatzes der Gewissensfreiheit und der konsequenten Trennung von Religion und Politik zu einer reaktionären politischen

Positionierung. Und der uruguayische Jesuit Juan Luís Segundo unterstreicht, dass eine Theologie, die alles Historische transzendiert, zwar einerseits ideologiekritisch wirkt. Andererseits jedoch führt sie zur Entpolitisierung der Theologie überhaupt. Menschen nehmen im Reich Gottes keine handelnden Rollen ein; vielmehr bleibt alles Handeln allein Gott vorbehalten.

Wie aber kann die Rechtfertigung allein aus Glauben so gedacht werden, dass sie nicht bei der individuellen Gewissensfreiheit stehen bleibt, sondern politische Befreiung und soziale Gerechtigkeit einschließt? Die mexikanische Baptistin Elsa Tamez hat die Rechtfertigungslehre in diese Richtung weitergedacht. In ihrem Buch *Contra toda Condena. La justificación por la fe desde los excluídos*[3] nimmt sie eine befreiungstheologische Relektüre der paulinischen Rechtfertigungslehre vor. Rechtfertigung allein aus Glauben interpretiert sie als »Einschluss der Ausgeschlossenen« vor dem Hintergrund der massiven strukturellen Sünde, die im Römischen Reich herrschte. Angesichts der politischen, ökonomischen und militärischen Macht des Römischen Reiches legt sie den Rechtfertigungsbegriff bei Paulus als Einschluss der Ausgeschlossenen aus: Die Erwählung Israels wird geöffnet für alle Menschen. Damit verliert sie ihre Exklusivität. Die Privilegien, die vormals den Erwählten allein vorbehalten bleiben, sind nun allen Menschen zugänglich. Angesichts der strukturellen Übermacht des Römischen Reiches, die das Leben der meisten seiner Bewohner ins Prekariat verwies, ermächtigte die so verstandene paulinische Rechtfertigungslehre die Menschen, wirkliche Gerechtigkeit zu praktizieren. Rechtfertigung wird von Elsa Tamez aus der historischen Perspektive von Unterdrückung und Armut neu gedacht. Dadurch wird sie relevant für die Armen und Marginalisierten. Sie sind diejenigen, denen Gottes Heil in Gestalt eines Lebens in Würde und Gerechtigkeit zugeeignet wird. Und in diesem Prozess gewinnen sie ihre Würde zurück durch Handlungsspielräume, in denen sie mit uns als den Privilegierten gemeinsam agieren.

Achtzehn Jahre nach meiner Rückkehr nach Deutschland habe ich El Salvador nun wieder besucht. Das subversive Kreuz steht noch immer in der Kirche. Aber die Gesellschaft ist eine andere geworden. Die Unterdrückung erfolgt nicht mehr durch eine Militärdiktatur. Sie ist längst in wirtschaftliche Strukturen transformiert worden, die das Land knebeln. Die Versuche, die Gesellschaft zu demokra-

---

[3] Elsa Tamez, Gegen die Verurteilung zum Tod: Paulus oder die Rechtfertigung durch den Glauben aus der Perspektive der Unterdrückten und Ausgeschlossenen, Luzern: Edition Exodus 1998.

tisieren – etwa durch die Umsetzung einer Landreform und den Abbau überholter, bürokratischer Strukturen – wird inzwischen überholt von der grassierenden Gewalt mafiöser Gruppen und dem wachsenden Flüchtlingsstrom nach Norden in die USA. Aber die Marginalisierten, die »Wegwerfmenschen«, sind nicht weniger geworden, sondern eher noch mehr. Sie schuften nicht mehr unbezahlt auf den Feldern der Feudalherren, sondern sie springen unter Lebensgefahr auf einen Güterzug in Mexiko – auch bekannt unter dem Namen »La Bestia«: Todeszug[4] –, der sie an die amerikanische Grenze bringen soll. Viele stürzen hinunter, werden verletzt, verlieren Arme oder Beine oder ihr Leben. Die Lutherische Kirche in El Salvador hat begonnen, diese Menschen zu begleiten, die aufgegriffen und zurückgeschickt werden oder schwer verwundet zurückkehren. Welche strukturellen Sünden würden sie heute auf das subversive Kreuz schreiben?! Befreiung aus Unterdrückung und Ausbeutung ist kein Problem, das gelöst wäre. Vielmehr hat der globale Turbokapitalismus Massen von sogenannten Wegwerfmenschen hervorgebracht, die nicht einmal mehr ausgebeutet werden, weil die Wirtschaft sie nicht braucht. In den Vorstädten von San Salvador leben sie als kriminelle Gangs, die sich in den Straßen offen bekriegen und mehr Tote produzieren als jemals in den Zeiten des Bürgerkriegs. Sie sterben in den Favelas von Rio de Janeiro – oder versinken vor Lampedusa im Meer.

Vielleicht hat der Zerfall der großen Narrative in der Postmoderne auch die große europäische Erzählung von Freiheit und Befreiung zerstört, hat sie zerfallen lassen in lauter partikulare Bestrebungen, in einzelne Sätze, die auf den ersten Blick keinen großen Zusammenhang mehr ergeben. Hat damit auch die Befreiungstheologie ihren Sinn verloren? Ich glaube nicht. Wirtschaftliche und militärische Machtausübung produziert heute mehr Opfer als jemals zuvor in der Geschichte. Lutherische Theologie hat in Lateinamerika von der Befreiungstheologie gelernt, ist von ihr ernst genommen, kritisiert und transformiert worden. Angesichts der neuen Tendenzen hin zur Denominationalisierung tun wir gut daran, diese Diskurse nicht zu vergessen, sondern daraus zu lernen, wie wir zeitgemäß die Freiheit unseres Glaubens aus klerikaler und politischer Bevormundung in ein befreiendes Handeln umsetzen, das sich nicht durch das neue Unwort des Jahres 2015 »Gutmensch« abschrecken lässt, sondern aus der »Asylantenflut« Menschen macht, die freie Subjekte ihres Lebens und MitbürgerInnen der Heiligen und Hausgenossen Gottes sind.

---

[4] Siehe dazu https://en.wikipedia.org/wiki/El_tren_de_la_muerte (23.5.2016)

Von chiliastischer Erwartung und Missionsfesten

Wandlungen der Erweckung in Württemberg

Michael Kannenberg

I. Ein Basler Missionsschüler auf Vakanzreise

Am 5. 8. 1818 brach in Basel der Missionsschüler Wilhelm Dürr zu einer zweimonatigen Ferienreise in seine württembergische Heimat auf. Sein Ziel war sein Heimatort Kaltenwesten, heute Neckarwestheim, zwischen Stuttgart und Heilbronn. Dürr, 1790 geboren, hatte sich nach einer Weberlehre Anfang 1816 um die Aufnahme in die neu gegründete Missionsschule in Basel beworben und wurde im Juli 1816 – 25 Jahre alt – als erster Schüler dort aufgenommen. Zweieinhalb Jahre blieb er dort, unterbrochen von zwei längeren Ferienreisen in seine württembergische Heimat. Für Wilhelm Dürr war es wohl eher eine Last, wie man an seiner ungelenken Handschrift sieht, dass die Schulleitung in Basel erwartete, die heimreisenden Schüler sollten ein Tagebuch führen, das sie am Ende der Reise in Basel abzugeben hatten. Für uns heute ist es ein Glücksfall, denn diese Tagebücher wurden aufbewahrt und gewähren uns heute sehr seltene Einblicke in die Lebens- und Glaubenswelt württembergischer Erweckter vor 200 Jahren. Und in Gesprächsthemen und Gedankenhorizonte, die in Basel geteilt und diskutiert wurden![1]

Die Tagebücher geben Auskunft über den Reiseverlauf, über Besuche und Übernachtungen bei befreundeten Pietisten, sie berichten über Gespräche, die

---

[1] Vortrag beim Symposion der Deutschen Gesellschaft für Missionswissenschaft mit dem Titel »Mission und ihre Akteure. Eine Tagung aus Anlass von 200 Jahren Basler Mission«, Bad Boll, 1. 10. 2015. Der Vortragsstil wurde weitgehend beibehalten.

der Verfasser unterwegs führte, Predigten, die er hörte, Versammlungen, an denen er teilnahm oder die er selbst hielt. Auch die Tagebücher, die sich darauf beschränken, den äußeren Verlauf der Reise wiederzugeben, enthalten wichtige Informationen. So standen den reisenden Missionsschülern nur selten Verkehrsmittel wie Kutschen oder Schiffe zur Verfügung. Der Großteil der Strecke wurde zu Fuß zurückgelegt. Die Tagesetappen orientierten sich an günstigen Gelegenheiten zum Übernachten, zum Beispiel in den Heimatorten von Mitschülern oder in gastfreien Häusern von bekannten Erweckten des Landes. Es gab geradezu ein Netz von Anlaufstationen, wo die Missionsschüler mit Kost und Logis rechnen konnten. Für alle Beteiligten war das ein komfortables Arrangement: Die Schüler mussten sich keine größeren Gedanken wegen ihrer Übernachtung machen. Und ihre Gastgeber hatten eine günstige Gelegenheit, um Nachrichten oder Post zu erhalten oder den Reisenden auf den Weg mitzugeben. Die Tagebücher sind so das Dokument eines einfachen, aber effektiven Kommunikationsnetzes, das die württembergischen Pietisten untereinander verband.

Wirft man einen genaueren Blick auf die Inhalte der Tagebücher, so nimmt das Seelen- und Glaubensleben der Schüler oft einen breiten Raum ein. Das wurde in Basel so erwartet. Denn, wie gesagt, die Tagebücher mussten am Ende der Reise abgegeben werden. Sie dienten als Beleg, dass der Reisende die unterrichtsfreie Zeit auch sinnvoll genutzt hatte. Nicht Erholung war der Sinn dieser Vakanzen, sondern erste praktische Übungen im Tätigkeitsfeld eines Missionars: Also missionarische Gespräche, selbst geleitete Versammlungen oder auch das Sammeln von nützlichen geistlichen oder weltlichen Beobachtungen im weiten Missionsfeld. »Unser Gespräch bestand aus Gegenständen der Mißion«[2], wie Dürr einmal treffend bemerkt.

Je nach Bildung, Eloquenz und Auffassungsgabe spiegeln die Tagebücher mehr oder weniger deutlich die Wahrnehmungen und Erlebnisse ihrer Autoren wider. In Dürrs Tagebuch von 1818 nimmt dabei ein Thema nicht geringen Raum ein: Die endzeitlichen Erwartungen. Was war der Hintergrund? Knapp ein Jahrhundert früher hatte Johann Albrecht Bengel seine Erklärung der Johannesoffenbarung veröffentlicht, die in einem Nebensatz die folgenschwere Ankündigung enthielt, im Jahr 1836 werde auf Erden ein tausendjähriges, göttliches Friedens-

---

[2] Archiv der Basler Mission Basel (ABM), QS-10.1,1: [Wilhelm Dürr], ReißJournal welches ich auf meiner lezten vacanz Reiße nach Würtemberg im Jahr 1818 aufgenommen habe, 2 Hefte im Oktavformat (im Folgenden: Dürr, Tagebuch), Zitat: H. 1, 42.

reich anbrechen, wie es in der Johannes-Offenbarung angekündigt sei.[3] Für Bengel selbst war das Zukunft jenseits seiner Lebenszeit. Doch für die Leserinnen und Leser seiner Bücher rückte der Termin immer näher. Wilhelm Dürr zum Beispiel konnte schon darauf hoffen, die erwarteten Ereignisse selbst mitzuerleben.

Bengel versetzte den württembergischen Pietismus mit seinen Berechnungen in eine gespannte Erwartung, die sich, je näher der Termin rückte, in nervöse Unruhe umzuwandeln begann. Dieser Prozess kann als typischer Verlauf millenarischer Bewegungen beschrieben werden.[4] Er beginnt mit einer Periode, in der apokalyptische Erwartungen wachsen und sich in Gemeinschaftsbildungen und vorbereitenden Aktivitäten manifestieren. Es folgt eine zweite Phase der Unsicherheit, in der sich die Erwartungen nicht in der erhofften Weise realisieren. Schließlich müssen in einer dritten Phase die Anhänger der millenarischen Bewegung wieder in den normalen Alltag zurückkehren, indem sie entweder ihre Erwartungen modifizieren, um als Gemeinschaft fortbestehen zu können, oder sich als organisierte Gemeinschaft auflösen.[5] Und damit zurück zu unserem Missionsschüler auf der Reise von Basel in seine württembergische Heimat. Wir beobachten ihn im Jahr 1818, also noch in der ersten Phase der Gemeinschaftsbildung und vorbereitenden Aktivitäten.

Zwei Wochen nach seiner Abreise aus Basel kam Wilhelm Dürr in seinem Heimatort an. Gleich am folgenden Tag kam die erste Bewährungsprobe. Nicht um es sich zu Hause gut gehen zu lassen, war er unterwegs, sondern um auch an seinem Heimatort für die Sache der Mission zu werben und seine eigenen Fähigkeiten einzuüben und zu erweitern. Er sollte in der Versammlung der Frauen eine Erbauungsstunde leiten. In seinem Tagebuch notierte er:

> »Des Nachts hielt ich den Frauen eine Erbauungsstunde. Ich blieb bey ihrer Ordnung, sie waren nehmlich in Bengels 60 Reden, über Offenbarung 13 von der Zahl 666 und der Zahl des Namens des Thiers. Ich machte hiebey folgende Bemerkung nehmlich, daß Wachen und Aufmerksamkeit in Religions-Sachen allerdings nöthig seyen. Aber nicht die Hauptsache. Wenn zum Exempel einer im Krieg immer nur schauen wollte, wenn der Feind ankomme, machte sich aber nicht bereit auf ihn, so würde es ihn wenig nützen. Die Hauptsache sey, daß wir uns von Herzen bekehren, daß wir Kinder Gottes werden. Dann werde der Herr uns zu retten wißen.

---

[3] Johann Albrecht Bengel, Erklärte Offenbarung Johannis und vielmehr Jesu Christi, Stuttgart 1740, 1073.

[4] Vgl. dazu und zum gesamten Zusammenhang Michael Kannenberg, Verschleierte Uhrtafeln. Endzeiterwartungen im württembergischen Pietismus zwischen 1818 und 1848, Göttingen 2007.

[5] Vgl. Richard Landes, On Owls, Roosters, and Apocalyptic Time: A Historical Method for Reading a Refractory Documentation, in: Union Seminary Quarterly Review 49 (1995), 49–69, hier: 53–56.

Zubereitung ist allerdings nöthig, ... Festungen, die den Krieg überdauern sollen, müßen bey Friedens-Zeiten gebauet werden.«[6]

Verschiedenes ist an diesem Auszug bemerkenswert: Dürr besucht eine reine Frauenversammlung. Wir werden also Zeugen von organisierter Frauenbildung im pietistischen Bereich. In der Versammlung wird im Sinne einer *lectio continua* gezielt gelesen und vorgelesen. Dass die Frauen sich ein Buch von Bengel ausgesucht haben, genauer seine *60 erbaulichen Reden über die Offenbarung Johannis*, kann nicht verwundern. Denn diese millenarischen Lektüren lagen damals gleichsam in der Luft. Allerdings setzte Dürr einen wichtigen Akzent. Nicht das gespannte, aber letztlich passive Warten auf anstehende Ereignisse sollte im Mittelpunkt stehen, sondern die persönliche Bekehrung, die sich in aktiver Vorbereitung zeigen und beweisen musste. Das heißt: Endzeitliche Energie sollte in missionarische Aktivität umgeleitet werden.

Ein wichtiges Element der in den Erbauungsstunden vermittelten Bildung war also der endzeitliche Denkstil, der alle Erscheinungen der Gegenwart auf ihre Bedeutung für die erhoffte Zukunft hin befragte. Über das Jahr 1836 und wie man sich darauf vorbereiten konnte, wurde gesprochen und debattiert. Auch kritische Stimmen wurden laut, die Bengels Berechnungen in Zweifel zogen oder überhaupt die Möglichkeit solcher Voraussagen abstritten. Eine andere Episode aus Dürrs Tagebuch lässt uns daran unmittelbar teilhaben. Dürr und einige seiner Mitschüler besuchten in Leonberg den dortigen Bürgermeister Gottlieb Wilhelm Hoffmann; er war im folgenden Jahr der Gründer und langjährige Vorsteher der von der Landeskirche unabhängigen Gemeinde in Korntal.

>»Den 23ten Morgends giengen wir wieder nach Stuttgart und waren bis Samstag den 26ten daselbst, wo wir jede Stunde die Ankunft unsers lieben Herrn Inspectors [also Christian Gottlieb Blumhardts] sehnlich erwarteten. Selbigen Nachmittag giengen wir noch nach Leonberg. Als wir Herrn Bürgermeister Hofman besuchten, fragte er uns, ob unser Herr Inspector angekommen sey? Wir sprachen nein. Er fuhr fort ›erwartet ihr ihn dan jezt nicht mehr, weil er schon so oft zu bald erwartet worden sey?? Wir sprachen, desto bälder erwarten wir ihn, weil die Zeit verfloßen ist. So, sprach er, ist es mit der Zukunft der Erscheinung des Herrn (Offenbarung 19). Viele haben Ihn schon oft gar nahe erwartet, und da Er ihrem Erwarten nach nicht gekommen, so haben sie und andere die Hoffnung aufgegeben, daß Er kommen werde. Gewiß ist es, daß Er kommen wird,

---

[6] Dürr, Tagebuch, H. 1, 41.

nur wißen wir die Stunde nicht, welches uns desto mehr zur Wachsamkeit antreiben solle.«[7]

Was Hoffmann in diesem Textauszug macht, hat man die »Transgression auf das Himmlische« genannt, also den argumentativen Schluss aus alltäglichen Ereignissen oder Verhältnissen auf religiöse Zusammenhänge.[8] Wie man im Alltag aus dem langen Warten auf erhoffte Ereignisse nicht schließen dürfe, man warte vergeblich, so dürfe man auch seine endzeitlichen Erwartungen nicht aufgeben, nur weil ihre Erfüllung auf sich warten ließe. Es ist nichts anderes als eine kleine Einübung in den millenarischen Denkstil, mit der Hoffmann den Missionsschülern begegnet.

Wie in diesem Gespräch in Leonberg, so wird es damals an vielen Orten in Württemberg gewesen sein: Endzeitliche Erwartungen und missionarische Aktivitäten waren ein verbreiteter Gegenstand in den erweckten Kreisen. Sie waren aber kein statisches Gebilde. Erst in der Kommunikation fanden sie auf differenzierte Weise ihre Ausgestaltung. Bei den Frauen in seinem Heimatort legte Dürr besonderen Wert darauf, man müsse sich vorbereiten, aktiv vorbereitet sein auf die kommenden Ereignisse. Bei Hoffmann in Leonberg standen dann eher die Wachsamkeit und das Achten auf die Zeichen der Zeit im Mittelpunkt des Interesses. Diese Differenzen oder, man könnte auch sagen, argumentativen Spielräume sind ein Grund, warum ich den Begriff des *millenarischen Kommunikationsraums* geprägt habe, in dem sich die württembergischen und Basler Erweckten vor 200 Jahren bewegten. Millenarischer Kommunikationsraum, das heißt: Ein sozial und/oder topographisch umgrenzter Raum, den Menschen mit einem millenarischen Denkstil und bestimmten kommunikativen Strukturen und Aktionsformen ausbilden.[9]

Wir machen jetzt einen kleinen, großen Sprung: Aus dem Jahr 1818 in das Jahr 1831; von dem Handwerkersohn und Missionsschüler Wilhelm Dürr zu zwei akademisch gebildeten Theologen; von Tagebuchauszügen für Basel zu Briefen nach Basel.[10]

---

[7] Dürr, Tagebuch, H. 2, 21f.

[8] Vgl. Martin Scharfe, Evangelische Andachtsbilder. Studien zu Intention und Funktion des Bildes in der Frömmigkeitsgeschichte vornehmlich des schwäbischen Raumes, Stuttgart 1968, 243f.

[9] Vgl. Michael Kannenberg, Der württembergische Erweckungspietismus als millenarischer Kommunikationsraum, in: Blätter für württembergische Kirchengeschichte 112 (2012), 145–155.

[10] Die Zuspitzung auf die Kommunikation mit Basel ist natürlich dem Anlass des Vortrags geschuldet: 200 Jahre Basler Mission!

II. Millenarische Post nach Basel

Ich greife einige Briefe heraus, die als Ausschnitte verstanden werden können, als kleine Fenster, die uns ihren je eigenen Einblick in den millenarischen Kommunikationsraum und dessen millenarische Denkstile gewähren. Es handelt sich um Briefe, die württembergische Theologen an Christian Friedrich Spittler schrieben, den Sekretär der Basler Christentumsgesellschaft und großen Organisator und Kommunikator erwecklicher Aktivitäten in der ersten Hälfte des 19. Jahrhunderts. Meine Beispiele spiegeln den Übergang von der ersten Phase einer millenarischen Bewegung zu deren zweiter und dritter Phase wider. Wir werden also Zeugen des Umschlags von gespannter Erwartung hin zu deren Enttäuschung und beginnender Verarbeitung. Ein erstes Beispiel. Am 6. 1. 1831 schrieb der Möttlinger Pfarrer Christian Gottlob Barth nach Basel:

> »Die Zeitereignisse werden immer drohender. Wo wirds hinaus wollen? Ich weiß es wohl, aber das weiß ich auch, daß der Herr König ist, und daß uns ohne Seinen Willen kein Haar gekrümmt werden kann. Gewiß würde es zweckmäßig seyn, wenn in den Basler Sammlungen auf die Bedeutung dieser Zeit ernstlich aufmerksam gemacht würde. Ueberlegen Sie es.«[11]

Barths Aufforderung enthält vier wesentliche Elemente millenarischer Frömmigkeit. Zum einen: Der Weltgeschichte unterliegt ein apokalyptischer Fahrplan, der die kommenden Ereignisse vorzeichnet. Sein Ablauf ist in der Heiligen Schrift festgehalten und aus dieser ermittelbar. Das Ergebnis dieser Ermittlung kann – zweitens – mit den sogenannten *Zeichen der Zeit* verglichen werden. Politische Umwälzungen, Naturkatastrophen oder andere Ereignisse werden im Lichte der biblischen Ankündigungen, speziell der Johannesoffenbarung, wahrgenommen und als *Zeichen der Zeit*, also apokalyptische Ereignisse, interpretiert. Barths Hinweis, die Zeitereignisse würden »immer drohender«, offenbart dabei das bedrängende Gefühl einer apokalyptischen Beschleunigung. Dem Fahrplan entsprechend fährt der Zug der Weltgeschichte immer schneller auf den Abgrund zu. Niemand kann dem entkommen. Eine Rettung aus den drohenden Verfolgungen und apokalyptischen Leiden – das ist der dritte Punkt – wird dabei nur den wahrhaft Glaubenden zukommen. Und das nur dergestalt, dass die an der endzeitlichen Kommunikation Beteiligten durch die auch ihnen bevorstehenden Leiden hindurch bewahrt werden. Darum fordert Barth – viertens – Spittler dazu

---

[11] Staatsarchiv Basel, PA 653, Abt. V, Barth, Christian Gottlob: Brief an Spittler, Möttlingen, 6. 1. 1831.

auf, die gemeinsamen endzeitlichen Erkenntnisse auf angemessene publizistische Weise zu kommunizieren. Mit den Basler Sammlungen stand Spittler eine Monatsschrift zur Verfügung, die in erweckten Kreisen des deutschsprachigen Raums verbreitet war. Hier konnte man warnen und mahnen. – Sechs Wochen später wiederholte Barth seine millenarischen Anschauungen und schrieb an Spittler:

> »Das Gericht muß über die Erde kommen, und die Seinen, die Er kennt, werden nur in so fern verschont, als ihnen auch das zum Heil dienen muß, und ihre Seelen nicht verloren gehen dürfen. Wir müssen uns in dieser Zeit aufs Schlimmste gefaßt machen. Der neue Papst Gregor möchte wohl der lezte seyn, und deutet vielleicht durch seinen Namen schon auf das kurze Wiederaufleben des Papstthums, ehe der Antichrist auftritt.«[12]

Barth insistierte: Die apokalyptischen Ereignisse sind im Gange und die Zeit wird immer drängender. Alle müssen sich auf das Schlimmste gefasst machen. Entwicklungen im Papsttum galten dabei als ein wichtiger Gradmesser, denn eine Identifikation des römischen Papstes mit der Gestalt des angekündigten Antichristen stand für ihn zweifelsfrei fest.

Barth war, das lässt sich auch aus seinen sonstigen Schriften und Briefen belegen, ein apokalyptischer Millenarist. Das tausendjährige Reich werde nicht anders als durch vorhergehende gewaltige Kämpfe zwischen göttlichen und widergöttlichen Kräften eintreten. Für die Kirche der wahrhaft Glaubenden würde das eine Zeit der Verfolgung bedeuten. Keine Rede also von einer *Hoffnung besserer Zeiten*. Nur durch apokalyptische Leiden war das göttliche Friedensreich erlangbar.

Ein ganz anderes Szenario wird in den Briefen des Winnender Stadtpfarrers Friedrich Jakob Philipp Heim erkennbar. Heim war, wie übrigens auch Barth, an diversen sozialdiakonischen Projekten beteiligt. Im Jahr 1823 hatte er in Winnenden die Paulinenpflege gegründet, eine Kinderrettungsanstalt, die sich besonders um Taubstumme kümmerte. Im Juni 1831, also nur wenige Wochen nach den Briefen Barths, schrieb Heim nach Basel:

> »Es wird mir unter den Bewegungen der neuesten Zeit … die Beschaffenheit des nun sichtbar näher rückenden Reichs Christi auf Erden, und besonders das immer deutlicher, daß die seit mehrern Jahren entstandenen christlichen Anstalten Neubrüche der künftigen erneuerten Kirche sind,

---

[12] Staatsarchiv Basel, PA 653, Abt. V, Barth, Christian Gottlob: Brief an Spittler, Möttlingen, 15.2.1831.

die stehen bleiben werden, wenn rundumher alle längstbestandenen Einrichtungen aufgelöst werden, daß wir also getrost, aber nur nicht anders als nach des Herrn Willen, an jenen Anstalten fortbauen dürfen.«[13]

Auch hier können wir wieder vier wesentliche Elemente millenarischer Frömmigkeit entdecken, zwei ähnlich wie bei Barth, zwei andere dagegen deutlich unterschieden. Auch Heim – das ist das Erste – beobachtete wachsam die Zeitzeichen, die »Bewegungen der neuesten Zeit«. Er führt nicht näher aus, ob er politische, gesellschaftliche oder religiöse Entwicklungen seiner Umwelt im Auge hatte. Wie auch immer, sie waren ihm – zweitens – ein Anzeichen für das Näherrücken des Reichs Christi. Ähnlich wie Barth war Heim überzeugt, dass die biblischen Weissagungen einer endzeitlichen Entwicklung sich in seiner eigenen Gegenwart endgültig zu erfüllen begannen.

Zwei weitere Elemente millenarischer Frömmigkeit unterschieden ihn aber deutlich von Barth. Zum einen rechnete er mit einer erneuerten Kirche. Für ihn war Speners *Hoffnung besserer Zeiten* für die Kirche Realität. Barth erhoffte sich von der verfassten Kirche nichts mehr. Sie würde in den Verfolgungen und Leiden der letzten Zeit keinen Bestand haben. Heim dagegen nahm das Aufblühen der diakonischen Anstalten als Anzeichen für die Erneuerung der Kirche. Zum anderen sah Heim die Aufgabe der Christen eindeutig darin, an dieser Erneuerung mitzuwirken. Auch Barth beteiligte sich aktiv an diakonischen Projekten. Diese Beteiligung war für ihn aber letztlich nichts anderes als das letzte Aufbäumen gegen die widergöttlichen Mächte. Allein der wiederkehrende Christus konnte diese überwinden und das göttliche Friedensreich herbeiführen. Heim dagegen traute der menschlichen Mitwirkung an dem Kommen der Gottesherrschaft mehr zu. Die Arbeit in den diakonischen Anstalten war für ihn ein Mitbauen, ein Fortbauen am Reich Christi.

Heim war, das wird aus seinem Brief an Spittler deutlich, ein evolutionärer Millenarist. Das tausendjährige Reich war für ihn eine bessere Zeit für die Kirche. Und diese war durch menschliche Mitwirkung auf Erden erreichbar. Die Christen konnten daran mit bauen.

Die Briefe der beiden Theologen zeigen uns zwei unterschiedliche Denkstile millenarischer Frömmigkeit. Auf der einen Seite den apokalyptischen Millenarismus, in der Literatur auch häufig Prämillenarismus genannt. Er ist geprägt von einem ausgesprochenen Pessimismus, was die Aussichten für die Kirche und die

---

[13] Staatsarchiv Basel, PA 653, Abt. V, Heim, Fr. J. Ph.: Brief an Spittler, Winnenden, 23.6.1831.

menschlichen Möglichkeiten angeht. Diese Haltung darf nicht mit Fatalismus verwechselt werden. Ein apokalyptischer Millenarist kann nicht die Hände in den Schoß legen und in seinem Kämmerlein auf die Wiederkunft Christi warten. Denn er muss sich ja der ersehnten Wiederkunft durch entsprechendes Verhalten würdig erweisen. Es ist daher kein Widerspruch, dass sich Barth in vielfältigen missionarischen und diakonischen Projekten betätigte. Nur setzte er letztlich keine Hoffnung darein, mit dieser Tätigkeit das Reich Gottes auf Erden mit bauen zu können.

Anders der evolutionäre Millenarismus, sonst auch Postmillenarismus genannt, der aus Heims Äußerungen deutlich wurde. Er setzt auf die menschliche Mitwirkung am Bau des Gottesreiches, das sich nach und nach, in einer fortschreitenden Entwicklung auf Erden durchsetzen wird. Ein evolutionärer Millenarist denkt einiges optimistischer über die menschlichen Möglichkeiten und auch über die Zukunft der Kirche.

Wir haben damit zwei recht unterschiedliche Konzepte oder Szenarien kennengelernt, deren Koexistenz in Württemberg vor 1836 auf einen millenarischen Pluralismus oder eben: Kommunikationsraum hinweist. Sorgte schon dieser Pluralismus in den pietistischen Versammlungen für eine gewisse Undeutlichkeit des zu Erwartenden, so führte das Nichteintreffen der Bengelschen Berechnungen endgültig zu Verunsicherung und Enttäuschung – und das nicht erst im Jahr 1836. Verschiedene darauf hinführende Ereignisse traten nicht so ein, wie Bengel sie vorausberechnet hatte. Der württembergische Pietismus musste sich auf eine längere Zeitperspektive einstellen.

Dass der württembergische Pietismus diese Krise überwand und erfolgreich in die dritte Phase einer millenarischen Bewegung, die Konsolidierungsphase hinüberfand, hängt mit einem Phänomen zusammen, das ich *Generation Erweckung* nennen möchte. Eine Gruppe von jungen pietistischen Pfarrern machte es sich zur Aufgabe, die enttäuschten Hoffnungen aufzufangen, zu verarbeiten und in neue Energien umzuwandeln. Die aus dem Krisenbewusstsein erwachsenden Erneuerungsstrategien dieser *Generation Erweckung* möchte ich an einem Beispiel vorstellen.

III. Die Erfindung der öffentlichen Missionsfeste

Die *Generation Erweckung*, das waren neben und nach Ludwig Hofacker solche Männer wie Albert Knapp, der schon zitierte Christian Gottlob Barth, Christian Burk oder Sixt Karl Kapff. Dass gerade diese jungen Theologen auf die enttäuschten Erwartungen erfolgreich Einfluss nehmen konnten, lag an ihren Erneuerungsstrategien, genauer gesagt an ihren kommunikativen Aktivitäten, mit denen sie den Erfordernissen der Zeit gerecht wurden. Alle diese Aktivitäten dienten letztlich zwei Zwecken: Die Enttäuschung zu überwinden und die Rückkehr in den landeskirchlichen Alltag zu organisieren. Verschiedene Felder kommunikativen Handelns lassen sich ausmachen, in denen die Theologen tätig wurden, darunter die Herausgabe einer Wochenzeitung und die Erfindung von öffentlichen Missionsfesten.

Seit Mitte 1831 gab der schon erwähnte Christian Burk die Wochenzeitung *Der Christenbote* heraus. Mit einer Auflage von ein- bis zweitausend Exemplaren hatten Burk und seine Mitstreiter ein ideales Instrument der Öffentlichkeitsarbeit, das erwecklich aufklärend in die pietistischen Kreise des Landes hineinwirken konnte. Ich möchte an dieser Stelle aus der Vielfalt der Themen der ersten Jahrgänge des *Christenboten* nur die Forderung nach einer verbesserten Sonntagsheiligung herausgreifen.

Im April 1833 veröffentlichte Burk im *Christenboten* einen Aufruf, in dem er für gemeinschaftliche Unterschriftenaktionen warb, mit denen die verbesserte Einhaltung der Sonntagsfeier angemahnt werden sollte.[14] Nicht nur die Geistlichen, sondern auch die Mitglieder der Privatversammlungen sollten sich artikulieren und gemeinschaftlich aktiv werden. Das Ziel war die Sammlung der pietistischen Gemeinschaften jeweils vor Ort und in den verschiedenen Regionen des Landes. Zum anderen hatte der Aufruf das Ziel, neue Perspektiven des gemeinsamen Wirkens zu vermitteln. Und Burk war erfolgreich: Bis zum Jahresende 1833 konnte er den Eingang von 6000 Unterschriften aus dem ganzen Land vermelden![15]

Um zu verstehen, warum Burk das Thema gerade im Jahr 1833 aufbrachte, ist ein kurzer Rückblick erhellend. Wer sein Leben und Denken in den damals zurückliegenden Jahren auf die Erwartung des anbrechenden Gottesreiches ausge-

---

[14] Christenbote [3] (1833), 76.
[15] Christenbote [3] (1833), 244.

richtet hatte, war damit in einem vornehmlich linear ausgerichteten Zeitbewusstsein befangen, das durch die Enttäuschung der Erwartung seine Perspektive und seinen Horizont verloren hatte. Den Verlust galt es nun auszugleichen. Da sich aber keine neue zeitliche Perspektive erkennen ließ – etwa im Sinne einer verbesserten Berechnung endzeitlicher Entwicklungen –, lag es nahe, das zyklische Zeitbewusstsein zu stärken. Anders gesagt: Wer bewusst im Wochen- und Jahreskreis lebt und die Unterbrechung des Alltags durch Sonn-, Fest- und Feiertage intensiver wahrnimmt, für den wird die Ausrichtung an einer linearen Zeitperspektive weniger dringend. Indem Burk das Thema der Sonntagsheiligung forcierte, versuchte er, die enttäuschten Erwartungen durch eine *Umwandlung des Zeitbewusstseins* umzulenken.

Das nun scheint mir allerdings auch ein wesentlicher Aspekt an der Erfindung von öffentlichen Missionsfesten zu sein. Zur Unterstützung der Basler Missionsgesellschaft und Missionsschule hatten sich in Württemberg schon sehr früh Missionsvereine gebildet: Zuerst 1816 in Leonberg und Stuttgart, dann seit 1819 in Tübingen und vielen anderen Orten. Von Beginn an feierten diese Vereine regelmäßige Jahresfeiern für ihre Mitglieder und Unterstützer. In Basel selbst gab es die Jahresfeiern seit 1821, die natürlich auch von auswärtigen Unterstützern besucht wurden, soweit sie dazu finanziell und zeitlich in der Lage waren.

Zu einem öffentlichen Versammlungsort des popularen Pietismus wurden die Missionsfeste in Württemberg aber erst mit Beginn der 1830er Jahre. Speziell die jungen Pfarrer der *Generation Erweckung* waren es, die die Missionssache in die Öffentlichkeit trugen. Der von Christian Gottlob Barth gegründete Calwer Missionsverein feierte seine Feste seit 1832 als öffentliche Veranstaltungen.[16] Als Christian Burk 1835 Stadtpfarrer in Großbottwar wurde, sorgte er bald dafür, dass auch dort ein öffentliches Missionsfest stattfand. An den Basler Missionsinspektor Christian Gottlieb Blumhardt schrieb er:

> »Nachdem ich einige Zeit hier war, so ließ ich es mir angelegen seyn, auch hier die Theilnahme für die Mißionssache noch mehr zu wecken, was nach unsren württembergischen Verhältnißen am besten durch Einrichtung eines jährlichen Mißionsfestes geschehen zu könen schien. Es wurde ein solches auf ... 25. Merz angekündigt, und unter sichtbarem Segen des Herrn gehalten. Die Theilnahme des Publickums war sehr groß, unsre geräumige Kirche konnte kaum die Maße von Menschen fassen, welche

---

[16] Christenbote [2] (1832), 48.

von allen Orten herzuströmte, und es fiel ein Opfer von mehr als 100 f [Gulden] – was für ein armes Landstädtchen gewiß viel ist.«[17]

Und so wurden seit 1830 im ganzen Land immer mehr Missionsfeste gefeiert. Das waren jetzt nur wenige Streiflichter. Im Jahr 1850 jedenfalls schrieb ein pietistischer Pfarrer zusammenfassend: »Die Missionsfeste sind hier zu Lande ... *christliche Volksfeste.*«[18] In wenigen Jahren war in Württemberg eine institutionalisierte pietistische Festkultur entstanden, die durch zwei Aspekte geprägt war: Einerseits gaben die Missionsfeste dem popularen Pietismus eine *öffentliche Gemeinschaftsform.* Neben die Privatversammlung trat als genuin pietistischer Typ der religiösen Vergemeinschaftung das öffentliche Missionsfest, bei dem nicht nur örtliche Honoratioren, sondern oft auch Missionare oder prominente Persönlichkeiten des Missionswesens als Redner auftraten. Andererseits entsprachen die Missionsfeste eben genau dem Bedürfnis nach einer *Umwandlung des Zeitbewusstseins.* Ihre jährliche Wiederkehr strukturierte das Zeitempfinden neu. Der Inhalt der Missionspredigten oder der bei den Festen gesungenen Lieder war nach wie vor millenarisch geprägt. Aber mit der Institutionalisierung der Missionsfeste verband sich gleichzeitig eine Ritualisierung der millenarischen Hoffnungen. Deren Enttäuschung konnte aufgefangen und verarbeitet werden, indem ihnen ein jährlich wiederkehrender Erinnerungsort zugewiesen wurde.

IV. Wandlungen der Erweckung

Ich fasse zusammen und komme dazu zurück auf den Untertitel meines Vortrages: *Wandlungen der Erweckung in Württemberg.* Wir haben einen weiten Weg durchschritten. Unseren Ausgang haben wir im Jahr 1818 mit einer abendlichen Erbauungsstunde des Basler Missionsschülers Wilhelm Dürr in der Frauenversammlung seines Heimatortes genommen. Am Ende sind wir im Jahr 1850 bei dem erstaunten Ausruf angelangt, die Missionsfeste seien hierzulande »christliche Volksfeste«. Welche Wandlungen hat die Erweckung in Württemberg in diesen gut drei Jahrzehnten erfahren?

[17] ABM, Q-3–4, 21: Brief von C. Burk an C. G. Blumhardt, Großbottwar, 4.4.1836.
[18] Evangelisches Kirchenblatt 11 (1850), 563–565: Christian Friedrich Kling, Die Missionsfeste, Zitat: 564.

Zum einen: Sie fand den Weg in die Öffentlichkeit. Der württembergische Pietismus zu Beginn des 19. Jahrhunderts war immer noch der Versammlungspietismus des 18. Jahrhunderts. Man traf sich in Privatversammlungen, möglichst unbeobachtet von der kirchlichen und unüberwacht durch die weltliche Obrigkeit. Das änderte sich mit der *Generation Erweckung*. Nun trat man mit Zeitschriften in die Öffentlichkeit. Oder feierte Missionsfeste, die von einer breiteren Öffentlichkeit wahrgenommen wurden. Die Erweckung wurde öffentlich.

Zum anderen: Sie fand ihren Rückweg in den organisatorischen Rahmen der Landeskirche. Am Anfang des Jahrhunderts hatte die Erweckung in Württemberg stark separatistische Züge. Die einen wanderten ganz aus, nach Nordamerika oder Russland; andere gründeten in Korntal eine von der Landeskirche unabhängige Gemeinde. Es war wiederum das Wirken der *Generation Erweckung*, durch das die pietistischen Kreise der Landeskirche wieder angenähert wurden. Exemplarisch kann man das an Sixt Karl Kapff sehen. Zu Beginn seiner Tätigkeit war er Pfarrer in Korntal, am Ende Prälat in Stuttgart und damit Mitglied der Kirchenleitung. Der Pietismus war zu einem unübersehbaren und unhintergehbaren Element der Landeskirche geworden.

Der Weg in die Öffentlichkeit und zurück in den Rahmen des Landeskirche hatte schließlich aber noch eine dritte Wandlung der Erweckung zur Folge: Sie begann ihre millenarischen Hoffnungen zu verinnerlichen. Die universalen Szenarien eines Johann Albrecht Bengel traten in den Hintergrund und wurden abgelöst durch individualisierte und spiritualisierte Formen der millenarischen Frömmigkeit.

Ein nachdenkliches Nachwort

Alle diese Wandlungen hat Wilhelm Dürr, der Missionsschüler, mit dem ich meine Ausführungen begonnen habe, nicht im Land selbst miterlebt. Er wurde im April 1819 von der Londoner Missionsgesellschaft als einer der ersten in Basel ausgebildeten Missionare nach Indien ausgesendet. 1842 kehrte er von dort endgültig zurück. In den folgenden zwei Jahrzehnten hat er ein etwas unstetes Leben geführt. Offensichtlich fiel es ihm schwer, nach den langen Jahren in Indien wieder in Württemberg Anschluss und Heimat zu finden. Das ging so weit, dass im Jahr 1848 in pietistischen Kreisen vor ihm gewarnt wurde. Die Hintergründe sind undeutlich. Er war wohl als freier Stundenhalter aufgetreten und hatte sich so in unerwünschte Konkurrenz zu etablierten Predigern gebracht. Pläne zur Auswanderung nach Nordamerika zerschlugen sich. Wenig ist aus dieser Zeit bekannt.[19] Das Wenige hinterlässt den Eindruck, Dürr habe sich – nach den Erfahrungen der Fremdheit außer Landes und den Wandlungen der Erweckung in der Heimat – im Eigenen nicht mehr zurechtgefunden: Der nachdenklich machende Schlusspunkt eines Lebens, das am Anfang von 200 Jahren Basler Mission stand.

(Dr. Michael Kannenberg ist Pfarrer und Studienrat in Heilbronn)

ABSTRACT

The millenarian restlessness which had seized revivalist circles in Württemberg at the beginning of the 19th century can be demonstrated in the holiday diaries of a Basel missionary student, who visited his home in Württemberg in the summer of 1818. The apocalyptic calculations of Johann Albrecht Bengel were the intellectual background which had instilled Pietism with keen expectations. The theologians of the revivalist movement continued to develop the chiliasm of Bengel using various pre- or postmillenarian concepts. However, all had to develop strategies in order to cope with the disappointment of their expectations. The generation of young theologians born around 1800 were particularly successful, for example through the invention of public missionary gatherings.

[19] Vgl. den knappen Bestand des Personalfaszikels im Archiv der Basler Mission, BV 1: Wilhelm Dürr.

Volkstum, Gottes Offenbarung und Ökumenische Weite: Theologische Strömungen in der Basler Mission im 20. Jahrhundert

Heinrich Balz

Zweihundert Jahre Basler Mission: Das eröffnet Blicke in eine reiche Geschichte. Abenteuerliches, Kurioses und mancherlei erinnernswerte, vergessene Persönlichkeiten. Es geht um das Erbe der Erweckung mit mancherlei chiliastischen Sonderentwicklungen, um Pietismus und Aufklärung in der Gründerzeit zu Anfang des 19. Jahrhunderts und um ein immer praktiziertes, aber nicht immer klar begründetes Zusammengehen von Mission und Entwicklungsarbeit. Die Basler Mission war, anders als die anderen alten deutschen Missionsgesellschaften, von Anfang an international, deutsch und schweizerisch. Deshalb feiert sie ihr Jubiläum dieses Jahr in zwei wissenschaftlichen Symposien, das eine in Basel, das andere in Bad Boll.

Auch in praktisch-rechtlichen Fragen gibt es da Unterschiede bis heute: Spendenbescheinigungen für die Steuererklärung sind in der Schweiz nur für rein humanitäre Organisationen zu bekommen, von Mission und Religion darf da nicht die Rede sein. In Deutschland sind die Finanzämter mit der Bestimmung von Gemeinnützigkeit, wie man weiß, großzügiger.

Doch nicht das soll ich heute behandeln, sondern theologische Strömungen in der Basler Mission im vergangenen 20. Jahrhundert. Strömungen kann man in dem Fall in zwei verschiedenen Weisen verstehen. Die eine Weise wäre, zu beschreiben, was Basel an Besonderem in die allgemeine missionstheologische Diskussion eingebracht hat. Da wäre vor allem von Karl Hartenstein zu reden und von der heilsgeschichtlichen Vision, die sich später bei ihm mit dem Thema der Missio Dei verband.[1] Das werde ich hier nicht tun, mit Hartenstein und der württembergischen Tradition hinter ihm habe ich mich in anderem Zusammenhang auseinandergesetzt. Die andere Weise, »Strömungen« zu verstehen, ist zu fragen, was Basel aus den Strömungen und Themen gemacht hat, die im 20. Jahrhundert da waren, wie sie dort bearbeitet und entwickelt wurden. Darum soll es mir heute gehen. Volkstum, Gottes Offenbarung und ökumenische Weite sind solche Themen. Sie lassen sich bei der Basler Mission zuspitzend und auswählend jeweils mit Namen und Persönlichkeiten verbinden: Das Volkstum mit den Forschungen des Kamerun-Missionars Johannes Ittmann (1885–1963), Gottes Offenbarung mit Karl Barth (1886–1968), der seit 1935 nicht mehr in Deutschland, sondern daheim in Basel lehrte und dort seinen Einfluss auf die Mission übte; und schließlich in den 1960er bis in die1990er Jahre die ökumenische Weite, die vom Missionsdirektor Jacques Rossel (1915–2008), dem Verbindungsglied zwischen Basel und dem Ökumenischen Rat der Kirchen in Genf, eindrücklich und eigenwillig vertreten wurde.

Volkstum und Gottes Offenbarung stehen im bekannten Gegensatz zueinander. Sie verhalten sich, einfach gesagt, in der geschichtlichen Abfolge der dreißiger und vierziger Jahre zu einander wie Zick und Zack. Rossels ökumenische Weite kommt in den 1960er Jahren von anderswo her. Er war Direktor und lebender Akteur in den 1970er und 1980er Jahren, während der Zeit, als ich in Kamerun zehn Jahre lang in Basler Diensten Pfarrer ausbildete, und gab mir und anderen damals manche Fragen auf. Ich bin selber ein Stück Basler Mission, ein Fossil sozusagen, und verbinde die größere Geschichte mit der Aufarbeitung meiner kleineren eigenen Geschichte.

1. Volkstum, alte Gotteserfahrung und Mission: Johannes Ittmann

Johannes Ittmann, um den es hier stellvertretend für die erste Strömung gehen soll, kam 1911 als junger Schulmissionar nach Kamerun und machte dort erste Erfahrungen. Aber schon 1914 musste er infolge des Weltkrieges das Land verlassen, in das er erst 1927 wieder zurückkam. In den Vorkriegsjahren hatte er intensive Spracharbeit begonnen, aus der später die Grammatik und ein großes Wörterbuch der Duala-Sprache hervorgingen. Was sonst noch den jungen Missionar in Kamerun beschäftigte, darüber geben mehrere veröffentlichte Erzählun-

---

[1] Heinrich Balz, Mission, Eschatologie und Geschichte in Württemberg. Über Johann Ludwig Krapf und Karl Hartenstein, in: ZMiss 35 (2009), 248–261.

gen Aufschluss: Wie die Mission in der deutschen Kolonialherrschaft in den Dorfgemeinschaften ankommt und wie einzelne Persönlichkeiten, die vom Evangelium ergriffen wurden, die anderen auf den neuen Weg führten. Die junge Generation ist im Aufbruch. In einer Erzählung stellt Ittmann die Entwicklung zweier Kameruner Missionsschüler einander gegenüber: Der eine will wie ein Weißer werden und gerät dabei auf Abwege, der andere wird Lehrer und bringt in geduldiger Arbeit sein Dorf und seinen Stamm auf den rechten Weg, auch in der Bewahrung dessen, was gut ist am afrikanischen Erbe. In den Gesprächen der beiden lässt Ittmann auch kritische Fragen zur Kolonialherrschaft aufkommen, aber im Ganzen erscheint sie ihm doch segensreich und gerecht[2]: Hier schon sind die Weichen gestellt für Ittmanns spätere Haltung: Positives Eingehen auf das afrikanische Erbe von Seiten der Mission heißt nicht, Selbstständigkeitsbestrebungen bei den Afrikanern zu unterstützen. Noch auf lange, vielleicht gar unbegrenzte Zeit soll die Macht bei den Weißen bleiben, die sich besser auf sie verstehen.

Im Jahr 1927 kam Ittmann zurück nach Kamerun, war auf verschiedenen Stationen eingesetzt und die letzten Jahre vor dem neuen Weltkrieg bis 1939 Präses, d. h. Vorsteher der Basler Missionare im Lande. In dieser zweiten Zeit unternahm er ausgedehnte sprachwissenschaftliche, völkerkundliche und religionskundliche Untersuchungen im Kameruner Waldland. Die veränderte Stellung der Missionare, die den praktischen Gemeindebetrieb schon weitgehend an einheimische Pfarrer und Evangelisten übergeben hatten, gab ihm dazu die Möglichkeit. Vorbereitet durch die Bücher Bruno Gutmanns, des deutschen Missionars in Ostafrika, gab Ittmann den bestehenden sozialen und kulturellen Verhältnissen der Einheimischen, ihrem »Volkstum« mehr und positivere Aufmerksamkeit als dies die Missionare allgemein vor 1914 getan hatten. In einen programmatischen Aufsatz 1936 wagte er den Satz: »Mission ist die Aussaat des Evangeliums in den Boden des Volkstums. Das eine ist so sehr Voraussetzung für rechte Missionsarbeit wie das andere: das Evangelium von Jesus Christus und das Volkstum.«[3] Dies ist mehr als nur das Volkstum ernst nehmen: Er rückt es hinauf in gleichen Rang mit dem Evangelium, macht es zu einer unverrückbaren Größe und, wenigstens indirekt, auch zu einer zweiten Offenbarungsquelle. Dass dies

---

[2] Johannes Ittmann, Krokodil und Löffel. Die Geschichte zweier Kameruner Missionsschüler, Anker Bücher Bd. 2, Stuttgart/Basel 1928.

[3] Johannes Ittmann, Urtümliche Bindungen und Volksordnungen im vorderen Kamerun, in: EMM 80 (1936), 16–30; 37–52, hier: 16.

gravierende Auswirkungen für das Ziel der Mission hat, bestätigt ein anderer Satz aus Ittmanns unveröffentlichten Manuskripten dieser Jahre: »Rechter evangelischer Missionsarbeit dürfte doch das Ziel ›christliche Schwarze‹ und nicht ›schwarze Christen‹ vorschweben.«[4] Diese Bestimmung des Wesens und des Hinzugefügten dürfte den meisten in der Mission zu weit gehen: Gibt es keine schwarzen Christen, dann gibt es ja auch keine weltweite, universale Christenheit.

Ittmann war kein Kämpfer für Volk und Rasse wie jener andere vormalige Basler Missionar Jakob Wilhelm Hauer der, von Indien heimgekehrt, zu einem führenden Ideologen der »Deutschen Christen« geworden war. Aber in Ittmanns Wirkungsgeschichte ergaben sich doch seltsame Überschneidungen. René Bureau, der französische Ethnologe und vormalige katholische Kamerun-Missionar, der Ittmanns Forschungen zu den Kameruner Geheimbünden in den 1960er Jahren wiederentdeckt hat, kommt als »Grüner« zu Aussagen, die in dem deutschen Kontext durchaus in den damaligen völkischen Glauben gepasst hätten: »Le sang et la terre, voilà les deux données élémentaires sur lesquelles reposent les rapports humains«(Péril blanc, 1978, 199).

Einen bedeutsamen Unterschied gibt es freilich zwischen Gutmanns ostafrikanischen Erkundungen und denen Ittmanns in Kamerun. Während der spätere, ältere Gutmann sich von der Religion weg und stark dem Recht und den sozialen Ordnungen des Volks der Dschagga zuwendet, bleibt Ittmann bei der Religion und forscht geduldig und intensiv nach »Gottesvorstellung und Gottesnamen« bei den Waldlandstämmen Kameruns[5]. Er stößt dabei auf zwei unterschiedliche Vorstellungen und Namen, nämlich einen mit dem Himmel verbundenen und einen anderen mit dem Ahnenkult und dem Unten, der Erde verbundenen Gottesnamen. Dies sind aber nicht zwei Götter für die Altgläubigen, sondern nur einer in verschiedenen Erscheinungsformen. Dieser unterschiedlichen Gotteserfahrung geht Ittmann mit viel empirischer Beobachtung, Informantenbefragung und einfühlender Deutung nach. Er tut dies unter der von den früheren Kamerun-Missionaren geteilten, aber weniger ausgebauten Voraussetzung, dass dieser Gott, von dem die Kameruner schon wussten, derselbe Gott ist, an den auch die Christen glauben – es ist nicht ein anderer, und dieser eine hat sich nicht unbe-

---

[4] Johannes Ittmann, Geistiger Volksbesitz der Kameruner im Blickfeld des Missionars, ca. 1942, Abschrift und Bearbeitung des Typoskripts durch Andreas-Martin Selignow, Berlin 1996, Vorwort, IV.

[5] Wichtigster diesbezüglicher Text ist der Vortrag von 1939: Gottesvorstellung und Gottesnamen im vorderen Kamerun, Typoskript; eine leicht veränderte Fassung: Gottesvorstellung und Gottesnamen im nördlichen Waldland von Kamerun, in: Anthropos 50 (1955), 241–264.

zeugt gelassen bei den Heiden. Deshalb ist sogar die Sprach- und Denkschwierigkeit, den fernen richtenden Gott im Himmel mit Gott, dem Geber, dem Brunnquell aller guten Gaben zusammenzubringen, nicht nur eine afrikanische. Die Christen haben sie, wenn sie ehrlich sind, auch. Vor dem Geheimnis und der Wirklichkeit Gottes gibt es eine, wenn auch begrenzte, Solidarität von afrikanischen Heiden und Christen: Darauf kommt es bei Ittmann hinaus, und diesem Nachweis dient ein wichtiger Teil seiner Forschungen[6].

Freilich stießen Ittmanns Forschungen an eine praktische Grenze, und ich hatte vierzig Jahre danach Grund, mich mit ihr zu beschäftigen. Ittmann hat zum Kult, speziell zu den Ahnenfesten, viele Informanten, Christen und Altgläubige, gewissenhaft befragt. Er war aber selber, soweit sich feststellen lässt, nie bei einem Ahnenfest dabei gewesen. Er hat nicht selber gesehen und gehört, wie und was dort gebetet wurde: Das war einem Basler Missionar damals nicht möglich; es hätte zu viel Missverständnis und Misstrauen bei den einheimischen Christen verursacht. Hier war ich in den 1980er Jahren freier. Unter manchen Vorsichtsmaßnahmen war ich drei Mal nacheinander beim jährlichen Fest der Dorffahnen in Mueba am Manenguba anwesend und habe die Gebete auf Tonband aufgenommen und nachher analysiert. Ich war überwiegend schweigend bei den Festen. Erst im dritten Jahr hielt ich dort, von den Verantwortlichen dazu aufgefordert, auf dem heiligen Platz der Ahnen eine christliche Predigt. Das Hauptergebnis der Analyse der Gebete war – abweichend von dem, was Ittmann vermutet hatte – dass die Gebete *nur* zu den Ahnen gingen, nicht zu Gott, weder unter dem einen, noch unter dem anderen Namen. Gott wird gedacht und geglaubt, aber es wird nicht mit Worten zu ihm gebetet: Er ist zu weit fort und zu anders.

Diese Ergebnisse habe ich dann in den Folgejahren in die Gesamtdeutung der alten Religion des Volkes der Bakossi eingebracht[7]. Ich bin damit, so denke ich, mit Ittmann über Ittmann hinausgegangen. Widerstand und Protest gegen meine Anwesenheit beim Ahnenfest kam nicht von den Kameruner Christen – ein kluger Bakossi-Pfarrer war das dritte Mal mit dabei und sprach auf dem Ahnenplatz ein christliches Gebet –, der Protest kam aber in Basel von den älteren afrikaer-

---

[6] Zur Interpretation von Ittmanns theologischer Entwicklung siehe Heinrich Balz, ›Geber‹ und ›Richter‹. Hermeneutische Überlegungen zu J. Ittmanns Deutung der vorchristlichen Gotteserfahrung im Waldland von Kamerun, in: Ders., Mission – Theologie – Hermeneutik. Vorträge und Aufsätze, Neuendettelsau 2008, 352–382.

[7] Heinrich Balz, Where the Faith has to Live. Studies in Bakossi Society and Religion, Part II: The Living, the Dead and God, Berlin 1995, Ch. II, Ndie – Village Ancestors and the ›Church‹ of Traditional Bakossi Religion, 155–410.

fahrenen Missionaren. Auch diese Auseinandersetzung ist genau dokumentiert[8].
Ittmanns und meine eigenen Forschungsergebnisse fallen mir immer ein, wenn
ich heute lese, die Missionare sollten endlich von ihrer feindseligen Arroganz
Abstand nehmen und sich den anderen Religionen mit positiver Neugier zuwen-
den[9]: Brauchen wir wirklich diese Ermahnung von den neuen systematischen
Theologen der jüngeren Generation?

2. Menschliche Religion und Gottes Offenbarung: Karl Barth und die Basler Mission

Ittmanns Deutung der alten Religion in Kamerun hat sich in den folgenden Jahren nicht durchgesetzt in der Basler Mission. Dies zunächst aufgrund des Ganges
der allgemeinen Geschichte. Ittmann wurde 1940, zusammen mit allen anderen
deutschen Missionaren in Kamerun, gefangen genommen und nach Jamaika
überführt, wo sie bis 1946 in englischer Gefangenschaft waren, aber ihre Zeit
wissenschaftlich nutzen konnten. Dieser Pause verdanken wir von Ittmann zwei
große Manuskripte über Kameruner Religion. Zur Veröffentlichung sind sie nie
gekommen und, was ihn wohl noch mehr schmerzte, auch in der Vorbereitung
junger Missionare für Kamerun in Basel spielten sie später keine Rolle. Dies lag
nicht nur am äußeren Gang der Geschichte, sondern hatte einen anderen, freilich
damit verbundenen Grund: Die Basler Mission hatte mittlerweile einen theologischen Schwenk vollzogen von gemäßigtem Pietismus hin zu der neuen dialekti-
schen und dogmatischen Theologie Karl Barths, der seit 1935 nicht mehr in
Bonn, sondern daheim an der theologischen Fakultät in Basel lehrte. Für die
Sicht der Religionen in der Mission war das, einfach gesagt, eine Bewegung von
Zick nach Zack. Es gab gedämpfte, moderate Anwendungen Barthscher Theologie, es gab aber auch den grundsätzlichen radikalen Schnitt; und dem fiel insbesondere das Erbe Ittmanns zum Opfer.

Sachlich und inhaltlich ging es um die von Barth formulierte erste These der
Barmer Erklärung von 1934, welche das positive Bekenntnis zu Jesus Christus
als dem einen Wort Gottes im negativen Teil so präzisiert:

[8] Basler Mission (Hg.), Die christliche Mission und die anderen Religionen. Mit Beiträgen von Daniel von
Allmen, Jacques Rossel, Heinrich Balz, Texte und Dokumente Nr. 5, Basel 1985.
[9] So u. a. Reinhold Bernhardt, Mission in einer multireligiösen Welt, in: ZMiss 35 (2009), 196–207.

> »Wir verwerfen die falsche Lehre, als könne und müsse die Kirche als Quelle ihrer Verkündigung außer und neben diesem einen Wort Gottes auch noch andere Ereignisse und Mächte, Gestalten und Wahrheiten als Gottes Offenbarung anerkennen.«[10]

Das ging damals 1934, wie allen klar war, gegen die Bewegung der »Deutschen Christen«, die im deutschen Volkstum und in der nationalsozialistischen Bewegung eine zweite Offenbarungsquelle sahen. Mit den Fragen der Mission hatte das eigentlich nichts zu tun – es traf freilich, wenn auch erst in zweiter Linie, Sätze wie den von Ittmann, dass zur Voraussetzung für rechte Missionsarbeit das Volkstum, nämlich das afrikanische, in gleicher Grundsätzlichkeit gehöre wie das Evangelium von Jesus Christus[11].

Was aber bedeutet die Wendung zu Barth für Ittmanns zentrales Thema, die vorchristliche Gotteserkenntnis in Kamerun und in Afrika allgemein? Hier haben wir von der Basler Mission eine Antwort, die an Deutlichkeit nichts zu wünschen übrig lässt, in dem Katechismus, den Hermann Herzog (1927–2006) zusammen mit anderen Schweizer und niederländischen Missionaren 1965 in der schon selbstständig gewordenen Presbyterianischen Kirche einführte. Die zweite Frage dort: »Wer ist Gott und wie erkennen wir ihn?« erhält folgende Antwort:

> »Die Menschen verehren in dieser Welt viele Götter. In manchen Gebieten wird die Sonne, der Mond oder die Erde verehrt. Und außer diesen und ähnlichen Göttern glauben die Menschen, gibt es noch einen höchsten Gott. Aber dieser Gott wird nicht wirklich verehrt, weil er sehr weit weg ist von den Menschen. In unserem Land [d. h. Kamerun] gehen die Menschen, wenn sie Hilfe suchen, zu den Ahnen, zu den Geistern der Verstorbenen.
>
> Gebildete Menschen verwerfen oft solche Glaubensansichten. Aber viele setzen ihr Vertrauen dann in ihr Wissen, oder in große Männer, die dann den Platz der alten Götter einnehmen.
>
> Aber Gott ist nicht wie diese Götter, nach denen der Mensch tastend sucht und die er selber macht. *Der wahre Gott gibt sich selber zu erkennen in Jesus Christus.*«[12]

---

[10] Alfred Burgsmüller/Rudolf Weth (Hg.), Die Barmer Theologische Erklärung. Einführung und Dokumentation, Neukirchen-Vluyn 1984, 34.

[11] Zum schwierigen Verhältnis der außereuropäischen Kirchen zur Barmer Erklärung siehe Heinrich Balz, Barmen I und die Bekenntnisproblematik im Blick auf die Jungen Kirchen, in: Ders., Mission – Theologie – Hermeneutik, 135–165.

[12] I am the Lord your God! Catechism of the Presbyterian Church in Cameroon, Buea 1973, 3. Der Katechismus wurde in Englisch und in den Kameruner Sprachen Duala und Mungaka veröffentlicht.

Die Gegenüberstellung ist klar: Der wahre Gott, der sich in Jesus Christus bekannt macht und offenbart, ist eine andere Entität und verschieden nicht nur von Sonne, Mond, Ahnen und den neuen Idolen von Wissen und Macht, sondern auch von dem gekannten, aber nicht angebeteten höchsten Wesen, dem »*supreme god*« der alten afrikanischen Religion. Die Entscheidung wird bekräftigt dadurch, dass dieser im englischen Text nur einen kleinen, der wahre Gott Jesu Christi dagegen aber einen großen Anfangsbuchstaben hat. Die Diskontinuität ist vollständig. An eine Solidarität von Heiden und Christen vor dem bleibenden Geheimnis Gottes wie bei Ittmann ist hier nicht zu denken. Die Heiden wissen nichts, die Christen wissen durch Offenbarung alles über den wahren Gott.

Karl Barth und die Intention der Barmer These ist damit wohl richtig verstanden – auch die Versuche beim späten Barth in der Lehre von den Lichtern eine positivere Sicht der Religionen zu finden, führen da nicht weiter[13]. Uns Heutigen, vollends denen, die von afrikanischer christlicher Theologie eine Ahnung haben, ist es leicht, über diesen missionarischen Radikalismus den Kopf zu schütteln. Das war es damals zur Zeit des Katechismus von 1965 noch nicht: Man lebte noch in den Fronten, gegen welche die Barmer Erklärung verfasst worden war, und wollte die Verwirrungen des Volkstums und aller natürlichen Theologie überall an der Wurzel ausreißen, wo man sie zu sehen meinte, auch in den überseeischen Missionsgebieten. Es ging um die Einzigartigkeit des christlichen Evangeliums.

Die Ablehnung allen positiven Beitrags aus dem afrikanischen Erbe verband sich aber im Übrigen nicht mit der alten Unterschätzung dessen, was man den afrikanischen Christen in der Gegenwart zutraute: Missionar Herzog und seinesgleichen waren die, welche die Kameruner Kirche in die Autonomie, die Unabhängigkeit von der Basler Mission führten. Das gemeinsame Bekenntnis scheidet vom Alten, aber es schafft Gleichheit schwarzer und weißer Christen in der Gegenwart.

Dieser Katechismus galt in der Kameruner Kirche, als ich 1973 dort meinen Dienst im Theologischen College antrat und auch Dogmatik zu unterrichten hatte. Seine Wirkung ist widersprüchlich und nicht leicht einzuschätzen. Klar ist, dass er die weitere Erforschung der alten Religion nicht ermutigte. Alles erschien ja geklärt. Von den Kamerunern, die dann trotzdem wieder über ihr vorchristli-

---

[13] Zum Auslegungsproblem der Aussagen des späten Barth zu Religion und Religionen siehe meinen in Anm. 11 genannten Aufsatz, 153–158.

ches Erbe zu forschen anfingen, wurde die Barthsche Entschiedenheit dann auf die ganze frühere Missionsgeschichte Kameruns projiziert, und um so lauter war dann der Protest gegen sie[14]. Wichtig ist aber auch meine andere Beobachtung im Lauf des Unterrichtens dort am College: Die Kameruner Pfarrer und Studenten verstanden die scharfe Absage an vorchristliche Gotteserkenntnis im Katechismus gar nicht. Es war und blieb ihnen selbstverständlich und unbestreitbar, dass auch ihre Vorfahren schon etwas vom wahren Gott wussten. Sie hatten Schwierigkeiten, dass der von ihnen allen verehrte Missionar Herzog dies wirklich so ganz anders gelehrt haben sollte, so wie es in klaren Worten in ihrem Katechismus stand. Und in gewisser Weise haben sie damit Recht behalten und haben Hermann Herzog besser verstanden als er sich selber. Gegen Ende der 1970er Jahre sagte er selber mir, dass er das von der gänzlichen Unbekanntheit Gottes vor dem Kommen der Missionare inzwischen so nicht mehr schreiben würde. Das müsse revidiert werden im Katechismus, aber nicht von den Missionaren, sondern von den Kameruner Theologen selber. Die haben es dann auch in den 1990er Jahren kurzerhand aus dem Katechismus gestrichen. Es bleibt aber die Frage, ob nicht auch die Missionstheologie in Europa aus der Undurchführbarkeit dieser völligen Diskontinuität zwischen alter und neuer Gotteserkenntnis etwas lernen sollte und wie dies in ihr Gespräch mit dem Erbe Barths einen neuen Impuls bringen könnte.

3. Jacques Rossel: »Ökumenische Weite«: Ziel oder Mittel?

Jacques Rossel, der Welschschweizer, war dreizehn Jahre, 1946–1959, Missionar und theologischer Lehrer in Indien, wurde dann Präsident der Basler Mission und war langjährig Mitglied im Exekutivausschuss des ÖRK. In seinem Buch *Dynamik der Hoffnung 1967* setzt er eindrücklich ein mit dem Aufbruch der Jugend in einer Kameruner kirchlichen Oberschule. Die Institution ist kirchlich-christlich, aber der Wille der Jungen, der Antrieb aus dem Alten, Dörflichen und Engen heraus ist gemischt und viel weiter zu fassen[15].

---

[14] So exemplarisch die Dissertation von Louis E. Ebong, In Search of African Christianity. Living African Traditions and Customs in Jesus Christ, Academic Scripts 8, Neuendettelsau 2015, An Enduring Problem: Missionary Encounter with Africa, 1–52.

[15] Jacques Rossel, Dynamik der Hoffnung, Basel 1967, 11–14: Der Aufbruch.

Bringen wir das rückblickend zusammen mit der Bewegung von Zick und Zack, dann kommt ungefähr Folgendes heraus. Hinsichtlich der *Religionen* stellt Rossel, wie viele westliche Missionare, die lange mit indischer Spiritualität zu tun hatten, im Gegenzug das Diesseitige an biblischer Religion heraus. Er setzt sich mit S. Samartha, dem indischen christlichen Theologen, für den Dialog der Religionen ein. Er kritisiert aber an der Dialog-Abteilung des ÖRK, die Samartha leitete, dass sie vor lauter Willen zur Verständigung den Streit um das Absolute ausgeklammert habe[16]. Hinsichtlich der anderen Seite, der Begegnung von Gottes Offenbarung mit der Welt, ist Rossel »dialektisch« – das lässt er sich von K. Barth persönlich bestätigen. Aber in Rossels Frage an Barth: »Was tut Gott mit dem Bösen?« kommt mehr Divergenz als Konvergenz zutage: Für Barth ist diese Frage mit dem Kreuz Jesu Christi, wie gemalt von Grünewald, wesentlich beantwortet[17]. Für Rossel dagegen ist, ähnlich wie für die lateinamerikanische Befreiungstheologie, der Kampf gegen das Böse in der Welt nur eröffnet, den wir Christen zu führen haben. Der Kampf geht weiter.

Rossel als Theologen der Mission kann man aber von der alten Bewegung von Zick und Zack her nicht hinreichend verstehen. Er hat Eigenes, Anderes und Neues in die Debatte eingebracht. Man bezeichnet dies wohl am besten mit dem Titel-Stichwort, das er seinen Memoiren, einem kompakten Buch von Erfahrungen und gelebten Problemen gegeben hat: *Ein Leben in ökumenischer Weite.* Weite des Raumes und des Erdkreises ist für Rossel nicht nur eine Ortsbezeichnung, sie ist selber ein Wert, ein Faszinosum. Als Mann der Mission und Ökumene ist Rossel weit gereist und hat sich verhandelnd in Vieles erfolgreich eingemischt. Und fast immer ging es dabei auch darum, gegen Widerstände in den Schweizer Kantonen ebenso wie im württembergischen Pietismus, enge, verschachtelte Verhältnisse aufzubrechen und zu öffnen zu internationaler Weite. Alle, die ihn kannten, erinnern sich an Rossel als gesprächsfähigen, frommen und ernsthaften Verhandler. Spitz und ein wenig ironisch konnte er nur werden, wo in seinen Augen andere am Kleinen, Angestammten und Engen festhielten. In einem kleinen Alpenland wie der Schweiz ist dieser Reflex noch verständlicher als anderswo.

Doch ist »ökumenische Weite« als solche darum schon näher am Reich Gottes als alles, was klein und alt ist? Vom Evangelium war Rossel die programmatische

---

[16] Jacques Rossel, Ein Leben in ökumenischer Weite. Erinnerungen, Frankfurt a. M. 2009, 179–187.
[17] Rossel, Ein Leben in ökumenischer Weite, 133f.

Ansage: »Der Acker ist die Welt« (Mt. 13,28) sicher näher als Jesu anderes Wort, dass der Mensch die ganze Welt gewinnen, darüber an seiner Seele Schaden nehmen könne (Mk. 8,36 parr.). Aber es ist nicht sicher, dass der Weg in das Reich und in den Himmel von der Stadt aus kürzer ist als vom Dorf. Rossels Schau der neuzeitlichen Geschichte, für die er sich auf den Japaner Masao Takenaka beruft, läuft darauf hinaus, dass Asien und alle anderen Kulturen die gleichen geistigen und politischen Revolutionen auch durchlaufen müssten, die Europa schon hinter sich gebracht hat[18]. Damit setzt er sich ziemlich ungeschützt dem Vorwurf etwa der amerikanischen Evangelikalen und neuerdings auch der Kirchen aus dem Süden aus, dass der ökumenische Teil der westlichen Missionsbewegung in den Rationalismus verfallen sei und das ältere, bessere Erbe aufgegeben habe. Er läuft auch der philosophischen Kritik der Postmoderne sozusagen ins unerbittliche Messer: Seine Vision ist die große Erzählung vom europäischen Weltbeglückungsprojekt fast in Reinkultur.

Ich komme zum Schluss. Niemand wird die beiden zuerst behandelten Extreme, das volkstums- und religionsoffene Zick Ittmanns und das offenbarungstheologische Zack Barths und Herzogs, heute noch unverändert so vertreten. Aber wenn sie beide nicht ganz richtig waren, so waren sie auch nicht ganz falsch und fordern uns darum heute noch heraus. Ob Rossels Drang zum großen Offenen, zur unbedingten ökumenischen Weite heute noch so gelten kann, ist schwerer zu sagen. Viele glauben es, wenngleich in gedämpfter Weise. So fragt es sich, was Basler Mission, was Mission 21 heute ist, was sie sein will. In Basel wie in Stuttgart besteht nach meiner Beobachtung starke Abneigung, gar Furcht, für die christliche Mission einen absoluten Anspruch zu erheben. Was gilt aber dann? Was nicht absolut ist, ist relativ. Ist das Bekenntnis zu Jesus Christus relativ, sodass, wie Ernst Troeltsch 1911 sagte, in Hunderttausend Jahren der Glaube auch eine andere Personmitte haben könne, was uns heute aber nicht bekümmern müsse?[19] Stimmen wir ihm zu oder hat Jesus Christus für uns Zukunft – absolute Zukunft?[20] Wenn ja, dann werden wir auch mit der Frage der Absolutheit, selbst

---

[18] Rossel, Dynamik der Hoffnung, 41f., 45f. Takenaka hat sich, wie Rossel in seinen Erinnerungen 2009 schreibt, selber später vom Schema der sechs Revolutionen wieder entfernt und wieder stärker dem Spannungsfeld Christentum und Kultur zugewendet. Rossel, Ein Leben in ökumenischer Weite, 311f.

[19] Ernst Troeltsch, Die Bedeutung der Geschichtlichkeit Jesu für den Glauben (1911), in: Ders., Die Absolutheit des Christentums und die Religionsgeschichte, München/Hamburg 1969, 132–162, hier: 161f.

[20] In diesem positiven Sinne beantwortete Jeremiah C. Kangsen, der Moderator der Presbyterian Church in Kamerun, die Frage eines Journalisten: »How do you see the future of your church?« – »Brilliant! For the future of the church is Jesus Christ«, so berichtet von Eberhardt Renz in: Begegnungen in Vielfalt,

wenn wir das Wort nicht mögen, behutsam umgehen müssen. Hat Jesus für uns Zukunft und ist er nicht durch künftigen Wandel ablösbar, dann bleiben alle die Fragen lebendig, die sich der Basler Mission im Verlauf des vergangenen Jahrhunderts hartnäckig gestellt haben:

– Mit Ittmann die Frage nach der Begegnung mit den andren Religionen. Wo gilt es, zu widersprechen, wo sind Ansätze zu begrenzter Solidarität?

– Mit Barth und Barmen die Frage nach der Begegnung mit Jesus Christus, dem fleischgewordenen und offenbaren Sohn Gottes: Wo bindet sie uns und verbietet uns darum mit Joh. 14,6 andere Wege?

– Und schließlich mit J. Rossel die Frage nach dem großen, dem umfassenden Aufbruch: Wohin soll, über die Überwindung von Hunger und Armut hinaus, die allgemeine Menschheitsentwicklung gehen? Oder, noch einfacher gefragt: Wo ist vorn?

(Prof. Dr. Dr. Heinrich Balz war bis zu seiner Emeritierung Professor für Religionswissenschaft, Missionswissenschaft sowie Ökumenik an der Humboldt-Universität zu Berlin)

ABSTRACT

The Evangelical Mission Society in Basel was intensively involved in the theological currents that shaped the 20th century. In the 1930s missionary research and a new deepened understanding of non-Christian religion and culture made missionary Johannes Ittmann seek for points of contact and solidarity between African pre-Christian experience of God and the biblical revelation of Jesus Christ. This current, however, was strongly rejected since the 1940s by Karl Barth and his missionary disciples in Switzerland who taught radical discontinuity between revelation and human religion. In the 1960s Mission Director Jacques Rossel introduced ecumenical openness and universal hope for mankind as basic values into contemporary mission work. His challenge as well as the former opposed views of other religion leave open the question: which is the direction of Christian mission in coming generations and whereto will it go?

in: Andrea Kittel (Hg.), Unterwegs zu den Anderen, 200 Jahre Basler Mission in Württemberg. Das Buch zur Ausstellung, Stuttgart 2015, 130–133, hier: 133.

Missionare als Kritiker des Komitees

Tobias Brandner

Die nachfolgenden Überlegungen bringen den missions*historisch* und missions-*theologisch* wichtigen chinesischen Kontext in den Blick und führen Gedanken weiter, die in einem vor einiger Zeit in der ZfM veröffentlichten Artikel angedacht wurden.[1] Der damalige Artikel erörterte Probleme der Interkulturalität am Beispiel von Theodor Hamberg, einem der zwei ersten Missionare der Basler Mission in China. Die Ausführungen hier richten den Blick in engerem Sinn auf die Spannung zwischen Missionaren und Heimatkomitee. Die Frage, die im Zentrum steht, ist, wie sehr die Missionare selbst als Kritiker des Komitees auftraten.

Vielfalt der Akteure – Vielfalt der Spannungen

Bevor wir uns jedoch dieser Frage zuwenden, sei daran erinnert, dass besagte Spannung nur eine von vielen ist, in die ausreisende Missionare und Missionarinnen eintraten. Andere zu nennende Spannungen wären etwa jene in der Beziehung

- zwischen Missionaren derselben Missionsgesellschaft;
- zu von anderen Missionswerken gesandten Missionaren;
- zu lokalen Mitarbeitern;
- zu lokalen Gemeindemitgliedern;
- zur nicht-christlichen Bevölkerung – inklusive Behörden, Vertreter lokaler Religionen und Repräsentanten der Lokalkultur;
- und, ebenfalls zu nennen, zu alternativen oder para-christlichen Entwürfen.

---

[1] Tobias Brandner, Zwischen den Welten. Interkulturalität in den frühen missionarischen Beziehungen der Basler Mission in China am Beispiel der Arbeit von Theodor Hamberg, in: ZMiss 3 (2013), 232–251.

Diese Kategorisierung gibt uns auch einen Überblick über weitere Akteure, abgesehen von den hier in den Blick genommenen, den Missionaren einerseits und dem Komitee andererseits. Alle genannten Gruppen, einige davon in negativer Form, spielten eine Rolle im Drama der Missionsgeschichte und prägten dessen Verlauf. Weitere könnten genannt werden, insbesondere die Vielzahl von Menschen, die das missionarische Unternehmen in der Heimat finanziell oder ideell unterstützten – Pfarrpersonen, Sammlerinnen oder Unterstützungsvereine, ja auch Familienangehörige etc. – die nicht direkt im Komitee vertreten waren, die jedoch teils in Briefen der Missionare angesprochen wurden.

Jede dieser Beziehungen verdient Beachtung und enthält interessantes Material. Und in jeder dieser Beziehung setzten sich Missionare kritisch mit anderen Interpretationen auseinander. Ich möchte nur einige Beispiele erwähnen:

Missionare derselben Missionsgesellschaft

Konflikte und Meinungsverschiedenheiten unter brüderlichen Mitarbeitern sind nicht auffällig, denn sie selbst wollten gegenüber dem Komitee und gegenüber der lokalen Kirche so weit wie möglich geschlossen auftreten. Auch das Komitee war wenig daran interessiert, solche Differenzen publik zu machen. Doch Differenzen sind sichtbar, etwa in den minutiös protokollierten Sitzungen der Missionare, in divergierenden Positionspapieren von Mitarbeitern oder in Berichten ans Komitee.

Zum Teil waren Konflikte zwischen den Missionaren strukturell begründet. Die hierarchische Beziehung zwischen Komitee und Missionaren setzte sich in der Organisationsstruktur im Feld fort: Ein von Basel ernannter Generalpräses und ein Generalkonferenzausschuss standen den Missionaren vor, und alle Kommunikation zwischen Missionaren und Komitee wurde über den Dienstweg, also über die im Felde Vorgesetzten geleitet.[2] Die hierarchischen Beziehungen und der Widerspruch zwischen vom Komitee ernannten Vorgesetzten und der Gemeinschaft von Missionaren konnte das gegenseitige Vertrauen untergraben. Missionare waren zudem dazu angehalten, sich gegenseitig zu kontrollieren. Die gegenseitige Überwachung konnte leicht zu Denunziantentum und zum Aus-

---

[2] Thoralf Klein, Die Basler Mission in Guangdong (Südchina) 1859–1931, München 2002, 133–134.

schluss von Aussenseitern führen und schuf eine Kultur des Misstrauens.[3] Viele Konflikte gründeten in Meinungsverschiedenheiten zu Sachfragen, in unterschiedlichen theologischen oder politischen Ausrichtungen oder schlicht in persönlichen Animositäten.

Ein Beispiel:[4] Die Anfangszeit der Basler Missionare in China war geprägt von wachsenden Spannungen mit Gützlaff. Gützlaff, dieser eigenwillige Pionier deutschsprachiger Mission in China und für viele Inbegriff der Verstrickung von Mission in Kolonialismus, gehörte zwar nicht zur BM, sondern war ein unabhängiger Missionar, der seine Arbeit für britische Handelshäuser mit der Missionstätigkeit verband. Doch es war Gützlaff, der das Komitee in Basel überzeugt hatte, Missionare zu ihm zu schicken, um ihn in der Evangelisierung Chinas zu unterstützen. Und seine Ideen behielten einen starken Einfluss auf einige Vertreter im Komitee. In der Frühzeit waren auch die ersten Missionare begeistert und beeindruckt von seiner Persönlichkeit. Doch bald wich die anfängliche Begeisterung Ernüchterung. Gützlaffs Schnellevangelisierung erschien ihnen hohl.

Oder ein anderes, weniger spektakuläres, aber vielleicht typischeres Beispiel: 1887 beschäftigten sich die BM-Missionare in China mit der Frage, ob eine Mädchenschule von der Stadt, also Hongkong, ins chinesische Innenland transferiert werden sollte. Auf der einen Seite stand die Sicht, vertreten von Missionar Ziegler, wonach der Umzug von ländlichen Kindern in eine städtische Internatsschule diese Mädchen den Eltern und ihrer ländlichen Herkunft entfremde. Sie würden kaum zurückkehren und einen einfachen Bauern heiraten wollen. Missionar Reusch argumentierte dagegen mit Kostengründen und damit, dass die angebliche Entfremdung der Mädchen eine Emanzipation von unchristlichen Gepflogenheiten bedeute und diese zu selbstständigeren Persönlichkeiten heranziehe als es im Kontext der traditionellen Kultur für ein Mädchen möglich sei. Das Problem der mangelnden Ehefrauen für ländliche Christen könnte durch eine verstärkte Aufnahme von ausgesetzten Mädchen kompensiert werden.[5] Doch neben diesen Argumenten könnte der Konflikt auch von anderen Motiven geleitet worden sein: Reusch leitete die Mädchenschule in Hongkong. War er unwillig, sie aus der Hand zu geben? Oder wollte er nicht ins Innenland umziehen?

---

[3] Jon Miller, Missionary Zeal and Institutional Control. Organizational Contradictions in the Basel Mission on the Gold Coast, 1828–1917, Grand Rapids/Cambridge u. a. 2003, 154–159; Klein, Basler Mission in Guangdong, 147–150.

[4] Weitere Beispiele in Klein, Basler Mission in Guangdong, 150–156.

[5] BMA A–1.21.36 (Positionspapier Ziegler); A–1.21.35 (Positionspapier Reusch).

Missionare und lokale Mitarbeiter

Worin bestanden die Spannungen zwischen Missionaren und lokalen Mitarbeitern? Wie sehr kritisierten Missionare lokale Mitarbeiter? Und umgekehrt? Wie sahen sie sich gegenseitig? Die Rolle der lokalen Evangelisten ist in den letzten 20 Jahren sehr viel stärker in den Blick gekommen. Für den Kontext der BM im chinesischen Raum sind die Forschungen von Jessie G. Lutz und Rolland Ray Lutz bahnbrechend.[6]

Die Beziehung ging nur langsam *von hierarchischer zu partnerschaftlicher Zusammenarbeit* über, und der Schritt zur vollwertigen Akzeptierung lokaler Mitarbeiter und zur Unterordnung überseeischer Missionare *unter* lokale Führung war schwierig. Missionare und lokale Mitarbeiter reproduzierten dieselben hierarchischen Beziehungsformen, die zwischen dem Komitee in Basel und ihnen selbst bestanden.[7] Liest man Dokumente der damaligen Zeit, so überwiegt ein Ton, der unter liebevollem Ausdruck der Anerkennung und Dankbarkeit Herablassung und väterliche Überlegenheit nicht verbergen kann. Die Rangordnung ist klar: Lokale Mitarbeiter werden von den Missionaren *geführt*, und sie sind den Missionaren *dankbar* für all ihre Gaben.[8] Selbst wo lokale Mitarbeiter integriert sind in die Distriktskonferenz der BM, werden die Gespräche dominiert von den überseeischen Mitarbeitern.[9]

Doch es gibt auch Hinweise in die entgegengesetzte Richtung: Schon Karl Gützlaff war sich klar darüber, dass wirksame Mission durch lokale Evangelisten zu geschehen hat. Darum gründete er mit der *Chinese Union*, der *Fuhanhui*, ein lokales Evangelisierungsinstrument.[10] Und Hamberg folgte ihm in dieser Ansicht,[11]

---

6 Siehe vor allem Jessie G. Lutz/Rolland Ray Lutz, Hakka Chinese Confront Protestant Christianity, 1850–1900, with the Autobiographies of Eight Hakka Christians and Commentary, New York 1998.
7 Paul Jenkins, Afterword: The Basel Mission, the Presbyterian Church, and Ghana since 1918, in: Miller, Missionary Zeal, 195–???, hier: 210.
8 Siehe etwa Missionar Leonhardts Beschreibung der Gemeindeältesten von Nyenhangli, 11.5.1894, BMA A-1.28.91. »Doch sie lassen sich führen, vertrauen ihren Missionaren und lieben sie. Wir sollten dankbar sein, dass wir an unserer Seite Männer in diesem Presbyterium haben, die ein klares Verständnis der sozialen Beziehungen in China haben, denn diese sind so oft verwirrend und schwierig zu verstehen.«
9 Siehe etwa BMA A-1.21.34. Protokoll der Distriktskonferenz in Lilong, 16.–18.3.1887, zur Frage des Umzugs der Mädchenschule.
10 Siehe dazu Jessie G. Lutz/R. Ray Lutz, Karl Gützlaff's Approach to Indigenization: The Chinese Union, in: Christianity in China: From the Eighteenth Century to the Present, hg. v. Daniel H. Bays, Stanford 1996, 269–291.
11 Brief von Hamberg an Keyser, Vorsitzender der Schwedischen Missionsgesellschaft, 29.3.1847, zitiert v. Herman Schlyter, Theodor Hamberg. The First Swedish Missionary to China (edited and translated from

auch wenn sich die Dinge bald verkomplizierten, als Hamberg zu erkennen begann, dass die *Chinese Union* auf tönernen Füssen stand und die lokalen Mitarbeiter viele ihrer angeblichen evangelistischen Erfolge nur vortäuschten.

Basler Missionare und anglo-amerikanische Missionare

Auch diese Beziehung enthält interessante Aspekte. Grundsätzlich hatten die frühen Missionsgesellschaften gute Beziehungen und unterstützten sich gegenseitig. Viele der frühesten BM-Missionare wirkten im Dienst der englischen CMS. Ohne die von der BM und an anderen kontinentalen Seminarien geschulten Missionare hätte diese ihre Arbeit gar nicht verrichten können – bis 1815 kamen zwei Drittel (17 von 24) der CMS-Missionare aus Kontinentaleuropa, bis 1830 waren es immer noch knapp ein Drittel (49 von 166).[12] Auch im Missionsfeld kamen die Missionare der verschiedenen Gesellschaften regelmässig zusammen, führten gemeinsame Sitzungen durch zu Themen, die sie alle angingen – z. B. in unserem Kontext, um den *Chinesischen Verein* Gützlaffs zu untersuchen. Die verschiedenen Missionen unterstützten sich auch materiell gegenseitig. Zum Beispiel: Die erste BM-Kirche in HK wurde der BM von amerikanischen Baptisten für wenig Geld überlassen.[13]

Doch ebenso gab es kulturelle Differenzen, Spannungen und gegenseitige Kritik: Den anglo-amerikanischen Missionaren erschienen die BM-Missionare als zu quietistisch. Diese betonten stärker den Bruch mit der Welt, den der Eintritt in den christlichen Glauben bedeutete. BM-Missionare waren skeptisch gegenüber dem anglo-amerikanischen Postmillennialismus, der triumphalistisch als ›advance‹, ›expansion‹, ›*evangelization of the world in this generation*‹, ›*manifest destiny*‹ oder als ›*the white man's burden*‹ daherkam.[14] Im weiteren Verlauf des 19. Jahrhunderts nahm auch das nationale Element eine zunehmend wichtige Rolle ein. Mit dem Eintritt von Missionaren der China Inland Mission, angeführt von Hudson Taylor, nahm die Kritik zwischen Angehörigen verschiedener Mis-

---

Swedish by Göran Wiking), Hongkong o.J., 68f.

[12] Siehe dazu Andrew F. Wall, The Eighteenth-Century Protestant Missionary Awakening in Its European Context, in: Brian Stanley (Hg.), Christian Missions and the Enlightenment, Grand Rapids/Cambridge 2001, 22–44, hier: 35–38.

[13] Wilhelm Schlatter, Geschichte der Basler Mission 1815–1915. II. Band: Die Geschichte der Basler Mission in Indien und China, Basel 1916, 290–292.

[14] Pierard, Foreword, xi.

sionen weiter zu. Sie kritisierten, dass die bisherigen Missionare zurückgezogen auf Missionsstationen wirkten, anstatt ins Land hinauszugehen und dort das Evangelium zu verkünden.

Konflikte zwischen Missionaren und Komitee – einige Beispiele

Alle bisher erwähnten Differenzen – Differenzen aufgrund von *unterschiedlicher institutioneller Autorität*, aufgrund von *verschiedener theologischer Ausrichtung* oder aufgrund von *unterschiedlichen strategischen Einschätzungen* – erscheinen auch in der Beziehung zwischen Missionaren und Komitee.

Einige Beispiele von typischen Konflikten:

Ehefrau

Die Regel war klar: Für die Eheschliessung eines Missionars war die Bewilligung des Komitees einzuholen. Der Grund dafür war, dass das Komitee fürchtete, dass die Heirat den Missionar von seinem eigentlichen Auftrag ablenken und seine Flexibilität einschränken würde. Das Komitee wollte Missionare, die bereit waren, »ihre eigenen Wünsche und Bedürfnisse wie auch ihr Leben dem Herrn zum Opfer zu bringen«.[15] Die Instruktionen für die ersten Missionare Hamberg und Lechler schlossen eine Heirat für längere Zeit aus.[16] Missionare selbst sahen es verständlicherweise anders. Zum einen kämpften nicht wenige mit Einsamkeit. Zum anderen, und das war strategisch wichtig, erkannten sie, dass nur eine Ehefrau es ihnen erlauben würde, das Vertrauen der lokalen Menschen und Zugang auch zu chinesischen Frauen zu finden, die eine wichtige Rolle in der Familie spielten.[17] Hamberg sah den Grund für die Weigerung des Komitees, in seine Heirat einzuwilligen, darin, dass dieses mit den Bedingungen Chinas nicht vertraut war.[18] Der Konflikt trieb Hamberg beinahe dazu, die BM zu verlassen und eine unabhängige schwedische China-Mission zu gründen.[19] Um-

---

[15] Waltraud Haas-Lill, Die Missionarin in der Geschichte der Basler Mission, in: Texte und Dokumente Nr. 12. Missionsgeschichte aus der Sicht der Frau, hg. v. Basler Mission, 14.
[16] Schlyter, Hamberg, 61.
[17] A. a. O. 86f.; Schlatter, Geschichte, 284.
[18] A–1.1. 1849.6, Hamberg 23.4.
[19] Schlyter, Hamberg, 108f.

gekehrt hatte dieselbe Angelegenheit das Komitee beinahe dazu geführt, Hamberg zu entlassen.[20]

Missionar Eitel, der fünfte Basler Missionar in China, ging einen Schritt weiter und trennte sich von der BM, um seine Heirat mit einer englischen Missionarin in Hongkong zu verwirklichen.[21]

Missionsstation

Die Instruktionen des Komitees an die ersten Missionare war klar: Die Missionare sollten nicht Zeit damit vergeuden, Schulen und Waisenhäuser zu gründen oder schreiberisch tätig zu sein. Sie sollten nur die Sprache lernen und so schnell wie möglich zu predigen beginnen. Hinter dieser Weisung stand das Ideal eines herumreisenden Missionars, wie es Gützlaff jahrelang propagiert hatte. Die Gründung einer Missionsstation kam in den ursprünglichen Instruktionen nirgends vor.

Demgegenüber fanden die frühen Missionare, dass ein fester Stützpunkt unabdingbar war, um eine sichere Basis zu haben, und dass als Ort nur Hongkong geeignet wäre, denn nur dort hatten die Missionare der frühesten Zeit Rechtssicherheit. Zudem brauchten sie eine solche solide Basis auch für ihr eigenes Glaubensleben. Das Komitee hielt lange daran fest, dass die Basler Missionare nur im Innenland einen festen Wohnsitz annehmen durften, und forderten sie auf, sich von Hongkong »nicht allein wegzubegeben, sondern auch für immer entfernt zu halten. Sie dürfen zwar kurze Besuche dort machen, aber nicht ohne ausdrückliche Erlaubniss der Committee für längere Zeit dort sich niederlassen«.[22] Inspektor Josenhans wollte nicht, dass die BM-Missionare am selben Ort wie andere Missionen arbeiten würden.[23] Zum einen wollte er der konfessionellen Spannung ausweichen. Zum anderen befürchtete er, dass sich die Basler Missionare »neben denen der englischen Gesellschaften immer arm, eingeengt und vernachlässigt vorkommen, während sie im Innern, wenn auch allein gestellt, doch freie Leute sind, die sich nach ihren Verhältnissen einrichten können«.[24] Zusätzlich brachte

---

[20] Protokoll der Komiteesitzung vom 6.11.1850. Protokollbuch Nr. 21. der Basler Missionsgesellschaft, 1849. II. 1850, 220.

[21] Klein, Basler Mission in Guangdong, 150–151.

[22] BMA A–2,1, 12; Brief von Josenhans an Br. Lechler und Hamberg vom 15.11.1850.

[23] »Unsere Brüder sollen an solchen Orten arbeiten, wo sie unvermengt mit Gützlaff und anderen Missionsgesellschaften das Missionswerk betreiben können.« Protokoll der Komiteesitzung vom 6.11.1850. Protokollbuch Nr. 21. der Basler Missionsgesellschaft, 1849. II. 1850, 221 (Die modifizierten Grundsätze).

[24] A. a. O. 292.

Josenhans die von Hamberg erwünschte Braut ins Spiel und stellte klar, dass seine Braut ihm nur unter der Bedingung zugesandt werde, dass er im Landesinnern seinen Stützpunkt suche.[25]

Drei Monate nach dieser Weisung – also ungefähr zum Zeitpunkt, da die Weisung in Hongkong eintraf – hatte Hamberg eine kleine Kapelle gekauft und eine Missionsstation gegründet.[26] Knapp zwei Jahre später bestand eine Schule mit einem knappen Dutzend Knaben. Die geschaffenen Tatsachen wurden 2½ Jahre später in einer neuen Instruktion akzeptiert.

Das Problem der chinesischen Sprache

Der Konflikt um die chinesische Sprache und um die Frage, ob das Alphabet die schwierigen chinesischen Schriftzeichen ersetzen könnte, zog sich durch das erste halbe Jahrhundert der BM in China.[27] In diesem Konflikt stehen sich zunächst zwei Haltungen gegenüber: Missionsstrategen in Europa einerseits, Missionspraktiker in China andererseits. Erstere, angeführt von Josenhans und unterstützt vom berühmten preussischen Linguisten Dr. Lepsius, der ein Normalalphabet erfunden hatte, mit dessen Hilfe alle Sprachen in lateinischen Buchstaben fixiert werden konnten und das er bei der Transkription ägyptischer Hieroglyphen genutzt hatte, sahen in der Einführung der alphabetischen Schrift »eine radikale Emanzipation der Christen von der Gebundenheit, in der das chinesische Volk sich befindet«[28] und eine Hinführung zu europäischer Rationalität. Die alphabetische Schrift werde das Volk »… vom Bann seiner alten, heidnischen Zeichenliteratur befreien«.[29] Sie hofften, die alphabetische Umschrift im Sprachunterricht der BM-Schulen zu popularisieren und so zur freieren und nicht an Zeichen gebundenen Entfaltung der chinesischen Geisteskräfte beizutragen. Mit dieser negativen Sicht der Zeichenschrift standen die Verantwortlichen der BM ganz in der Tradition der romantischen China-Kritik, die die chinesische Zivilisation als ›kindisch‹ und ›naiv‹ betrachtete. Für Herder etwa war die Zeichen-

---

[25] BMA A–2,1, 7, Komiteebeschluss vom 6.11.1850 bezüglich Hamberg, in: Schreiben von Josenhans an Hamberg vom 7.11.1850 (englisch).
[26] Schlyter, Hamberg, 147.
[27] Der Konflikt ist gut beschrieben in Schlatter, Geschichte, 322–331, 389–395.
[28] Josenhans, Brief an die Stationskonferenz Pukak, 6.4.1854, zitiert in: Schlatter, Geschichte, 322.
[29] Lepsius, zitiert a. a. O.

schrift ein »charakteristisches Beispiel eines gehemmten Kulturfortschritts bei den Chinesen«.[30]

Die mit der chinesischen Schrift und Sprache vertrauten Missionare waren dagegen mehrheitlich der Meinung, dass eine alphabetische Umschreibung höchstens ein *Hilfsmittel* sei, um den Spracherwerb zu erleichtern, so wie sie es während ihres eigenen Sprachstudiums genutzt hatten und wie es auch heute noch geschieht. Doch fanden sich auch unter den Missionaren selbst verschiedene Positionen. Der Konflikt spielte sich also nicht klar entlang der Trennlinie Komitee/Missionare ab.

Der Konflikt zog sich über verschiedene Etappen, Zwischenlösungen und Argumentationen – etwa einer Lösung mit Chinesisch für Knaben und Lepsius für Mädchen. Erst gegen Anfang des 20. Jahrhunderts setzte sich die unter den Missionaren dominante Haltung durch, die der Lepsius-Schrift nur eine Hilfsrolle zugestand.

Konflikt, Kritik und Devianz

Die drei Beispiele erzählen von Konflikten, nicht von Kritik. Können wir überhaupt von expliziter Kritik sprechen? Kritik bedingt ja ein gewisses Mass an Ebenbürtigkeit. War eine solche gegeben? Die gründlichste Untersuchung der Autoritätsstrukturen der BM im 19. Jahrhundert ist die Arbeit von Jon Miller, *Missionary Zeal and Institutional Control*. Miller zeigt, wie die Agenten – Mitglieder des Heimatkomitees und Missionare – unterschiedlichen sozialen Schichten entstammten und zum Zwecke der Evangelisierung zusammenarbeiteten – in Millers Worten ›*class collaboration for the sake of religion*‹.[31] Die Unterwerfung der dörflichen Verhältnissen entstammenden Missionare unter ihre Vorgesetzten im Komitee spiegelt die der städtischen Gesellschaft gegenüber untergeordnete Rolle der Dorfgesellschaft. Die Autorität des Heimatkomitees wurde auf mehrere Arten legitimiert:

---

[30] Sun Lixin, Das Chinabild der deutschen protestantischen Missionare des 19. Jahrhunderts. Eine Fallstudie zum Problem interkultureller Begegnung und Wahrnehmung, Marburg 2002, 73.
[31] Miller, Missionary Zeal, 7, und Kapitel 2.

a) spirituell, etwa im Grundsatz, dass der Wille Gottes im Willen des Komitees erkennbar sei;[32]
b) gesellschaftlich – im Grundsatz »gehorche deinen Vorgesetzten«;
c) oder bürokratisch – ausgedrückt durch den Grundsatz »Ordnung muss sein«.

Bis weit ins 20. Jahrhundert hinein vertrat das Komitee die Auffassung, dass Kritik an Komiteebeschlüssen nicht zur Aufgabe der Missionare, ja nicht einmal zur Aufgabe der vom Komitee ernannten Führung im Feld gehöre.[33] Die Autoritätsstrukturen wurden zudem dadurch verschärft, dass das Komitee Entscheidungsbefugnis auch in scheinbar nebensächlichen Fragen beanspruchte, durchaus zum Leid der Missionare. Zum Beispiel: Hamberg war musikalisch und wollte Gesangsstunden geben. Doch das Komitee lehnte dieses Vorhaben ab.[34] Oder: Das Komitee erteilte Missionar Bellon 1873 die Weisung, Erlöse aus dem Verkauf von Fäkalien der Station in Lilong nicht der Armen-, sondern der Anstaltskasse gutzuschreiben.[35]

Doch auch noch so viel Autorität des Heimatkomitees konnte die beträchtliche Überlegenheit der Missionare, in strategischen Fragen kontextuell sinnvoll entscheiden zu können, nicht aus dem Weg räumen. Der Vorteil der hierarchisch untergeordneten Missionare bestand in drei Aspekten:
1. Sie hatten *bessere kontextuelle Kenntnisse*.
2. Sie mussten ständig auch kurzfristig entscheiden, ohne immer mit der Leitung Rücksprache nehmen zu können. Sie konnten also nicht nur Befehlsempfänger sein, sondern sie mussten auch *fähig sein, kreativ Lösungen zu finden*.
3. Zudem hatten sie durch ihre missionarische Arbeit einen *sozialen Aufstieg* erlebt, der ihrer Unterwerfung unter das Komitee zwar keinen Abbruch tat, aber ihnen doch einen relativ zu ihrem sozialen Ursprung höheren Status gab.

Wir haben also auf der einen Seite eine unbedingte Autorität des Komitees, welche die Missionare seit der Zeit des Missionsseminars eingeübt hatten, und auf der anderen eine weniger unbedingte, aber doch beträchtliche kontextuelle Kom-

---

[32] Johannes Hesse, Joseph Josenhans. Ein Lebensbild, Calw 1895, 177. Josenhans antwortete auf die beim öffentlichen Examen den Zöglingen gestellte Frage, woran ein Missionar den Willen Gottes erkennen könne, selbst mit den Worten: »am Willen des Komitees«.
[33] Klein, Die Basler Mission in Guangdong, 137.
[34] Schlyter, Hamberg, 157.
[35] Klein, Basler Mission in Guangdong, 141.

petenz, kontextuellen Entscheidungsbedarf und ein aufgrund des sozialen Aufstiegs gewachsenes Selbstbewusstsein. Oder in anderen Worten, die missionarische Arbeit stand im *Widerspruch zwischen Gehorsam einerseits und Eigenständigkeit, Kreativität und Devianz andererseits.*

Bewirkte dieser Widerspruch also einen Ausgleich und eine Ebenbürtigkeit, die Kritik erst ermöglichen würde?

Meine Beobachtung ist, dass es *explizite Kritik* der Missionare an den Vorgaben des Komitees gab, doch dass diese an eng definierte Sachfragen gebunden war und dass Missionare kommunikative Mittel einsetzten, ihrer Kritik am Komitee die konfrontative Schärfe zu nehmen. Öfters äusserte sich Kritik stattdessen in anderen Formen.

Direkte Kritik findet sich etwa bei Hamberg, der in höherem Masse als andere frühe Missionare Konflikte hatte mit dem Komitee – vermutlich, weil er als Schwede nicht im gleichen Mass wie andere BM-Missionare vom Geist des Pietismus geprägt war, der Ordnung und Unterwerfung unter Autoritäten lehrte, und weil er durch seine familiäre Herkunft (sein Vater war Schiffskapitän) bereits eine weitere Weltsicht erhalten hatte. Ein Beispiel ist die bereits diskutierte Frage der Ehe, wo er das Komitee direkt kritisierte, nicht genügend vertraut mit den Bedingungen in China zu sein.[36]

Ein Beispiel für *kommunikative Unterwerfung und die Bitte* um weitere liebende Zuwendung ist der Briefschluss eines Briefes von Hamberg an Josenhans. Hamberg schreibt: »Ich hoffe, Sie nehmen diesen Brief mit Nachsicht und Liebe auf, und überhaupt möchte ich Sie bitten, die einzelnen Ausdrücke in unseren Briefen nicht zu sehr zu unserem Nachteil zu deuten; es ist wahr, dass die verehrte Committee uns nur von unseren Briefen kennen, aber ich glaube, es ist noch wahrer zu sagen, von dem Charakter eines Mannes kann man seinen Brief verstehen, als umgekehrt ...«[37]

Nicht direkte Kritik, sondern eher eine Form der *strategischen Devianz*[38] zeigt sich, wo vollendete Tatsachen geschaffen werden – sei es beim Kauf einer Liegenschaft in Hongkong oder sei es in Hambergs geheimer Verlobung mit Louise Motander. Für das Komitee stellte sich die Frage, wie weit strategisch deviante Missionare diszipliniert werden müssen. Das Dilemma bestand ja darin, dass ein gewisses Mass an Devianz notwendig war, um kreativ auf eine gegebene Situa-

---

[36] A–1.1. 1849.6, Hamberg 23.4.
[37] A–1.2 China 1852.21, Hamberg 28.12.
[38] Siehe auch Miller, Missionary Zeal, 128.

tion reagieren zu können. Andererseits unterminierte Devianz die Autoritätsstrukturen der Mission insgesamt. Strategische Devianz war, wie Miller an mehreren Beispielen zeigt, ein wichtiger Modus, wie sich Missionsarbeit realisierte. *Verhandlung* ist eine weitere Form der Konfliktlösung jenseits von Kritik. Beispiele dazu finden sich reichlich – etwa bei der Frage, ob chinesiche Schrift oder Lepsius propagiert werden soll. Hier boten beide Seiten sinnvolle Zwischenpositionen, die den Konflikt entschärften. Das Problem bei Verhandlungen war natürlich, dass solche aufgrund der enorm langsamen Kommunikation (etwa sechs Monate für einen Briefwechsel zu Beginn der Mission) äusserst schwerfällig war. Die Autoritätsstrukturen bewirkten, dass sich Missionare und Komitee nicht als gleichberechtigte Verhandlungspartner gegenüberstanden. Doch andererseits wusste auch das Komitee, dass es handlungsmässig auf die Missionare angewiesen war, damit etwas geschehe. Doch war bei all dem der Grundsatz klar, deutlich formuliert von Josenhans: Lieber keine Missionare als ungehorsame.[39] Und das Komitee war sich nicht zu schade, seine Befehlsgewalt auch dadurch zu untermauern, dass es die Gewährung von Bitten der Missionare an die Erfüllung der Vorgaben des Komitees band – so etwa, wo Josenhans die Gewährung von Hambergs Ehe mit einem Umzug ins Landesinnere verknüpfte.[40]

Doch auch die Missionare verfügten über wirksamen *unabhängigen Manövrierraum*: Sie konnten sich selbstständig machen, wie es Gützlaff vormachte, der sich schon früh von der Niederländischen Missionsgesellschaft gelöst hatte, lokal in der Kolonialwirtschaft Einkommen fand und neben solcher Erwerbsarbeit missionarisch tätig war. Ähnlich fand Eitel nach seiner Hochzeit eine gute Position als Schulinspektor im Dienst der Hongkonger Regierung. Oder sie konnten die Mission wechseln, wie es Hamberg während einiger Zeit erwogen hatte, als er Kontakte zur schwedischen Missionsgesellschaft aufnahm und mit ihnen über eine schwedische China-Mission nachdachte. Solche Optionen zeigen, dass Missionare trotz der rigiden Autoritätsstrukturen nicht einseitig abhängig waren vom Komitee.

---

[39] Brief von Josenhans an die Brüder, 15.11.1850, zitiert von Schlyter, Hamberg, 136.
[40] Siehe oben Anm. 25.

Fazit

1. Zumindest während der Frühzeit war direkte und explizite Kritik der Missionare am Komitee eher die Ausnahme und war, wo sie erfolgte, an klar definierte Sachfragen gebunden.
2. Eine ins Grundsätzliche gehende Kritik – etwa an den Autoritätsstrukturen oder an der grundsätzlichen Strategie der Mission – konnte ich nicht finden. Die Kommunikation war stattdessen darauf gerichtet, im bestehenden autoritären System Konflikte der Wahrnehmung, der strategischen Ausrichtung oder gar der zwischenmenschlichen Probleme einigermassen zufriedenstellend zu lösen. Interkulturelle Vermittlung und Kommunikation, die sich in den Dienst der lokalen Kirchen stellt und eurozentrische Perspektiven des Heimatkomitees kritisiert, gehört in eine sehr viel spätere Zeit.
3. Verschiedene Beispiele zeigen, dass die Missionare über gute und interessante Alternativen zum Dienst in der BM verfügten. Diese Ausweichsmöglichkeiten bedeuteten, dass die Missionare dem Komitee nicht passiv und auf Gedeih und Verderben ausgeliefert waren.

(Dr. Tobias Brandner ist Associate Professor an der Divinity School of Chung Chi College, Chinese University of Hong Kong)

ABSTRACT

This article shows that in early times of Basel Mission criticism of missionaries towards the Komitee (governing board) was there only in exceptional cases and regarding particular issues. There was no fundamental critique as to the general structures or the overall policy of BM. There was a general understanding that human and structural conflicts should be solved unanimously and to everybody's satisfaction. Only later, eurocentric perspectives of the Komitee came under critical observation. Also, missionaries of BM had at hand attractive alternatives to their service for BM and did not depend on their loyalty to the mission.

Zwischen den Kulturen – Missionskinder des 19. Jahrhunderts

Dagmar Konrad

Die Basler Mission, eine der größten protestantischen Missionsgesellschaften des 19. Jahrhunderts, sandte ab dem Jahre 1828 Missionare nach Indien, Afrika und China aus, die überwiegend aus dem Württemberger und Schweizer Raum stammten. Die Handwerker- und Bauernsöhne absolvierten eine siebenjährige Ausbildungzeit im Basler Missionshaus. Aufgrund der Heiratsordnung der Basler Mission mussten sie ledig nach Übersee reisen und durften erst nach zweijähriger ›Dienstzeit‹ im Missionsgebiet, nachdem sie sich bewährt beziehungsweise überlebt hatten, beim sogenannten Komitee, dem obersten Leitungsgremium der Basler Mission, von Übersee aus um Heiratserlaubnis bitten. Das Komitee bestand aus Mitgliedern des Basler Großbürgertums, man engagierte sich ehrenamtlich. Die Missionare konnten selbst Vorschläge machen oder es wurde eine passende Frau gesucht. Die Frauen, die angefragt wurden, die sogenannten ›Missionsbräute‹ kannten also ihren zukünftigen Ehemann außer von einer Fotografie und ein paar Briefen nicht. Dem pietistischen Glaubenskontext entsprechend wurde die Heiratsanfrage und diese Art ›Blind-Heirat‹ als Ruf Gottes interpretiert. Sich auf eine Ehe mit einem Missionar einzulassen bedeutete zugleich, ein neues Leben in der Fremde zu führen, das nicht frei von Problemen und Gefahren war: eine fremde Kultur und Sprache, tropisches Klima und mangelnde medizinische Versorgung, sogar der mögliche frühe Tod. Wie die Männer zuvor, reisten die Missionsbräute also ebenfalls ledig nach Übersee, wo dann erst die Hochzeit stattfand. In einem Zeitraum von 1837 bis 1914 waren dies ungefähr 300 Frauen aus der Schweiz und Süddeutschland. Die Missionare wie ihre späteren Ehefrauen folgten einem höheren Ziel. Sie wanderten nicht aus, um ein besseres Leben zu finden, sondern nahmen ein schlechteres in Kauf, um – aus ihrer Sicht – das Leben anderer zu verbessern. Dem Missionsauftrag wurde alles untergeordnet, auch das Privat- und Familienleben. Die Kinder, die aus diesen Ehen hervorgingen, mussten nämlich aufgrund der Kinderverordnung der BM aus dem Jahre 1853 spätestens im schulpflichtigen Alter in die Schweiz oder nach Württemberg zurückgeschickt werden, um in einem christlich-europäischen Umfeld aufzuwachsen. Daraus folgt, dass es sich bei den Missionsfamilien in Übersee immer um getrennte, zerrissene Familien handelte, die nur temporär bestanden, und dass sich die Familie insgesamt immer nur aus den Eltern mit Kleinkindern konstituierte. Letztendlich resultieren daraus mehrfach gebrochene Familienbiografien.

Im Folgenden möchte ich mich auf einige wenige thematische Schwerpunkte konzentrieren, die das Familienleben in Übersee und das spätere elternlose Aufwachsen in Europa als Missionskind (aus den Tropen) betreffen. Wie gingen die Familien mit der Vorgabe einer vorbestimmten Re-Migration eines Teils der Familie – genauer der Kinder – um, und was bedeutete dies überhaupt für alle Beteiligten?

In Übersee sollte die Missionsfamilie Vorbildfunktion haben und das Ideal europäischen Ehe- und Familienlebens vermitteln. Dies spielte sich immer an der Schnittstelle zwischen Privatheit und Öffentlichkeit ab, nämlich im halböffentlichen Raum ›Missionsstation‹. Da Kinder und Kinderreichtum in vielen Kulturen hohen sozialen Stellenwert haben, trugen die Missionskinder direkt zum Ansehen und zur Akzeptanz der Missionspaare in den fremden Kulturen und somit indirekt auch zum Erfolg der Mission bei. Überspitzt formuliert: Erst wenn Kinder kamen, war auch das Missionspaar in der fremden Kultur ›angekommen‹.

Auf der Missionsstation war die Missionarsfrau keineswegs nur Hausfrau und Mutter, sondern hatte umfangreiche missionarische Aufgaben, obwohl ihr offiziell nur der Status einer Gehilfin des Missionars zugebilligt wurde. So leitete sie häufig die Missionsmädchenanstalten, Krankenstationen und anderes. Daher kam, was die Entwicklung der Missionskinder betrifft, dem einheimischen Kindermädchen eine besondere Bedeutung zu. Eine verlässliche ›Ayah‹ zu bekommen, so wurden im gesamten British Empire indigene Kindermädchen bezeichnet (auch die Missionsleute übernahmen diese Bezeichnung), war für die Missionsfrauen aus Zeitgründen unabdingbar. Obwohl die Kindermädchen meist christianisiert waren, brachten sie den Kindern natürlich auch indigene Vorstellungswelten, ihre ›eigene‹ Kultur näher. Ein Beleg dafür ist, dass die Kinder in der Regel die Sprache des Missionsgebietes besser als Deutsch beherrschten. In vielen Fällen war diese sogar ihre einzige Sprache, Kenntnisse der Muttersprache ihrer Eltern fehlten oft ganz oder waren allenfalls rudimentär vorhanden. Die regionale Sprache, die teilweise von den Müttern selbst nicht so gut beherrscht wurde, teilten sie mit den Kindermädchen, die so als sprachliche Bezugspersonen fungierten und dadurch auch eine signifikante Rolle bei der transkulturellen Prägung spielten. Die Kinder lebten also im Missionsland gewissermaßen ›zwischen den Kulturen‹, der elterlichen, streng christlichen und der indigenen, mit ›heidnischen‹ Elementen durchsetzten. Gerade das Sprachproblem wird in vielen Briefen explizit erwähnt. So schreibt beispielsweise die Bernerin Marie Wittwer-Lüthi, Missionarsfrau in Kamerun, über ihren Sohn Hans: »Er spricht aber so wie die Negerkinder, ihr würdet ihn nicht verstehen.«[1]

Auch die religiöse Erziehung der Kinder durch die Eltern erfolgte daher teilweise in der einheimischen Sprache. Ein weiteres interessantes Detail ist, dass die Kinder, ob in Afrika, Indien oder China, häufig zusätzlich zu ihrem europäischen Namen einen indigenen erhielten. Über die Tochter berichtet Marie Wittwer-Lüthi etwa: »Ndolo – Liebe ist Hannis schwarzer Name.«[2] Und das Missionskind Rosmarie Gläsle wurde in China mit dem Beinamen Sumoi (Pflaumenzweig) ausgestattet, den sie in Deutschland sogar im Alter von 71 Jahren noch benutzte.

Die Kinder des Missionspaares bildeten häufig eine kulturelle Brücke zu der indigenen Bevölkerung. Das Misstrauen, das die einheimische Bevölkerung oft den fremden Missionaren und Missionarsfrauen entgegenbrachte, wandelte sich angesichts der Existenz ihrer Kinder ins Gegenteil. Die Missionskinder unterschieden sich von ihren einheimischen Altersgenossen vor allem in ihrem Aussehen: weiß und europäisch. Dadurch wurden sie zu etwas Besonderem für die indigene Bevölkerung. Dessen waren sich die Missionspaare sehr wohl bewusst, und dieser Umstand bereitete auch immer wieder Anlass zur Sorge, in Übersee wie auch bei dem Leitungsgremium der Basler Mission in Europa. Es wurde befürchtet, dass die Kinder zu sehr bewundert und hofiert würden. Die Funktion der Missionskinder als ›interkulturelle Brücken‹ ließe sich an vielen Beispielen beschreiben. So etwa mit den Sätzen der Marie Knausenberger, die sie von Indien aus an ihre Freundin Salome in Colmar schrieb. Im Jahre 1883 war sie Mutter einer Tochter geworden. »Der liebe Gott hat uns in unserer Johanna ein so teures Geschenk gegeben. Du solltest sie sehen, wie sie alle Leute so hell an-

---

[1] Archiv Basler Mission: QF–10.24,1: Marie Wittwer-Lüthi, Mutter und Missionarin. Quellensammlung. Kamerun 1904 bis 1914.
[2] A. a. O.

lacht, daß sie selbst die Herzen der stolzen Brahmanen gewinnt.«[3] Die Tochter Johanna ebnete also den Weg zur obersten Kaste Indiens, den Brahmanen. Für viele Missionarsfrauen war es eine wichtige Aufgabe, die Töchter von Brahmanen zu unterrichten. Sie galten als schwer erreichbar, da ihre Eltern meist nicht damit einverstanden waren, die Töchter in die Missionsschulen zu schicken. Sie lebten teils in sogenannten ›Zenanas‹, abgeteilten Bereichen im Inneren des Hauses, zu denen nur die Mädchen und Frauen der Familie Zutritt hatten. Aber gerade durch die Missionskinder, die beispielsweise zu Besuchen mitgenommen wurden, wurde häufig eine interkulturelle Kontaktzone geschaffen, in der sich die einheimischen und die europäischen Frauen leichter und unbefangener begegnen und sich dann auch näherkommen konnten.

Nicht nur in Indien, auch in Afrika wurde der Status der Missionspaare durch ihre Kinder bestimmt. Das Missionspaar Keller schildert die Ankunft ihres ersten Kindes in Kamerun folgendermaßen.

»Unsere Karte die die glückliche Ankunft in Bombe anzeigte werdet Ihr erhalten haben. Schon ein paar Tage bin ich daran zu schreiben, doch abends bin ich so müde u. schläfrig und bei Tag ist der Kleine immer da, so dass ich fast zu nichts komme! Die Leute von Bombe waren ganz verzückt von ihm. Gleich am zweiten Tag kamen die jungen Weiber zum Tanz, sie brachten der Sitte gemäß etwas Brennholz mit und tanzten am Reigen und sangen. Verschiedene von ihnen hatten sich aufgeputzt, einige hatten Ziergräser auf dem Kopf gesteckt, die ganz kokett wackelten, eine hatte einen Ziegenbart an ihr Kinn gebunden; eine hatte einen schrecklichen Hut auf, der mindestens zwei Meter im Umfang hatte und ein Männertrikothemd an! Ich brachte dann Fritz hinunter und eine nach der anderen nahm ihn auf den Arm. Am nächsten Tag kamen dann die beiden Häuptlinge mit den Ältesten des Dorfes um zu gratulieren und schenkten ihm zwei Hühner. Einige Tage danach kamen die älteren Weiber und tanzten auch. Sie brachten auch Holz und sangen und tanzten aus Leibeskräften. Die beiden Häuptlinge gaben ihm auch einen Namen »Mutuba ma Bombe« das heißt: einer der sein Leben in Bombe angefangen. Sie beanspruchen ihn als ihr Kind, trotzdem er ja nicht hier geboren wurde! Eine Frau brachte ein Huhn, ein Mann einen Hahn und ein anderer Jams. Für die Geschenke mussten wir ihnen auch Gegengeschenke geben der Sitte gemäß so dass uns diese Begrüßung etwa 25 Mk zu stehen kam! Die Bali haben ihn sehr gerne, wo er sich nur sehen lässt, wird er mit großer Freude begrüßt; er ist das erste europäische Kind, das

[3] ABM: 4/R I/203. Briefe von Marie Knausenberger, geb. Pfau, an Salome Harder in Colmar, 1881–1883. Mangalur/Indien, 5.5.1883.

die Leute sehen! Er heißt Garega, der König gab ihm diesen Namen nach seinem Vater. Alles ruft ihn mit »König Garega«. … Am ersten Abend besuchte ich mit den Brüdern den König. Er war sehr freundlich. In den nächsten Tagen kamen viele Bali den Kleinen und meine Frau zu sehen. Auch brachten sie Geschenke. Der König selbst schickte gleich nach unserer Ankunft ein Körbchen Kartoffel, Pisang und eine Ziege. Wir bekamen drei Ziegen und drei Schafe geschenkt. Nachholen muß ich noch, dass beim letzten Reisetag uns der König von Babesi entgegenkam, um uns zu grüßen. Er brachte zwei Karaffen Palmwein, für mich und Bruder Trautwein je ein Huhn und für die Nyango ein Schwein. Auf dem Weg ließen wir uns auf den Kisten nieder und tranken den Wein, der kleine Friedrich gefiel ihm außerordentlich. Er ruhte nicht bis wir ihm denselben auf den Arm legten. So ist es auch hier, alle wollen den Kleinen nehmen. Da wir ihn den rotangestichenen Weibern nicht geben, weil sie seine ganze Wäsche rot machten, haben sich manche gewaschen und kamen und baten ihn nehmen zu dürfen. Alle rufen abong tititi d. h. er ist sehr schön. Der König selbst verlangte ihn zu sehen. Er sagte zu mir: Ich lasse die Nyango grüßen, sage ihr, sie sei meine Mutter sie soll einmal kommen und den Kleinen bringen. … Am ersten Sonntag Nachmittag zwei Tage nach der Ankunft gingen wir alle zum König. Wir warteten nicht auf dem Marktplatz, sondern gingen zu ihm in den Hof hinein. Er saß im wallenden Hausgewand an seinem gewohnten Platz. Die Wände um ihn her sind mit braunen, länglichen Perlen besetzt. Er empfing uns sehr freundlich, freute sich über den Kleinen und nahm ihn auf seinen Schoß. Beim Nachhausegehen machte ein Bali-Mann den Wegweiser. Er marschierte voraus, nahm sogar Steine aus dem Wege und warf sie beiseite, brach da und dort ein Zweiglein ab, das im Weg hing und rief fast in alle Höfe hinein: kommt und seht das Europäer-Kind, es ist sehr schön. Von allen Seiten kamen sie herbei und staunten den Kleinen an. So gelangten wir allmählich wieder nach Hause.«4

Diese Briefstellen werden deshalb in aller Ausführlichkeit zitiert, da hier sämtliche Facetten der kulturübergreifenden Funktion des Missionskindes zum Ausdruck kommen. In unserem Beispiel handelt es sich um das erste europäische Kind, das in jenem Missionsgebiet in Kamerun geboren wurde. Die Beschreibung der Reaktionen der örtlichen Bevölkerung auf die Existenz dieses Kindes kann im übertragenen Sinne als eine Art ›Blaupause‹ und als Rollenmodell gelten. In vielen Quellen, die die ›Ankunft‹ eines Kindes und die einheimischen Reaktionen darauf zum Inhalt haben, finden sich ähnliche Schilderungen. Das neugeborene Kind trägt hier zur Intensivierung des Kulturkontaktes bei. Berüh-

---

4 Privatnachlass: Briefkonvolut Lydia und Jakob Keller/Bombe/Kamerun.

rungsängste zwischen dem Missionspaar und der afrikanischen Bevölkerung verringern sich im wahrsten Sinne des Wortes. Das Kind wird begutachtet und angefasst. In diesem Beispiel entledigen sich die eingeborenen Frauen sogar eines kulturellen Habitus: Sie »waschen sich die rote Farbe ab«, um das Kind auf den Arm nehmen zu dürfen, andererseits führen sie einen indigenen Geburtsritus, das Tanzen im Reigen, für das fremde Kind auf und nehmen es damit symbolisch – als ihnen kulturell zugehörig – an. Sie erheben also zeichenhaft Anspruch auf das Kind. Es erhält von Stammeshäuptlingen Namen und der König, das Oberhaupt des Clans, nennt es nach seinem eigenen Vater. Dadurch wird das Missionskind wiederum symbolisch sogar in die Königsfamilie aufgenommen, wodurch auch das Missionspaar eine Statusaufwertung erfährt. Im Grunde wird durch die, wenn auch nur fiktive Aufnahme in die kamerunische Gesellschaft bereits eine hybride Identität des Kindes festgeschrieben. Zusätzlich zu seinem europäischen Namen erhält es von der einheimischen Bevölkerung, nicht von den Eltern, einen eigenen Namen, überspitzt formuliert, eine ›zweite Identität‹. Das Leben des Missionspaares sollte dem christlichen Auftrag gemäß transparent und ›öffentlich‹ sein. Auch das Missionskind wird in diesem Beispiel zum ›öffentlichen‹ Kind – zum Allgemeingut. Festzuhalten bleibt, dass die Kinder als Schweizer oder deutsche Staatsbürger im überseeischen Missionsgebiet geboren wurden, dem Land, das für sie die nächsten sechs oder sieben Jahre Heimat sein würde und für ihre Eltern die Fremde war. Sie waren also nicht nur durch einheimische Namen, sondern durch ihre bloße Existenz als Missionskind, das in einer ›heidnischen‹ Umgebung in eine christliche Familie geboren wurde, kulturelle Grenzgänger‹, aber auch ›Brückenbauer‹.

Die bevorstehende Trennung wurde von Eltern wie Kindern als äußerst schmerzhaft erlebt. Sie bedeutete, dass Kontakt nur noch brieflich möglich war (in den ersten Jahren nur indirekt über Mittelsleute, da die Kinder, wenn sie ihre tropische Heimat verlassen mussten, ja noch gar nicht schreiben und lesen konnten). Sie bedeutete ferner, dass die Familie auf verschiedenen Kontinenten lebte, dass ein Teil der Familie, nämlich neu hinzukommende Geschwister in den Missionsgebieten, den anderen Teil der Familie, die Geschwister in Europa, nicht kannte und umgekehrt. Sie bedeutete zugleich, dass die Kinder sich fast zwangsläufig von dem Leben in Übersee entfernen mussten, um in Europa zu Schweizern oder Deutschen zu werden, während die Eltern in den Missionsgebieten blieben und das Leben, das die Kinder gekannt hatten, weiterführten und selbst bis zu einem gewissen Grad von der fremden Kultur verändert wurden. Auf den

Punkt brachte dies die Missionarsfrau Johanna Ritter, die von Indien aus an ihre Tochter Else schrieb:

> »Wie wir aussehen? Älter und indischer. Wenn wir jetzt nach Europa kämen, würde unsere ganze Erscheinung, unsere ganze Haltung, Kleidung und alles so gar nicht nach Europa passen und wir müssten erst nach und nach uns an alles anpassen.«[5]

Das mussten auch die Kinder, die nach Europa reisten. Zwischen 1853, als der erste Kindertransport mit 24 Kindern von Indien aus startete, und 1914 (die Zäsur war der Erste Weltkrieg) waren es rund 1500 Kinder, die aus den Missionsgebieten nach Europa auswandern mussten. Auf ein ›entferntes‹ Kind folgte häufig in kurzem Abstand die Geburt eines ›Ersatzkindes‹, eines Trostkindes, wie es bezeichnet wurde. Das Trostkind war ein besonderes Kind, da es als Ersatz für die ›verlorenen Kinder‹ diente. Oft wurde nach einem Heimaturlaub das jüngste Kind wieder mitgenommen. Dem ›Trostkind‹ wurde große Aufmerksamkeit zuteil, es hatte ein Alleinstellungsmerkmal. Es musste seine Geschwister ersetzen und war der einzige Trost der ›kinderlosen‹ Eltern. Auf das ›Trostkind‹ wurden alle Sehnsüchte nach den entfernten Kindern projiziert, und umgekehrt war dieses Kind der Garant für neues Elternglück. Im Grunde musste das Trostkind das ideale und perfekte Kind sein.

> »Wir sind wieder in Indien und zwar getrennt von unseren theuren Knaben, nur das Töchterlein, unsere Johanna, haben wir bei uns. Gottlob, daß wir noch diesen kleinen Sonnenstrahl mit uns nehmen durften. Ich glaube ohne ein Kindlein wäre ich ganz unglücklich gewesen. Die Maid ist unsere Wonne und richtet uns oft auf mit ihrem fröhlichen Lachen und einschmeichelnden Wesen.«[6]

Konnte kein Trostkind mitgenommen werden, gab es häufig eine baldige erneute Schwangerschaft.

> »Mein liebes Mütterlein, wie freue ich mich Dir mitteilen zu können, daß uns der Herr wieder ein Kindlein schenken will. Die Freude hebt zwar das Heimweh nach den zurück gelassenen Kindern nicht auf.«[7]

Johanna Lutz erwartete kurz nach der Rückkehr nach Kamerun ein Trostkind. Ihre neunmonatigen Zwillinge und die zweijährige Tochter Dora hatte sie bei den

---

[5] Privatbesitz: Briefkonvolut Johanna Ritter/Mangalur/Indien.
[6] Privatbesitz: Tagebuch Marie Hermelink, Mangalur, 4.1.1887.
[7] Privatbesitz: Briefkonvolut Johanna und Friedrich Lutz, Kamerun.

Großeltern in Dettingen zurückgelassen. »Ersatz ist unterwegs.«[8] Diese Botschaft sandte Theodora Binder aus Afrika an ihre Mutter, nachdem die vierjährige Tochter Pauline nach Europa abgereist war. Der Schlüsselbegriff ist hierbei Ersatz. Ersatz war eines der Leitmotive im Leben der Missionspaare. Nicht nur Kinder wurden ersatzweise produziert, Ersatzfunktionen erfüllten auch andere Menschen. Es gab Ersatztanten und -onkel für die Kinder, die nicht leiblich mit ihnen verwandt waren. Im Grunde war jedes Missionspaar für die Kinder der anderen Paare im selben Missionsgebiet Tante und Onkel. Gehen wir von der pietistischen Vorstellung einer großen Geschwistergemeinschaft aus, so ist diese Anrede nur folgerichtig. Außerdem stellte die überseeische Missionsfamilie im Ganzen einen Ersatz für die europäische Missionsfamilie dar, unabhängig davon, ob es sich um das Kollektiv oder die Kernfamilie in Europa handelte. Ersatz betraf nicht nur Menschen, sondern auch andere Bereiche des Lebens. So zum Beispiel Rituale: Die Geburtstage der Kinder im entfernten Europa wurden in Übersee ersatzweise mit den Schülern der Knaben- und Mädchenanstalten gefeiert. Dadurch wurde eine Ersatznormalität aufgebaut: Es gab ›Verwandte‹, und es gab zelebrierte Geburtstage. Und wie beschrieben wurde nicht zuletzt ein entferntes Kind durch ein neues ersetzt, das jeweilige Trostkind. In einem Gedicht der Elisabeth Oehler-Heimerdinger, das sie zum ersten Geburtstag ihres Sohnes schrieb, wird – zumindest in ihrem Fall – eine geradezu metaphysisch universale Funktion des Trostkindes sichtbar. Nach mehreren Fehlgeburten kam der lang ersehnte Sohn zur Welt.

> »Am Allerseelentage
> Da man der Toten denkt,
> hat, daß man es ertrage,
> dich uns der Herr geschenkt.
> Da in dem Leid, dem größten,
> Dein Seelchen zu uns kam,
> mußt du für alle trösten,
> die Gott schon von uns nahm.
> Heut brennt ein einzges Lichtlein auf dem Geburtstagstisch,
> dein liebliches Gesichtlein
> strahlt hell es an und frisch.
> Gott wolle dich erhalten
> So sonnig und so rein,
> so daß du mögst Jung und Alten
> ein rechtes Trostkind sein.«[9]

---

[8] Privatbesitz: Brief von Theodora Lufft, Abokobi, an ihre Mutter, 15.9.1867.

Der Sohn ist, wenn auch nicht die Reinkarnation der Verstorbenen, so doch deren Ersatz. Er ist im übertragenen Sinne der ›Heilsbringer‹. Seine Existenz macht den Tod seiner Geschwister erträglich, er heilt die Wunden und tröstet über alles Verlorene hinweg, um im religiösen Bild zu bleiben. Um diese Erwartungen erfüllen zu können, muss er hell, frisch, sonnig und rein bleiben. Dies sind eigentlich alles Attribute, die eher einem überirdischen als einem irdischen Trostkind zugeschrieben werden würden.

Die Missionspaare waren im weitesten Sinne ›Arbeitsmigranten‹, ihr Bestimmungs- und Arbeitsort war das Missionsgebiet in Übersee, wohingegen ihre Kinder das Missionsgebiet als den ›Ort ihrer Kindheit‹ kannten und für sie wiederum Europa der Bestimmungs- und Arbeitsort wurde, den sie, um es mit heutigen Worten zu formulieren, als Kinder mit ›Migrationshintergrund‹ betraten. Nach ihrer Ankunft in der Schweiz kamen sie entweder in das Kinderhaus der Basler Mission oder wurden bei Verwandten untergebracht. Das Kinderhaus war in eine Mädchen- und Knabenanstalt aufgeteilt, was bedeutete, dass auch Geschwister getrennt wurden. Ab jetzt war nicht mehr die vertraute Missionsstation, sondern das Kinderhaus in Basel ihre neue Heimat. Dabei stellt sich aber die Frage: Wurde das überhaupt die neue Heimat der Kinder? Beziehungsweise wie viele ›Heimaten‹ gab es für die Kinder ab diesem Zeitpunkt? Die ursprüngliche mit den Eltern, die fremde europäische mit Ersatzeltern, manchmal, so geht aus Kinderbriefen hervor, konnte ihnen der Glaube ebenfalls ›emotionale Heimat‹ sein. Die Sprache jedenfalls konnte ihnen keine Heimat sein, da, wie gesagt, viele Kinder kein Deutsch sprachen und sie sich in der Anfangszeit im Missionshaus mit niemandem verständigen konnten. Die Frage, ob etwa das Missionskinderhaus durch die Vielfalt der Herkunftsorte der Kinder als in gewissem Sinne ›multikultureller Handlungsraum‹ gesehen werden kann, muss eher verneint werden, da durch die nun einsetzende Erziehung beziehungsweise, zugespitzt formuliert, ›Umerziehung‹ versucht wurde, die vorhandene kulturelle Prägung zu nivellieren beziehungsweise zu löschen. Dennoch blieben sie für die Basler Bevölkerung stets die anderen, die fremden Kinder, eben: die Missionskinder oder die ›Kinderhüsler‹.

Eine andere Welt, ein neues Land und Kultur als Art Kulturschock erlebten so nicht nur die historischen Missionskinder, ähnliche Erfahrungen machen heutzu-

---

[9] Privatbesitz: Tagebuch Elisabeth Oehler-Heimerdinger, 1910–1912.

tage auch die sogenannten ›*Third Culture Kids*‹.[10] Auch sie wechseln als Kinder von Diplomaten, Militärangehörigen und auch Missionsleuten immer wieder die ›Kulturen und Länder‹, müssen immer wieder neu beginnen und sich neu einleben. Es ergeben sich einige Parallelen zwischen Missionarskindern und heutigen *Third Culture Kids*, aber auch wesentliche Unterschiede. Auch die historischen Missionskinder waren verbunden durch eine Art Drittkultur, die weder auf der jeweiligen Herkunftskultur im Land, in dem sie aufgewachsen waren, noch auf der Schweizer oder Württemberger Kultur basierte, in die sie nach ihrer Rückkehr integriert werden sollten. Vielmehr bestand sie aus speziellen gemeinsamen Erfahrungen, wie etwa einer frühkindlichen transkulturellen Prägung, vor allem aber dem Trauma, die vertraute Umgebung und die Familie zu verlieren, ohne Eltern aufzuwachsen, sich in einem fremden Land einleben zu müssen, schließlich auch aus dem dauernden Gefühl des ›Andersseins‹. Denn als Missionskinder hatten sie ähnlich wie *Third Culture Kids* andere, für ›normal‹ aufwachsende Kinder fremde, exotische Kindheitserfahrungen, was sie von diesen in vielerlei Hinsicht trennte. Diese Erfahrung des Andersseins kam zu einer weiteren gleichen Erfahrung hinzu, denn das Basler Missionshaus beziehungsweise die ›*mission community*‹, der sie angehörten, war ohnehin eine religiös konnotierte Subkultur, die sich von ihrer Umgebung unterschied. Die Missionskinder waren damit die Anderen innerhalb der Anderen. Vergleichen lässt sich das vielleicht mit den Subkulturen heutiger *Third Culture Kids*, wie sie etwa in den internationalen Schulen, die sie besuchen, entsteht. In diesen Schulen arbeiten Kinder verschiedenster Länder zusammen und teilen ähnliche Erfahrungen und Entwicklungen, mit Englisch als Lingua franca. Auch im Missionshaus lebten und arbeiteten ebenfalls Kinder aus verschiedenen Ländern, die gemeinsame Sprache war Deutsch – bei den meisten Kindern nicht die Erstsprache. Der wesentlichste Unterschied zur heutigen Situation heutiger Third Culture Kids ist aber die Tatsache, dass Letztere in der Regel nicht von den Eltern getrennt werden oder aber erst in einem höheren Alter in ein Internat gehen. Und auch dann ist die Tren-

---

[10] Im Bereich Migrationsforschung und interkulturelle Pädagogik hat sich seit den1960er Jahren ein Forschungszweig etabliert, der vorwiegend die sogenannten *Third Culture Kids* untersucht. Die Anthropologen John und Ruth Hill Useem prägten den Begriff für Kinder, die einen Großteil ihrer Entwicklungsjahre außerhalb der Herkunftskultur ihrer Eltern verbringen und so eine eigene ›dritte Kultur‹ ausprägen, die sie mit anderen *Third Culture Kids* verbindet und die unabhängig von der Herkunfts- und Gastkultur ist. Ruth Hill Useem/John Useem, The Interfaces of a Binational Third Culture: A Study of the American Community in India, Ann Arbor 1967. Zu einem ähnlichen Thema, was die Selbstverortung ehemaliger Missionskinder betrifft, siehe auch Jeanne Moessner-Stevenson, Theological Dimensions of Maturation in a Missionary Milieu, Basel 1984.

nung in der Regel nicht eine langjährige oder gar endgültige. Die Missionskinder hingegen verloren die Eltern und wurden eingebunden in das überaus strenge Regelwerk der pietistischen Welt, mit wenigen Freiheiten – insbesondere für die Mädchen. Anstelle des Selbstbewusstseins, über eine eigenständige kulturelle Identität zu verfügen, das viele heutige Third Culture Kids auszeichnet, dürften daher das Trauma des Verlusts und das Gefühl des Anders- oder Ausgeschlossenseins dominiert haben. Kompensiert werden sollte dies mit dem Eingebundensein in ein rigides religiöses Zugehörigkeitssystem. Die Missionskinder wurden in dieses hineingeboren und einer Ideologie untergeordnet, die ihre Kindheit und den gesamten weiteren Lebensweg wesentlich bestimmte.

Das Familienleben in Briefen gestaltete sich schwierig, da Briefe monatelang unterwegs waren und es somit immer eine zeitversetzte Kommunikation war. Insgesamt fällt auf, dass die Kinder als ›kleine Kinder‹ von den Eltern in Erinnerung behalten wurden, auch, wenn sie älter wurden. Sie wurden geradezu ›en miniature‹ konserviert. So schrieb beispielsweise Clothilde Dörr im Jahre 1864 ebenfalls von Indien an ihre Kinder, die auch bei Verwandten aufwuchsen und ihr eine Fotografie zugesandt hatten:

> »Ihr seid recht neugierig, ob wir euch noch gekannt haben? Denket nur, kaum. Denn ihr seht ganz anders aus als wir euch im Gedächtnis hatten. Auch die langen Kleider, die wir nicht gewöhnt waren an euch, geben euch ein viel älteres Aussehen.« Und dann schlug sie vor: »Wenn ihr wieder ein Photo machen lasst, dann zieht eure Sommerkleider und weiße Strümpfe an, keine schwarzen, vergesst das ja nicht. Sonst kommt ihr uns so alt vor, nicht wahr.«[11]

Und für die Kinder wurden die Eltern allmählich zu abstrakten Wesen, die nur noch auf Fotografien und in Briefen existierten. Dem versuchten die Eltern entgegenzuwirken, indem sie den Kindern immer wieder gemeinsam Erlebtes in Erinnerung riefen und ihnen Erinnerungsstücke wie Vogelfedern, getrocknete Früchte oder Muscheln sandten, die dazu dienen sollten, die Vergangenheit wiederzubeleben und zu bewahren. Wenigstens die Illusion eines gemeinsamen Familienlebens sollte aufrechterhalten werden, was allerdings oft vergeblich war, wie folgendes Zitat belegt. Johanna Lutz, Missionarsfrau in Kamerun, schrieb 1896 an eine Freundin:

---

[11] Privatnachlass: Clothilde Dörr, Briefsammlung, 1864–1868, Indien.

»Wann und wie werden wir sie wiedersehen und wie wird dann ihr Herz sich gegen uns, ihre Eltern stellen? Wie oft hört man von Fremdbleiben und fast Widerstreben und nicht mehr miteinander Können von Eltern und Missionskindern.«[12]

Umgekehrt wurden auch von den Kindern Dinge an die Eltern geschickt. Dabei handelte es sich in der Regel um Näh- und Bastelarbeiten oder Zeichnungen. Diese Dinge sollten den schulischen Fortschritt dokumentieren und dienten – im Gegensatz zu denjenigen, die die Eltern schickten – nicht dazu, die Vergangenheit zu bewahren; im Gegenteil – sie waren ›Entwicklungsbelege‹, ›Wegweiser in die Zukunft‹, ließ sich an ihnen doch ein allmählicher Reifeprozess der Kinder ablesen. Worte und Dinge waren, wie beschrieben, einerseits die einzige Möglichkeit, die große Entfernung zu überbrücken, und andererseits wurde dadurch diese Entfernung erst recht fühl- und fassbar. Viele Missionskinder sahen ihre Eltern – wenn überhaupt – erst nach Jahren wieder. In Kinderbriefen wird oft die Frage nach dem baldigen Heimkommen der Eltern gestellt, und ebenso häufig wird sie den Kindern abschlägig beschieden. Argumentiert wird grundsätzlich mit dem Missionsauftrag. Eine typische Antwort auf die Frage nach dem Wiedersehen findet sich bei Sophie Hasenwandel, die an ihre Tochter Emilie aus Indien schreibt:»An unser Kommen könnt ihr nicht denken. Wir gehören der Mission im Tulu-Land, da wollen wir dem Herrn dienen, solange es ihm gefällt.«[13] Die Eltern taten im »fernen Heidenlande« ihren aufopferungsvollen Dienst für das »Reich Gottes«, und unter diesem Aspekt mussten kindliche Erwartungen und Hoffnungen zurückgestellt werden. Eine Option, die den Kindern immer in Aussicht gestellt wurde, war ein Wiedersehen im Jenseits. So schrieb Johanna Ritter aus Indien ihrer Tochter Else zu deren neuntem Geburtstag:

»Es wäre freilich schöner, wenn wir bei Dir sein könnten oder du bei uns, Aber es kann eben jetzt nicht sein und so wollen wir wenigstens aneinander denken. Und den lieben Heiland bitten, dass Er uns doch gewiss einmal alle in den Himmel bringen wolle. Oh wie schön wird es dort einmal sein.«[14]

Die christliche Vorstellung eines ›Wanderlebens‹ und ›keiner bleibenden Statt auf Erden‹ fand ihre Entsprechung in einem Leben, das von Übergängen, Zwischenstationen und transitorischen Passagen geprägt war – bei den Eltern wie

[12] Privatnachlass: Briefsammlung Johanna und Friedrich Lutz.
[13] Archiv Basler Mission (Mission 21): QT-10.6,8. Briefkonvolut Hasenwandel, Indien 1876–1885.
[14] Privatnachlass: Briefsammlung Johanna und Friedrich Lutz.

Kindern. Und – folgerichtig – zielte der letzte Übergang – in eine andere Welt – auf eine ›bleibende Statt‹ und eine Wiedervereinigung. Gab es allerdings trotzdem die Option auf ein Wiedersehen im Diesseits, so war dies auf beiden Seiten mit fast ebenso großen Ängsten verknüpft wie mit der Vorstellung, sich nie mehr zu begegnen. So schrieb der Indienmissionar Friedrich Eisfelder an seine Tochter kurz vor seiner endgültigen Rückkehr nach Europa im Jahre 1912:

> »Dann kennst Du mich wahrscheinlich auch nicht mehr, wenn ich einmal heimkomme und Dir auf der Straße begegne. Freilich ist es auch noch fraglich, ob ich Dich kennen würde, wenn Du mir irgendwo auf der Straße ganz unerwartet begegnen würdest.«[15]

Auch die Rückkehr von Marie Witwer-Lüthi und Ehemann im Jahr 1909 aus Kamerun nach Basel zeigt, dass es oft weniger ein Wiedersehen, sondern eher ein Kennenlernen war. Sie kehrten in Begleitung ihrer beiden neu hinzugekommenen Kinder Hansi und Marteli zurück und trafen auf ihre fünf früher nach Basel gesandten Kinder. Diese Kinder schilderten das Zusammentreffen folgendermaßen:

> »Es war ein Vormittag an dem wir ins Missionshaus hinübereilten um Vater und Mutter zu begrüßen und unsere beiden kleinen Geschwister kennenzulernen, den dreijährigen Hansi und das zweijährige Marteli. Es war ein merkwürdiges Gefühl, aber Hansi half uns mit seinem Geplauder in Duala und Deutsch über die erste Verlegenheit weg.«[16]

Die Eltern kehrten nach dem Kennenlernen wieder nach Kamerun zurück und ließen auch Hansi und Marteli in Basel. Die spätere endgültige Rückkehr der Eltern im Jahre 1914, nur vier Jahre später, gestaltete sich auf diese Weise: »Der Vater ging gegen Mittag zur Musterschule um seine Kinder zu suchen. Er musste nach Hans und Marteli fragen, er kannte sie ja nicht mehr.«[17]

Wie die Trennung von den Eltern und das Aufwachsen ohne sie das spätere Leben beeinflusste und auch die individuelle Biografie im Kontext Mission prägte, mögen folgende Zahlen verdeutlichen. Von 213 Mädchen, die im Zeitraum von 1855 bis 1910 im Missionsmädchenhaus aufgewachsen waren, heirateten 40 einen Missionar und wurden Missionsfrauen. Nahezu ein Fünftel trat also in die Fußstapfen der Eltern. Im selben Zeitraum wurden 293 Knaben im Missionsknaben-

---

[15] Privatnachlass: Friedrich und Elise Eisfelder.
[16] Archiv Basler Mission: QF–10.24,1. Marie Wittwer-Lüthi, Mutter und Missionarin. 27.9.1879 bis 7.10.1955. Quellensammlung Kamerun 1904–1914.
[17] A. a. O.

haus aufgezogen. Von diesen wurden lediglich 13 wieder Missionare. Augenscheinlich gingen junge Frauen, im Gegensatz zu jungen Männern, eher wieder ›in die Mission‹, womöglich, weil sie weniger Entscheidungsspielräume hatten. Sie folgten, wie ihre Mütter, dem ›Ruf Gottes‹ und wurden Missionsbräute, was wiederum bedeutete, irgendwann ebenfalls die eigenen Kinder heimsenden zu müssen. Auch sie waren wieder in zwei Welten daheim und in keiner ›ganz zu Hause‹, Missionarinnen ›ohne offizielle Mission‹ und ›Mütter ohne Kinder‹. Ihr Leben, wie das ihrer Kinder, war geprägt von Übergängen zwischen den Kontinenten, zwischen den Kulturen und all dem, was bei diesen Transitionen verloren ging. Familiengeschichtlich und unter dem Aspekt der Migration sind die Missionsfamilien ungewöhnlich. Zuerst wandert der Missionar allein aus, dann wandert seine zukünftige Frau allein aus, erst im Missionsland werden sie zum Paar. Die Rückwanderung der Missionskinder ist vorbestimmt, doch im Grunde ist es keine Re-Migration der Kinder, sondern sie wandern in ein ihnen völlig fremdes Land und Kultur aus, deshalb handelt es sich eigentlich um eine originäre Auswanderung. Jahrzehnte später, wenn sich Eltern und Geschwister entfremdet haben, passiert es, dass die Eltern wieder re-migrieren (im Ruhestand), aber in ein Land, das für sie über die Jahrzehnte inzwischen wieder zur Fremde geworden ist. Eine mögliche weitere Migrationsphase in der Familiengeschichte konnte sich dann anschließen, wenn die Missionskinder wiederum zu Missionaren und Missionsbräuten wurden und wiederum in eine ihnen fremde Kultur auswanderten. Die beschriebenen Migrationsprozesse begannen von vorn, und somit schloss sich der Kreis. Die Geschichten dieser Familien sind Geschichten von ständigen Abschieden, Trennungen, Entfremdungen und Brüchen, Geschichten von räumlicher und emotionaler Bewegung.

(Dr. Dagmar Konrad ist wissenschaftliche Mitarbeiterin und Lehrbeauftragte im Fach Europäische Ethnologie an der Universität Basel, ab 2016 Fellowship am Museum der Kulturen, Basel)

ABSTRACT

In most Protestant mission societies it was normal practice in the 19th century for missionary families to have to send their children to Europe by the time they were six years old or before. This was true of the Basel Mission, one of the largest Mission Societies shaped by pietism. The Childrens' Regulation of 1854 stated that mission children of compulsory school age living in Africa, China and India were to be educated in Europe. They were raised in the Childrens' Home of the Basel Mission, in educational institutes in South Germany or by relatives. Parents and children lived apart from one another on different continents, in different cultures and communicated only by letter. It was not uncommon for them not to meet again for years or even decades. Younger siblings, born later in the missions, remained strangers to the so-called mission children back in Europe.

The main focus of this paper is on childhood in the mission fields; separation from parents at an early age and childhood and adolescence in Switzerland and South.

Mission Impossible becomes possible: West Indian Missionaries as Actors in Mission in the Gold Coast

Abraham Nana Opare Kwakye

Introduction

The 19th century witnessed a great evangelisation of the West Coast of Africa. Several European missionary societies such as the Basel Missionary, North German Mission and the Church Missionary Society sent missionaries who crisscrossed various West African communities with the Christian gospel. There were both European and African actors whose roles ensured that the mission was successful.

One important group of Africans, who were principal actors in the 19th-century evangelisation of West Africa were the West Indian Christians. They came from Barbados, Jamaica, Antigua, and other Caribbean islands to the West African sub-region. These persons who emphasised their Caribbean heritage as distinct from the indigenous Africans have not been properly acknowledged in African Christian historiography. In the last two decades, there has been growing research on some of these Caribbean groups. These include David Killingray's »The Black Atlantic Missionary Movement and Africa, 1780s-1920s«, Jon Sensbach's *Rebecca's Revival. Creating Black Christianity in the Atlantic World*, Lascelles George Newman's unpublished thesis ›Mission from the Margin: A Critical Analysis of the Participation of West Indians as Agents of Christian Mission in the Western Missionary Enterprise in Africa in the Nineteenth Century, with Special Reference to their Conception of Christian Mission‹, Horace O. Russell's, *The Missionary Outreach of the West Indian Church. Jamaican Baptists to West Africa in the Nineteenth Century* and Wariboko E. Waibinte's

Ruined by »Race«. Afro Caribbean Missionaries and the Evangelization of Southern Nigeria, 1895–1925.

These published and unpublished works have shown that West Indian missionaries played significant roles in the spread of the Christian faith in Sierra Leone, Cameroun, and Nigeria. This paper discusses the missionary enterprise of a group of West Indians who worked under the aegis of the Basel Mission in the Gold Coast of West Africa presently Ghana. These West Indian missionaries, who have been identified as missionary assistants, were missionaries in their own right. They must not be regarded as marginal contributors to a mission enterprise, but central to the success of the mission. This is more so against the background that their roles, complementing those of the Basel-trained missionaries and the indigenous Christians, made a mission that looked impossible become possible. Four distinct case studies that affirm the significant role of the West Indian missionaries in the success story of the Basel mission are examined in this paper.

A Brief History of the Basel Mission in the Gold Coast

The Basel Mission (BM) was founded in the Swiss city of Basel in 1815. Its beginnings are traced to the *Deutsche Christentumgesellschaft* which was founded in the same city in 1780 as a bible study and discussion group and also to publish good Christian literature.[1] At the onset, they trained missionaries to serve with older, established Protestant missionary societies like the Dutch Missionary Society, North German Missionary Society and Church Missionary Society.[2] By 1821, however, the founders decided to establish religious outposts abroad in its own name. It started with a mission to Russia for mission among the Jews, Tartars and Armenians. Another mission was started in Liberia in 1826 but was soon given up as they failed to maintain a foothold in the country. This was followed by a mission to the Gold Coast in 1828. Three of the first batch of four missionaries died in less than a year, whilst the surviving missionary died in 1831.

When the BM took up the task of evangelising the Gold Coast, it did not anticipate the high mortality rate which earned the Gold Coast the name »The

---

[1] Jon Miller, Missionary Zeal and Institutional Control. Organizational Contradictions in the Basel Mission on the Gold Coast, 1828–1917, Grand Rapids 2003, 14; Paul Jenkins, A Short History of the Basel Mission, Basel 1989, 4.

[2] Miller, Missionary Zeal and Institutional Control, 14.

Whiteman's grave«. Several Europeans died within a short period of staying on the Gold Coast from malaria, yellow fever, dysentery and guinea worm disease.[3] When the surviving missionary Andreas Riis relocated the mission from Osu to Akropong in 1835 in search of a healthier climate, the deaths did not cease. Coupled with the unwillingness of the indigenes to convert and be baptised, it was a frustrating period for the mission. By the mid-nineteenth century, European missionary societies were at the point of abandoning Africa as a viable mission field.[4] This is typified in the abandonment of Sierra Leone by the Baptist Missionary Society in London and the disaster of the Niger Expedition of 1841. Similarly, the Mission Committee recalled Riis in 1840, evidently with a view to end its mission in the Gold Coast just as it had done earlier in Liberia.

The Mission Committee, however, launched a fresh enterprise in 1843 and asked Riis to visit the Danish and the British West Indies to recruit emancipated slaves. Riis returned to the Gold Coast with 25 West Indians. They were made up of the following:

- John Hall, his pregnant wife, Mary, and their son Andrew, who was a year and a half old;
- John Rochester, his wife, Mary, and their son John Powell and Rochester's young sister, Ann;
- Joseph Miller, his wife, Mary, and three children, Rose Anne, Robert and Catherine;
- James Gabriel Mullings, his wife, Margarethe, and their infant daughter, Catherine Elisa;
- John Edward Walker, his wife, Sarah, and their son, John;
- James Green, his wife, Catherine, and their son, Robert;
- David Robinson;
- Alexander Worthy Clerk;
- Jonas Hosford; and
- Catherine Gewe Mulgrave[5]

---

[3] Thorkild Hansen, Coast of Slaves, translated by Kari Dako, Accra 2002, 204–205.
[4] Barry Wade/Las Newman, Africa and Diaspora: On Culture, Bondage, Liberation and the Gospel in the Caribbean; Part 1 – Slavery and Emancipation, in: Journal of African Christian Thought, 5:2 (2002), here: 24.
[5] Catherine Mulgrave was a young schoolteacher who married one of the Basel Mission agents, Peter Thompson.

The BM started its first school in Akuapem at Akropong in 1843. Later in the same year, another one was started at Christiansborg on the coast. The fruits of the mission were born, and soon the mission began to spread to other parts of southern Ghana.

The BM aimed at establishing a Christian village culture among the people of Southern Ghana and a church life and education in the vernacular languages of Twi and Ga. It was involved in a transformation of the societies in which it worked and made significant achievements in the areas of education, commerce, agriculture, artisan training, medical services and a concern for the social welfare of the people. The Mission stayed in the country until 1918, when the Swiss/German missionaries were expelled from the Gold Coast because of the First World War. When they returned after the war the leadership had passed into the hands of the indigenous people. The comments of a former Basel Missionary that »the marks left on Ghanaian culture by the BM go as deep as the grain in a block of wood, capable of resisting every attempt to sand them away« is a strong testimony of their influence in Ghana.[6]

In its missionary ventures on the Gold Coast, the West Indians played a very significant role and, in some cases, rescued the mission from danger, making what nearly became an impossible mission to become a possible one. In the four case studies the West Indians are shown as providing a Christian lifestyle, labour that reduces mortality, mediatorial skills in war and leadership in a global war crisis.

Setting an Example

As shown earlier, the BM's first tenure in the Gold Coast was for a period of twelve years, spanning 1828 to 1840. Regrettably, the Mission's efforts did not seem to bear any significant fruit. The Basel missionaries moved eastwards along the coast from Christiansborg to Ningo, in the hope that it would bring success. The pioneer missionary Riis later moved the operating base from Christiansborg to Akropong in 1835. Indeed, Noel Smith has indicated that the reasons for Riis' decision to change location were as follows:

---

[6] Miller, Missionary Zeal and Institutional Control, 17.

> Firstly the need for a healthier, higher location in view of the six deaths; secondly to work among a truly indigenous people as yet largely unaffected by the demoralising influence of Europeans on the coast; and thirdly to be free of the suspicion in the native mind that the mission was a Danish political agency.[7]

The search for a people who were not largely affected by the demoralising influence of the Europeans on the coast did not prove successful either. Whilst Riis was welcomed to stay among the Akuapem, the indigenous people refused to convert or allow their children to be baptised during his five-year stay with them. On the one hand, the Akuapem leaders perceived the presence of the Mission as a tool for the state's prosperity and development.[8] However, they rejected the new faith introduced by Riis and his colleagues because they were suspicious of the Mission. Although they were happy with the Mission's presence among them, they were suspicious of the motives of the missionaries who had arrived in Akuapem soon after the international trade in slaves had ended, although indigenous slavery was still on-going. As a result of the non-cooperation of the Akuapem, the Basel Mission was compelled to withdraw the sole missionary, Riis and his wife, ostensibly with the objective of abandoning the mission to the Gold Coast.

The Okuapehene Nana Addo Dankwa proverbially challenged the missionary to bring West Indians to the Gold Coast.[9] According to oral tradition, before Riis' departure to Europe in 1840, the Okuapehene said the following to him:

> When God created the world, He made a book (Bible) for the Whiteman and *abosom* (traditional gods) for the Blackman. But if you could show me some Blackman who could read the Whiteman's book then we would surely follow you.[10]

In making this statement, the Okuapehene was reiterating a widely held belief of the indigenous people of the time. H. C. Monrad, who served as chaplain in the Danish fort of Christiansborg between 1805 and 1809, affirmed that this was a

---

[7] Noel Smith, The Presbyterian Church of Ghana, 1835–1960, Accra 1960, 30.
[8] Abraham Nana Opare Kwakye, Encountering ›Prosperity‹ Gospel in Nineteenth Century Gold Coast: Indigenous Perceptions of Western Missionary Societies, in: Pastures of Plenty: Tracing Religio-Scapes of Prosperity Gospel in Africa and Beyond. Studies in the Intercultural History of Christianity, ed. by Andreas Heuser, Frankfurt et al. 2015, 161.
[9] Okuapehene is the paramount king and overlord of the Akuapem people in Southern Ghana.
[10] Abraham Nana Opare Kwakye, The West Indian Families and the Development of the Presbyterian Church of Ghana: The Rediscovery of a Missing Heritage, PhD thesis, University of Ghana, Legon 2010, 91.

widespread belief among the Ga, coastal neighbours of the Akuapem. Monrad wrote as follows:

> In the beginning, so they believe, God or *Jongmaa*, created many black and white people, the former first and the latter last. He then brought forth two covered gifts of different sizes and allowed the blacks to choose first. Greedily, they chose the largest gift, which contained only things needed to worship the fetishes and the necessities of life. The gift on the other hand which fell to the Whites contained books and the sources of everything by which the Europeans distinguished themselves from the Negroes.[11]

It is this counsel from the Okuapehene that challenged Riis to convince the Mission Committee of the need to look for African Christians to bring back with him. When Riis went to the West Indies, he found young men and women who were willing to serve as missionaries in West Africa. Jacob Zorn, Superintendent of the Moravian Mission in Jamaica, reported on the valedictory speech supposedly made by John Rochester as follows:

> My dear brethren and sisters, I am going to leave you to go to Africa. I go with my life in my hand. If I live I live unto the Lord, if I die, I die unto the Lord. I call to mind that our Saviour came down from Heaven and left all his glory out of love for us, to do us good and to save our souls. The love of Christ constrains me to go to Africa to tell the poor ignorant people about Him. I called to mind that if our dear minsters had hardened their hearts against us, we would never have had the light of the gospel shining about us. I called to mind how the children in Africa are growing up like beasts running about wild but your children have schools, and the gospel sounding in their ears. We are going to set the people in Africa a good example, by the help of God and to teach them how a Christian is to live and I hope by our Saviour's blessing, we may do some good to them.[12]

The West Indians saw their mission to Africa in very clear terms. It was to show by example the way of life of a Christian. As Rochester said ›We go in order to set a good example to the people of Africa and to teach them how a Christian must live and I hope that we, with the teaching of the Saviour, will be of some

[11] H. C. Monrad, A Description of the Guinea Coast and its Inhabitants, translated by Selena Axelrod Winsnes, Accra 2009, 33.

[12] Basel Mission Archives (BMA) – D–1,2, Africa III, 1842, No. 9b, Rev. Jacob Zorn to Rev. Peter LaTrobe, 5 January 1843; although Zorn does not name the speaker, one can infer from the list that Rochester was the only one from Fairfield with a little boy.

blessing to them‹.[13] This view of the mission may have been communicated by the selecting officers including Riis. It reminds us again of the statement that was made by the Okuapehene at the farewell for Riis in Akropong in 1840. Assuming this comment by the Nana Addo Dankwa was being discussed in Jamaica, it will have greatly assisted the West Indians in clarifying their understanding of their mission to Africa.

Indeed, when the West Indian missionaries arrived in Akropong, it was followed immediately by a response from the indigenous. This was because the West Indians did indeed set an example of Christian living to the people of Akuapem. A new community later known as Salem was developed around the West Indian families. In this new community, Sill has argued that a new conjugal type of residence and eating practices was introduced.[14] They were the first in Akropong to breach local prohibitions concerning women's issues. They did not distance themselves from the men during menstruation. There were no taboos with regard to food and eating practices in Salem. The West Indians did not practise polygamy and resided in the same houses with their husbands, unlike the traditional practice of Akuapem at this time.[15]

It is also significant that the indigenous people identified with the West Indians. A school was set up in Akropong immediately in 1843 by the West Indian Alexander Clerk, and the local people sent their children to school. One might argue that the arrival of the West Indians cleared the doubts and suspicions that the Akuapem leaders had about the BM. A second school was set up at Christiansborg later in the same year by the West Indian Catherine Mulgrave and her husband, the Liberian teacher George Peter Thompson. This also attracted some children. Soon there were baptisms, and the baptised Christians soon became the new agents of the gospel. A mission that had looked impossible became possible following the arrival of the West Indian missionaries.

[13] BMA – D–1,2, Africa III, 1842, No. 9b, Rev. Jacob Zorn to Rev. Peter LaTrobe, 5 January 1843.
[14] Ulrike Sill, Encounters in Quest of Christian Womanhood: The Basel Mission in Pre- and Early Colonial Ghana, Leiden 2010, 209.
[15] Ibid. 211.

Manual Work and Mortality Rate

A second major role played by the West Indian missionaries was the provision of manual labour which reduced the mortality rate of the Basel missionaries. As noted earlier, the first tenure of the mission was marked by a high mortality rate. Of the first four missionaries who arrived, three of them died within the first nine months. In the second batch of three missionaries, two died in two months. Paul Jenkins has noted that right up to 1914 the death rate among the missionaries and their wives remained serious. 141 of them died between 1828 and 1913, not counting the children.[16] The following report in *Der Evangelische Heidenbote* of 1854 aptly sums up the significance of the West Indian missionaries:

> The arrival of these colonists in West Africa and their settlement among their fellows [Africans] marks a watershed in the history of this mission. For although they still had to first go through the difficult beginnings, from now on, it [the Mission] advanced. The cases of death among our brothers became extremely rare [or: were very seldom seen] and the Negroes began to listen to the word of the cross.[17]

This state of a high mortality rate was attributable to two principal causes: disease and exhaustion. Firstly, there was a high prevalence of malaria, yellow fever and dysentery in the Gold Coast at this time. This was a major cause of death not only for the missionaries but also for other Europeans on the coast as well as indigenous Africans. The treatment for malaria ranged from drinking hard liquor to bleeding until the right dosage of quinine was introduced on the coast.

Secondly, the high mortality rate was the result of exhaustion. A number of the missionaries died from overwork in the tropical heat. A typical example of this was Philip Henke who even when he was ill went about his work without adequate rest.[18] Following the arrival of the West Indians the Basel missionaries were instructed to reduce manual work and to allow the West Indians to support them in the hard labour. They were also encouraged not to walk long distances, and this led to the recruitment of the hammock carriers.

When the renewed mission started in Akropong with a large team, there was immediate need for the provision of houses. Hermann Halleur, the missionary craftsman, came along in 1843 with a European sawing machine for the cutting

---

[16] Paul Jenkins, A Short History of the Basel Mission, 6.
[17] Der Evangelische Heidenbote, No. 10, October 1854, 80–81.
[18] BMA D–12.1, Christiansborg 1832, No. 13, Peter Petersen Jäger, 20 June 1832.

of logs. It was a heavy equipment, and it took four people to carry it when in use.[19] Its use was cumbersome, and on one occasion he suffered bodily injury whilst operating it.[20] The West Indians also found the use of the machine clumsy. John Edward Walker and James Green were carpenters and applied their own manual technique. Reporting on the subject, Widmann said that »the sawing machine is not useful. It is being transported from tree to tree. The West Indians are much better at sawing by hand«.[21] This was one area where their work seemed to have greatly pleased their leaders because Widmann notes again that »it is a pity that there is no other work for them than sawing«.[22]

The West Indians also supported the Basel missionaries in order to carry on their evangelistic work. Paul Jenkins has argued that the Mission started to consolidate its work when five missionary families survived and even celebrated their silver jubilees. These were »the Maders, Dieterles, Mohrs, Zimmermanns and Rottmanns who all married in Ghana just before or just after 1850, who all brought forth healthy children there, and who would with one exception (the Maders left Ghana in the 21st year of their marriage) all celebrate their silver weddings shaded by palm trees«.[23] This long-term survival was mainly possible because most of the hard labour was taken up by the West Indians and later the African Christians.

Mission and Local Politics

When the Basel Mission returned to Akuapem in 1843, a civil war had broken out in the kingdom. The situation was precipitated by events that followed the death of the previous Okuapehene, Addo Dankwa. The two major claimants to the stool, Adum Tokori and Owusu Akyem, were involved in skirmishes that disrupted the peace of the kingdom. Finally, following the enstoolment of Adum Tokori and subsequent recognition by the Danish colonial establishment, Owusu

[19] Public Records and Archives Administration Department-Accra (PRAAD-A) – EC.6/2: Hans W. Debrunner, Digest of Basel Mission Archives on Ghana Manuscripts 1828–1851, 40.
[20] A. A. Opoku, Riis the Builder, Legon 1978, 147.
[21] PRAAD-A– EC.6/2: Debrunner, Digest of Basel Mission Archives on Ghana Manuscripts 1828–1851, 59.
[22] BMA – D, 1,2 Akropong 1847, No. 3, Widmann letters, 6 April 1847.
[23] Paul Jenkins, Legends and Silences, in: Mission Possible? The Basel Mission Collection Reflecting Cultural Encounters, Basel 2015, 56.

Akyem retired to his village, *Eha nsua* between Mamfe and Adawso.[24] He did not, however, give up both his hatred for King Adum and his desire to inherit the stool.

In 1844, the arrest of two court officials, Amoako and Ohene Yaw, for illicit intercourse with Atta, a widow of the late Okuapehene Addo Dankwa led to further disturbances in the kingdom. Owusu Akyem, anticipating the imprisonment and execution of the two royals who were his loyalists, took advantage of the lax security, set Amoako free and imprisoned the king, Adum. He went further to direct some young men, including his sons to torture the imprisoned king. They pulled out the hair on his legs and poured water on him to intensify the pain.[25] Since Adum was not very popular with the people of Akropong, nobody came to his rescue until he was rescued by residents of the Basel Mission station in Akropong. They sent him to his supporters in Tutu for safety, from where he appealed to the Danish government for help.

It is insightful to note that the pioneer Basel missionary Andreas Riis was an ally of Owusu Akyem.[26] The Danish governor of Christiansborg, Edward Carstensen, provides us with a politician's view of the events that took place. He indicated that Riis »interfered too much in the political matters of the country and that he did not have his Christian mission foremost in his mind«.[27] Indeed, Riis persuaded his friend George Lutterodt, who acted as governor when Carstensen travelled, to lead an expedition against Adum on 14 September 1844.[28] At the onset, Riis intended to lead the military command but was resisted by the Danish sergeant Malm who refused to take orders from him. Carstensen maintained that although Lutterodt was responsible, he was influenced by Riis who had ›a partiality for the Akropong negroes [Owusu Akyem party]‹.[29] Riis' friendship with Owusu Akyem clouded his judgement and influenced him to be partisan in the crisis by offering his support to Owusu Akyem and his dissidents.

Governor Carstensen refused to institute a public inquiry into the matter and recommended the immediate withdrawal of Riis from the Gold Coast as he endangered the work of the Mission.[30] In view of earlier complaints made against

[24] Edward Samson, A Short History of Akuapim and Akropong, Gold Coast and Autobiography of the Rev. Edward Samson of Aburi, Native Pastor, Aburi 1908, 9.
[25] Carl C. Reindorf, History of the Gold Coast and Asante, Accra 2007, 323.
[26] Miller, Missionary Zeal and Institutional Control, 152.
[27] Edward Carstensen, Closing the Books, 1842–50, translated by Tove Storsveen, Accra 2010, 255.
[28] Ibid. 256.
[29] Ibid. 165.
[30] Ibid. 255.

Riis, the Mission Committee recalled him from the Gold Coast and paid him a pension »in recognition of his accomplishments and his own suffering in Africa«.[31] In this instance, Riis' attitude proved detrimental to the cause of the Mission and put it in great danger.

Whilst, on the one hand, Riis' involvement put the mission in danger, the pacifist approach of the West Indians, on the other hand, cooled the tension in town and saved the mission from Akuapem antagonism. It was the West Indians, led by the presbyter John Hall, who wasted no time in securing the release of Adum. With great difficulty they moved him to the mission station, keeping him at the residence of Hall.[32] The king was later released to his brother-in-law, Nkroma, who accompanied him in the night to Christiansborg and reported the matter to governor Carstensen. The involvement of the West Indians saved the kingdom from war and bloodshed. They were willing to save the perceived enemy of their Mission *Prases* and to create an enabling environment for the work of the Mission. Considering the hierarchical and paternalistic nature of the Basel Mission, one must see this group of West Indians as deviants who made the integrity of the Mission their utmost. On this score, the West Indian missionaries promoted the mission compared to Riis who was more interested in politics. They proved to see and understand a complicated situation in which they were to work and responded in the manner they found most appropriate and managed to secure peace. Riis' behaviour in this matter that put the Basel Mission in jeopardy, the complaints by the West Indians, and his other dealings which were reported by his colleague missionaries led the Mission to recall Riis to Basel in order to save the Mission from embarrassment and possible destruction.

A Global War Crisis (1914–1918)

The First World War had dire consequences for mission in West Africa. The Gold Coast was a colony of the British, and the BM's missionaries in the Gold Coast were dominated by German nationals. Before the war, the BM had endeared themselves to both the colonial government and the indigenous people of the

---

[31] Miller, Missionary Zeal and Institutional Control, 134.
[32] Reindorf, History of the Gold Coast and Asante, 323; N. T. Clerk, Centenary Report re: The West Indians Assistant Founders of the Erstwhile Basel Mission Church which is now known by name Gold Coast Presbyterian Church, 1843–1943, unpublished pamphlet 1943, 17.

country. The BM was regarded as a valued partner of the government in development. At the onset of the war, Governor William C. F. Robertson called for support for »the German nationals in the country because they are our personal friends and are entitled to our chivalry«.[33] This good relationship allowed the Basel Mission not only to intervene for their colleagues in Cameroun who had been deported to Lagos on route to Europe, but also to accommodate Bremen missionaries who were in the territory at the request of the government.[34]

The situation was to take a sudden turnaround as the status of the missionaries changed from personal friends to enemy suspect. There was a general restriction of their movement within the country. Throughout the period, the African Christians were thrown into confusion. Financial contributions from Europe were lacking, and many wondered about the future of the missions. The situation proved frustrating for the missionaries, especially because they faced many embarrassing situations including arbitrary arrest. In September 1916, the BM was ordered to withdraw all its history books because they were written with a German bias.[35]

The Ghanaian church historian Samuel Prempeh has indicated that the turning point in the worsening relationship between the government and the Basel Mission was the sinking of the steamship S. S. Apapa and the coincidental celebration on the Accra High Street by four agents of the Basel Mission Trading Society.[36] The Colonial Secretary informed the missionary Zuercher that »all Basel missionaries of German nationality are to be deported with the least possible delay«.[37] The missionaries who were not interned were six Swiss, one American, and an Australian. A month later the prohibition was extended to all other Basel missionaries, and they were evacuated on 2 February 1918.

The deportation of the Basel missionaries proved problematic and challenging for the BM. According to Paul Jenkins, it marked »a sudden and unexpected change, and at least on the Basel Mission side the beginning of a real crisis of consciousness«.[38] This was because the BM had not taken steps to hand over leadership to the African pastors. Indeed, attempts by the African pastors to play

[33] BMA D–3.1, A Proklamation by William Charles Flemming Robertson, Acting Governor, 8 August 1914.

[34] BMA D–3.1, Letter of General Superintendent G. Zuercher to the Colonial Secretary, 21 October 1914.

[35] BMA D–3.1, Letter of A. R. Slater, Colonial Secretary to the General Superintendent of the Basel Mission, 14 September 1916.

[36] Samuel Prempeh, The Basel and Bremen Missions and their Successors in the Gold Coast and Togoland, 1914–1926, PhD thesis, University of Aberdeen 1977, 104–105.

[37] Ibid. 107.

[38] Paul Jenkins, The Basel Mission, the Presbyterian Church and Ghana since 1918, in: Miller, Missionary Zeal and Institutional Control, 199.

a greater role in the church's leadership had been rejected. The Scottish Free Church Missionary Society sent Rev. A. W. Wilkie from its mission field in Calabar, Nigeria, to take over from the BM. The new caretakers from the Scottish Church were far fewer in number than the Basel missionaries they were replacing. This made the work enormous for them and led to a demand for more Africans to be drafted into the church's leadership. Wilkie's patriotism for the democratic self-governing polity of the Scottish Church motivated him to organize the church towards a self-governing Presbyterian Church.[39] The synod of the entire church, from the various districts, met for the first time at Akropong from 14 to 17 August 1918. Here again, two second-generation West Indians, Peter Hall and Nicholas Timothy Clerk, were elected to lead the church in crisis.

The confidence with which these two leaders administered the church ensured that the momentum of the almost a century-long BM enterprise was not lost. Indeed, the new African leaders and their Scottish counterparts combined effectively to expand the frontiers of the mission horizontally and vertically. They united the two main linguistic districts of the church, Twi and the Ga districts, into one national church. Presbyters or elected lay elders were for first time key actors in the main leadership of the church. By their leadership skill, they dismantled the afro-pessimistic perception and showed that, given the opportunity, the African was capable of handling his own affairs. Although the mission was endangered by the events of the World War, these West Indians together with other actors ensured that a mission that looked impossible could become possible.

Conclusion

The story of West African Christianity in the 19th century is a story woven with many strands. Several actors, European, indigenous Africans, returnee Caribbean Christians and many others, played significant roles in the planting, nurture and growth of Christianity in the sub-region. The historiography has for long been blind to the roles of some agents, and this is a wrong that must be righted. West Indian Christians have been long forgotten in the histories. In some cases, they have been regarded as non-African because they worked under the aegis of

---

[39] Smith, The Presbyterian Church of Ghana, 160.

Western missionary societies. In other cases, they have been tagged as indigenous people, although they have argued for a distinct category.

As the Basel Mission celebrates its bicentennial anniversary, it is significant that the role of all these persons be brought to the fore. This paper does not seek to undermine either the role of the European agents or that of the indigenous Africans It only seeks to affirm that in addition to these categories of actors, there were also West Indian actors whose role cannot be underestimated. Whether as exemplars and standard bearers of a Christian culture, or as labour providers who freed their European colleagues and reduced the mortality rate, or as mediators of a conflict in Akuapem, or even as ready step-ins in a global war crisis, the West Indians proved to be major spokes in the wheel of effective mission. On all the occasions examined, the mission that was endangered and impossible became possible.

(Dr. Abraham Nana Opare Kwakye ist Professor am Dept. for the Study of Religions, University of Ghana, Legon)

ABSTRACT

The Basel Mission played a significant role in the development of the Gold Coast. The historiography is usually presented in either Eurocentric terms or indigenous agency. This paper focuses on the role of West Indian missionaries who arrived in the Gold Coast from Jamaica and Antigua under the aegis of the Basel Mission. The period that is examined is between 1843 when the Basel Mission renewed its endeavours on the Gold Coast and 1918 when they were deported from the country.

Using both archival and secondary sources, the paper has sought to affirm the significant role played by West Indians in the 19th century and early twentieth century. Firstly, it has shown that they became exemplars and standard bearers of a new Christian culture among the Akuapem. Secondly, they also provided the labour needs of the nascent community which led to a reduced mortality rate among the European missionaries. Furthermore, their mediatorial skill enabled the Mission to navigate a very difficult chieftaincy crisis in Akuapem. Finally, they provided a strong ecclesiastical leadership following the deportation of the European missionaries, dispelling any afro-pessimist doubts of the capability of the African to manage his own affairs.

Die Anfänge der Basler Mission in Kamerun: Wirtschaftspolitische und religiöse Machtspiele auf deutschem Schutzgebiet

Samuel Désiré Johnson

Vor 200 Jahren wurde die Basler Mission in Basel (Europa) gegründet. Aus Europa gingen Missionare in die Welt (auch nach Afrika), um das Evangelium zu verkünden. Damit wurden die Menschen in den jeweiligen Missionsländern Partner der Basler Mission bzw. Akteure dieser zweihundertjährigen Missionsgeschichte. Die Geschichte der Basler Mission ist damit mit der der ehemaligen Missionsfelder eng verbunden. Ich möchte mich also im Vorfeld bei den Organisatoren dieser Tagung herzlich bedanken, weil Kamerun, wie andere ehemalige Missionsgebiete der Basler Mission, berücksichtigt wurde.

Es ist heute bekannt, dass die Basler Mission (BM) die Mission in Kamerun zu Beginn der Kolonialära Deutschlands übernahm. Welche waren die Hauptakteure dieser Übernahme? Welche Rolle spielte die Reichsregierung in diesem Zusammenhang? Es kann zu Recht gefragt werden, welche Beziehung die BM zum Kolonialismus hatte. Wie war die Stimmung in den evangelischen Missionen dem Kolonialismus gegenüber? Warum übernahm die BM das Missionsfeld im Namen aller evangelischen Missionen Deutschlands? Diesen Fragen wollen wir in diesem Vortrag nachgehen und damit beweisen, dass Akteure der Mission sich auch außerhalb der Missionskreise befanden.

Der Kolonialismus als Türöffner der Basler Mission in Kamerun

Festzustellen ist, dass die Basler Mission nicht von sich aus die Entscheidung traf, in Kamerun ein neues Missionsfeld zu eröffnen. Die Arbeit der Basler Missionsgesellschaft in Kamerun ist durch den Kolonialismus zustande gekommen. Am 12. 7. 1884 unterzeichneten die Häuptlinge von Duala ein Abkommen mit dem Vertreter der deutschen Regierung, Gustav Nachtigall.[1] In diesem Abkommen wurde vereinbart, dass die Souveränität Kameruns an Deutschland übergeben werden sollte. Nach der Berliner Konferenz (November 1884 – Februar 1885) wurde Kamerun offiziell eine deutsche Kolonie. Als die englische Regierung dieses Abkommen im März 1885 billigte, tagte das Komitee der Baptist Missionary Society (BMS) am 22. 4. 1885 und kam zu der Bewertung, dass diese neue Entwicklung *generally aggravated the difficulties of the situation*, und beauftragte Alfred Baynes als ihren Generalsekretär, die Verhandlungen mit dem *Foreign Office* durchzuführen, um das Missionsfeld an die Deutschen zu übergeben.[2]

Man kann sich zu Recht fragen, wie das Abkommen zwischen der deutschen Regierung und den Kamerunern zustande kam und vor allem, warum das Abkommen so entscheidend für die Annexion Kameruns wurde.[3] Es wird ersichtlich, dass einerseits die deutsche Reichsregierung ihre Machtposition ausgenutzt hat, um Kamerun zu annektieren. Andererseits stellt man fest, dass deutsche Händler eine wichtige Rolle für die Entstehung dieser Verträge spielten.

Die deutschen Händler wünschten sich zwar die Intervention ihrer Regierung, um ihre Interessen besser verteidigen zu können. Aber Otto von Bismarck gab dem Druck der öffentlichen Meinung nicht nach. Die Teilung von afrikanischen Ländern war nach Fieldhouse keinesfalls eine Folge neuer politischer oder gesellschaftlich-wirtschaftlicher Tendenzen in Deutschland,[4] sondern die Folge der Bismarckschen *Gleichgewichtspolitik* auf europäischer Ebene.

> »Der deutsche Reichkanzler sah ein, dass die Deutschen in afrikanischen und in pazifischen Niederlassungen den Schutz des Reiches beanspruchen könnten und durch das Fehlen eigener Stützpunkte benachteiligt waren … Sein Entschluss, in die kolonialen Auseinandersetzungen einzugreifen, wurde durch die Erfordernisse der Politik des europäischen Mächteausgleiches bestimmt.«[5]

---

[1] Jaap v. Slageren, Les Origines de l'Eglise du Cameroun, Leiden 1972, 115.

[2] BMS Minutes Committee, 22.4.1885, 238–239.

[3] Kum'a Ndumbe III, Les Traités Camerouno-Germaniques: 1884–1907, in: L'Afrique et l'Allemagne: De la Colonisation à la Coopération 1884–1986: Le Cas du Cameroun, Editions Avenir Avril 1985, 42ff.

[4] D. Fieldhouse, Die Kolonialreiche seit dem 18. Jahrhundert, in: Weltbild Weltgeschichte, Bd. 29, Augsburg 1998, 177.

[5] A.a.O. 179.

So erklärte der deutsche Forscher Gustav Nachtigall im Namen Bismarcks Kamerun, ein Land, das mehr oder weniger schon unter der britischen Krone stand,[6] im Juli 1884 (nur wenige Monate vor der Berliner Konferenz!) zum deutschen Schutzgebiet. Der am 12.7.1884 unterschriebene Vertrag wurde aber in Wirklichkeit mit Hamburger Geschäftsleuten bzw. Firmen geschlossen:

> »Wir ...geben an diesem Tage unsere Hoheitsrechte, Gesetzgebungsrechte und die Verwaltung unseres Landes vollständig ab an Herrn Eduard Schmidt für die Firma C. Woermann und Herrn Johannes Voss für die Herren Jantzen & Thormählen, beide in Hamburg, die seit vielen Jahren an diesem Fluss Handel treiben.«[7]

Ob die Duala damals genau wussten, was sie da unterschrieben hatten, bleibt bis zum heutigen Datum ein Rätsel. Den Deutschen wurde Bestechung vorgeworfen.[8] Immerhin waren die Duala tüchtige Geschäftsleute.[9] Wollten sie vielleicht damit ihre Monopolstellung gegenüber den anderen Stämmen befestigen? Das Ergebnis war, dass die deutschen Händler es schafften, die englische Konkurrenz auszuschalten und die deutsche Regierung an ihrer Seite als Schutz für ihre Geschäfte zu gewinnen.[10]

Deutsche Handelsfirmen hatten ein großes Interesse daran, die deutsche Kultur und Zivilisation in den neu gewonnenen Kolonien zu verbreiten. Sie wollten jegliche fremden europäischen Einflüsse in Kamerun vermeiden, um das Land in ihrem Sinne zu zivilisieren bzw. zu germanisieren. Um die Kolonialidee in Deutschland populär zu machen, gründeten sie schon ab 1882 Kolonialvereine.[11] Diese Vereine sollten Druck auf die deutsche Reichsregierung ausüben, einerseits Kolonien zu erwerben und andererseits die Investitionskosten in den Schutzgebieten zu übernehmen.[12] Das ist aber nicht der Grund, warum die Engländer der BMS Kamerun verlassen haben.

---

[6] Die Engländer hatten einen Konsul in der Region ernannt, der die Beziehungen zwischen Händlern und Einheimischen regelte.

[7] Auszug des Originalvertrags.

[8] Le Temps, 5.9.1884. Eine Summe von £ 4.000 wird genannt.

[9] A. Eckert, Die Duala und die Kolonialmächte, Hamburger Studien zur Afrikanischen Geschichte; Bd. 2, 1991, 66ff., 72ff., 104ff.

[10] A.a.O.

[11] Der Deutsche Kolonialverein wurde 1882 gegründet und die Gesellschaft für Deutsche Kolonisation im Jahr 1884.

[12] So wurde im Jahr 1887 die Deutsche Kolonial Gesellschaft gegründet. Diese Gesellschaft bemühte sich, bei Intellektuellen die Kolonialidee populär zu machen. Die meisten Mitglieder dieser Gesellschaft waren z. B. Universitätsprofessoren. Die Gesellschaft hat sich also sehr stark für die Germanisierung der Kolonien gemacht (ZstA, RKA 7306, B 1,134).

Nachdem Kamerun nun offiziell eine deutsche Kolonie geworden war, wollten die Engländer in Kamerun nicht mehr weiter missionieren,[13] trotz der Tatsache, dass der Berliner Vertrag in seinem 6. Artikel das Recht zur Bildung von Glaubensgemeinschaften und humanitären Organisationen, unabhängig von ihrer Nationalität, einräumte, um Bildungs- und sogenannte *Zivilisations-Maßnahmen* in den Kolonien zu unternehmen.[14] Andererseits hatte die BMS schon seit 1878 ein neues Missionsfeld im Kongo eröffnet und sparte Geld und Personal ein, um sich auf das neue Missionsfeld zu konzentrieren.[15] Man kann davon ausgehen, dass die BMS schon dabei war, das Missionsfeld zu verlassen. Die Nachrichten aus dem Kongo stellten eine Konkurrenz für die missionarische Arbeit der BMS in Kamerun dar. Die *Erfolge* der Mission dort waren beeindruckend. Man sprach von vielen Bekehrungen. Der Kongo war der neue Mittelpunkt der Missionsgesellschaften geworden, denn dort hatte die Mission das Hinterland erreicht. Das Missionsfeld Kamerun war nicht mehr so interessant für die BMS, die feststellte, dass ihr Ziel in Kamerun nicht erreicht worden war. Die deutsche Annexion kam also zu einem günstigen Zeitpunkt für die BMS, die an Kamerun das Interesse verloren zu haben schien. Die Londoner Baptisten ziehen lieber mit ihren britischen Handelshäusern in den Kongo. Weil dort der britische Handel weiter ins Hinterland eindringen kann als in Kamerun, sehen sie dies auch als eine Möglichkeit für mehr missionarischen Erfolg als in Kamerun, wo das Vordringen in das Hinterland schwieriger ist.

Die deutsche Reichsregierung bemühte sich also, eine deutschsprachige Mission für die neue Kolonie Kamerun zu suchen. Die Basler Mission wird dann gefragt, das Missionsfeld zu übernehmen.

Die Basler Mission als Vertreter der evangelischen Missionen und des deutschen Volkes in Kamerun

Vor der Missionsübernahme musste die BM Verhandlungen führen. Die Verhandlungen über die Übernahme des Missionsfeldes in Kamerun erfolgten in

---

[13] Samuel Désiré Johnson, Schwarze Missionare – weiße Missionare. Beiträge westlicher Missionsgesellschaften und einheimischer Pioniere zur Entstehung der Baptistengemeinden in Kamerun (1841–1949), Kassel 2004, 76ff.
[14] G. F. Martens, Recueil Général des Traités, t. X, 2° série, 418.
[15] Werner Keller, Die Geschichte der presbyterianischen Kirche in Kamerun, Zürich 1981, 61ff.

zwei Etappen. Einerseits führte die BM Verhandlungen mit der deutschen Regierung bzw. mit den evangelischen Missionen in Deutschland und andererseits führte sie Verhandlungen mit der BMS, ihrer Vorgängerin in Kamerun.

Die Verhandlungen mit der deutschen Regierung und anderen deutschen protestantischen Missionsgesellschaften fanden in Bremen im Rahmen einer außergewöhnlichen Missionskonferenz, den sogenannten *kontinentalen Missionskonferenzen*, statt. Als die sechste im Mai 1884 tagte, ahnte noch keiner, dass wenige Monate später (27.–29. 10. 1885) die alte *Herberge Christi* ihre *geistlichen Thore* für zahlreiche Missionsgesellschaften noch einmal öffnen würde.[16] Noch weniger konnte man den Anlass dieser Konferenz vorhersagen. Keiner konnte ahnen, dass Deutschland sich plötzlich in West- und Ostafrika, Neu-Guinea usw. *weite Länderstrecken* aneignen und *Beherrscherin vieler Tausender von heidnischen Untertanen* werden würde.[17] Man kam zu der Erkenntnis, dass *die deutsche Kolonialfrage von dem Stadium des Dichtens und Denkens endlich zu dem des Handelns* fortgeschritten war.[18] Die evangelische Mission wurde wie die ganze deutsche Gesellschaft gefordert, sich Gedanken über *die neuen deutschen Besetzungen* zu machen. Die Nutzung der neuen Kolonien wurde zum öffentlich diskutierten Thema, und für die evangelische Mission stand z. B. die Frage des *Schutzes von armen Schwarzen* gegen die *Branntweinpest* im Vordergrund. Ferner fragte man sich, wie die Beziehung zwischen *Missionspolitik und Kolonialpolitik* aussehen sollte. Eine gemeinsame Beratung der evangelischen Missionen und der Reichsregierung im Blick auf das Verhältnis von Mission und Kolonialpolitik im *Geiste des Evangeliums* erwies sich als ein Imperativ.

Der Vorschlag für diese Konferenz kam von Gustav Warneck, und die Leitung übernahm Fabri.[19] Die Anwesenheit eines Vertreters des Auswärtigen Amtes unterstreicht die Besonderheit dieser allerersten *Allgemeinen deutschen Missions-*

---

[16] Evangelisches Mission Magazin (EEM), 29. Jg. (1885), 481.

[17] Ebd.

[18] Ebd.

[19] Auf der Bremer Konferenz waren folgende Organisationen und Persönlichkeiten vertreten: Die Franckeschen Stiftungen in Halle durch Direktor Frick, die Brüdergemeine durch Direktor F. Reichel, die Basler Mission durch Inspektor Oehler und H. Pfleiderer, die Rheinische Mission durch Inspektor Schreiber, die Berliner Mission durch Direktor Wangemann, die Leipziger Mission durch Direktor Hardeland, die Goßnersche Mission durch Professor Plath, die Norddeutsche Mission durch Pastor Vietor und Inspektor Zahn; die Hermannsburger Mission durch Direktor Harms, die Schleswig-Holsteinische Mission durch Inspektor Fiensch, der Königsberger Missionsverein durch Konsistorialrat Hase, die Deutsche Missionswissenschaft durch Dr. Warneck und Dr. Grundmann, das Auswärtige Amt in Berlin durch Konsul Raschdau. Als Gäste waren mehrere Bremer Missionsfreunde anwesend, die an den Verhandlungen teilnehmen durften, jedoch ohne Stimmrecht blieben.

konferenz, die sich dadurch von den bisherigen *Kontinentalen Missionskonferenzen* unterscheidet.[20] Die evangelischen Missionen waren daher *voller Hoffnung*, dass gerade die Anwesenheit des Regierungsvertreters dazu beitragen würde, dass *die Beschlüsse der Konferenz auch auf die Maßnahmen der Regierung einen für die Missionssache günstigen Einfluss üben werden*.[21]

Auf der Tagesordnung standen zwei Punkte zur Diskussion: Der erste Punkt war die *Branntweinfrage* und der zweite Punkt *die Rolle der evangelischen Missionen in den neuen deutschen Kolonien*.

Die Branntweinfrage schien den Missionsgesellschaften wichtig zu sein. Die Anwesenheit des Regierungsvertreters bot ihnen die Möglichkeit, das Problem vor der Regierung darzustellen. In den Ausführungen von Inspektor Zahn wurde offensichtlich, dass *der Branntwein den Neger durch sein ganzes Leben wie ein Todbringender begleite*. Die evangelischen Missionen erhofften sich daher das Durchgreifen der Reichsregierung, die allein in der Lage wäre, Druck auf die deutschen Händler auszuüben. Man wollte erreichen, dass das Branntweingeschäft zumindest beschränkt wird. Ferner sollten Missionsstationen und christliche Gemeinden in den deutschen Schutzgebieten ermächtigt werden, *auf ihrem Grund und Boden den Branntweinhandel gänzlich zu untersagen*.[22] Über diesen Punkt wurde im Einverständnis mit dem Regierungsvertreter eine Erklärung an das deutsche Volk und eine Bittschrift an die Reichsregierung angefertigt.[23]

Deutsche Missionare in deutschen Kolonien: Schreiber sprach als Erster über den zweiten Punkt der Tagesordnung.[24] Sein Referat über das Thema sprach sich gegen eine enge Beziehung zwischen Mission und Kolonialismus aus. Seiner Meinung nach wurde die Mission bisher ganz bewusst unabhängig von nationalen *Gesichtspunkten* und *Interessen* betrieben. Ferner habe die Mission in den eigenen Kolonien sowohl Vor- als auch Nachteile. So z. B. die *Vermengung* nationaler bzw. kolonialpolitischer Interessen mit dem *Reichsgottesinteresse* etc. Ihm war klar, dass das deutsche Volk aufgrund des neuen Kolonialbesitzes ein großes Interesse hatte, dass auch deutsche Missionen am *Reichsgotteswerk* teil-

---

[20] A.a.O 483.
[21] Ebd.
[22] A.a.O. 484.
[23] A.a.O. 485f.
[24] Über diesen Punkt gab es zwei andere Referate, die sich generell mit der Beziehung zwischen Mission und Kolonialismus befassten. Reichel hat über das Thema: Was haben wir zu tun, damit die deutsche Kolonialpolitik nicht nur zur Schädigung, sondern zur Förderung der Mission ausläge? referiert und Prof. Plath über das Thema: Aus der Erfahrung der Missionsarbeit geschöpfte Wünsche und Ratschläge, wie die deutschen Kolonialverwaltungen die Eingebornen zu behandeln haben (EMM, 489ff.).

nähmen. Dieses Interesse sei jedoch nicht begründet, da Deutschland bereits eine *Reihe* von Missionsgebieten in *Angriff* genommen hätte. Die erste Verpflichtung von deutschen Missionen solle daher die Fortsetzung ihres Missionsdienstes dort sein. Er sah es auch nicht als begründet an, dass man neue Missionsgesellschaften für die Evangelisierung neuer Kolonien gründen müsse.

Der Vortrag erhielt die Zustimmung von fast allen Anwesenden, obwohl am Ende auch der Eindruck entstand, dass die deutschen Missionsgesellschaften Einigungsschwierigkeiten hatten. Eine kritische Stimme kam von Fabri, der es für angebracht hielt, vor einer *gewissen Passivität* der deutschen Mission zu warnen, welche die Gelegenheit nicht wahrnehmen wollte, *das Eisen zu schmieden, solange es heiß sei.*[25] Für Fabri sollte Kamerun als erste Kolonie *berücksichtigt* werden, weil das Land die öffentliche Meinung *in hohem Grade erwärmt* habe. Ferner würde dies dem Wunsch des neuen Gouverneurs dieser Kolonie sowie von Woermann entsprechen. Die BMS hätte auch bereits ihre Bereitschaft erklärt, das Missionsfeld zu verlassen, wenn es eine deutsche Mission gäbe, die dazu bereit wäre, gegen Entschädigung das Missionsfeld zu übernehmen.[26] Weiter sagte Fabri, dass die englische Regierung auch ihre Bereitschaft erklärt habe, Verhandlungen mit der deutschen Regierung wegen der Siedlung von Victoria zu übernehmen, falls eine deutsche Mission das Missionsfeld übernehme. Diese Aussage wurde von dem Regierungsvertreter Konsul Raschdau bestätigt. Jedoch fügte er hinzu, dass:

> »Der Regierung die Wirksamkeit der englischen Baptisten an und für sich gar nicht unerwünscht [sei] und durchaus keine Absicht bestehe, dieselben etwa aus Kamerun hinauszudrängen.«[27]

Warneck fügte hinzu, dass die BMS nicht aus *bloß politischen* und *nationalen Motiven* das Missionsfeld zu verlassen brauche.

Nicht alle waren so zurückhaltend in dieser Frage. So war z. B. Plath *der Einzige, der entschieden den Grundsatz eines nationalen Missionsbetriebs* verteidigte. Seiner Meinung nach würde die deutsche Mission in deutschen Kolonien aufgrund des *christlichen Volkswillens* ein *reiches Maß* von Sympathien bekommen.[28]

---

[25] EMM, 487.
[26] A.a.O. 488.
[27] Ebd.
[28] Ebd.

Zum Schluss einigten sich die Delegierten darauf, dass man sich zunächst auf die *Pflege* der bestehenden Missionen konzentrieren wolle. Man könne aber nicht verleugnen, dass die überseeischen Erwerbungen neue Möglichkeiten boten. Daher könne die deutsche Christenheit dies nicht einfach ignorieren.[29] Aus diesem Grund wurde die BM von der Bremer Konferenz beauftragt, sich um die *Übernahme der Kamerun Mission* zu bemühen. Die BM sollte dies insbesondere tun, weil man vermeiden wollte, eine neue Gesellschaft *speziell* für Kamerun zu gründen. Die BM wurde ferner gebeten, *möglichst bald* einige ihrer Missionare von der Goldküste nach Kamerun zu schicken, um durch sie die Verhältnisse vor Ort *gründlich* prüfen lassen.[30]

Der Auftrag für die Übernahme des Missionsfeldes Kamerun war demzufolge eine gemeinsame Entscheidung der deutschen evangelischen Missionen und der deutschen Reichsregierung. Die BM ging nach Kamerun als Vertreter der Missionen und zugleich als Vertreter *des deutschen Volkes*. Obwohl die evangelischen Missionen eine enge Beziehung zwischen Mission und Kolonialpolitik vermeiden wollten, meinten sie, sich dem Wunsch des *Volkes* nicht entziehen zu können.

Wettkampf zwischen evangelischen und katholischen Missionen um die Übernahme des Missionsfelds

Im Hintergrund standen bei den Verhandlungen in Bremen auch Nachwirkungen des Kulturkampfes in Deutschland. In der Tat hatte sich, ehe die evangelischen Missionen die Übernahme der Mission in Kamerun erwogen, eine römisch-katholische Mission mit Sitz in Paris beim Auswärtigen Amt in Berlin gemeldet. Diese Mission hatte vor, die missionarische Arbeit in Kamerun aufgrund der deutschen Besetzung zu übernehmen.[31] Die Anfrage der katholischen Mission war auch einer der Gründe, die die evangelischen Missionen dazu geführt hat, sich in Bremen zu treffen:

> »Gerade zu der Zeit als die römischen Absichten auf Kamerun kund wurden, tagten in Bremen im Oktober 1885 die Vertreter der deutschen evangelischen Missionen, um sich auch über die Arbeit in den Schutz-

---

[29] Ebd.
[30] A.a.O. 489.
[31] Vgl. Wilhelm Schlatter, Geschichte der Basler Mission, Basel 1916, Bd. III, 216.

gebieten zu verständigen. Die Besetzung Kameruns durch evangelische Missionare musste nun umso dringlicher erscheinen.«[32]

Die römisch-katholische Absicht bekam von evangelischer Seite die zu erwartende Reaktion. Die evangelischen Kirchen mussten schnell handeln, denn es stand mehr auf dem Spiel als nur die Übernahme von Missionsfeldern bzw. die Gründung neuer Missionen. Daher wurde die neue Situation von evangelischer Seite auch als eine Möglichkeit betrachtet, der päpstlichen Macht eine Grenze zu setzen:

> »Gegenüber der gegenwärtigen Machtentfaltung Roms und des Jesuitismus [sic!] zur Ausbreitung des päpstlichen Weltreichs und zur Zerstörung des evangelischen Christentums wird sich die evangelische Mission, wie überhaupt die evangelische Kirche, mehr und mehr als im Kampf [sic!] mit Rom befindlich betrachten müssen.«[33]

Die Übernahme des Missionsfeldes wurde daher nicht nur als Möglichkeit für die Verbreitung der evangelischen Botschaft gesehen, sondern auch als Möglichkeit, im *Kampf* gegen die im preußischen Deutschland unbeliebten Katholiken Terrain zu gewinnen. Dieses Motiv scheint eine wichtige Rolle für die Entscheidung der BM gespielt zu haben,[34] denn zunächst war die BM ja nicht besonders angetan, das Missionsfeld zu übernehmen.

Es muss in diesem Zusammenhang etwas anderes bemerkt werden: Die kolonialen und die missionarischen Projekte waren, obwohl sie nicht identisch waren, das erkennen wir an, sehr miteinander verbunden. Einige würden sogar sagen, dass sie voneinander abhängig waren.

Die Berliner Konferenz, die den Weg nach Kamerun frei gemacht hat, wurde auf die Initiative des deutschen Kanzlers Otto von Bismarck mit dem Einverständnis der französischen Regierung einberufen. Vierzehn westliche Mächte (darunter die Türkei und die Vereinigten Staaten) hatten sich versammelt, um gemeinsam die offiziellen Regeln der Kolonisierung Afrikas festzuschreiben. Es ging in der Tat darum, zu vermeiden, dass man sich gegenseitig *auf die Füße trat*. Kurz gesagt, Afrika wurde wie ein Kontinent ohne Herrscher betrachtet, über den die westlichen Mächte sich nur einigen mussten, wie sie ihn untereinander aufteilen könnten.

---

[32] Ebd.
[33] Wilhelm Oehler, Zur Vorgeschichte der Basler Mission in Kamerun Gebiet und Victoria, in: EMM Jg. 31 (1887), 15.
[34] Siehe BMA, Vertrauliche Mitteilung der [sic!] Komitee der evangelischen Missionsgesellschaft zu Basel an ihre Freunde betreffend der Frage der Übernahme der Mission im Kamerungebiet, verfasst von Inspektor Oehler, Basel, März 1886.

Was in Berlin in politisch-wirtschaftlicher Hinsicht geschehen ist, spielt sich auf religiöser Ebene in Bremen ab! In Europa wird über die afrikanische Kirche entschieden, welcher *Partner* ihr an die Seite gestellt werden soll. Noch deutlicher formuliert: In Bremen entscheiden deutsche evangelischen Missionen, welche konfessionelle Ausrichtung die Gemeinden in Kamerun haben sollen: Auf keinen Fall katholisch und (die Arbeit von Basel in Kamerun zeigt es später) natürlich auch nicht eine baptistische, also *eine Konfession evangelischer Dissidenten*. Die afrikanische Stimme wird in der Bremer Konferenz gar nicht erfragt. Es gab aber schon afrikanische Christen mit selbstständigen Gemeinden und eigenen einheimischen Pastoren in Kamerun. Das alles zählt aus Sicht der evangelischen Missionen in Bremen nicht![35] Später in Kamerun, in der Auseinandersetzung mit den unabhängigeren Baptisten Londoner Prägung, nehmen sie den einheimischen Gemeinden alle ihre Besitztümer weg, weil sie sie ja von den Londonern gekauft haben.[36]

Gründe für die Übernahme der Kamerunmission

In seinem Referat über die Übernahme des Missionsfeldes stellt Inspektor Oehler fest:

> »Ein Bedürfnis, ein neues Missionsgebiet in Angriff zu nehmen, liegt für unsere Mission nicht vor. Die Verhältnisse drängen uns in keiner Weise dazu, einen solchen Schritt zu thun; ob sie ihn wünschenswert erscheinen lassen, ist eine andere Frage.«[37]

Die BM stellte im Frühjahr 1886 drei Bedingungen für die Übernahme der Mission: 1. Die Zustimmung der Missionsgemeinden, die ihr neues Werk unterstützen sollten. 2. Eine *wohlwollende Erklärung* der deutschen Regierung, ihr die

---

[35] Was sich in Bremen abgespielt hat, wird sich später auch während der Missionskonferenz von Edinburgh 1910 wiederholen! In Edinburgh 1910 sind Entscheidungen getroffen worden, die Afrika betrafen, ohne dass es anwesend war oder konsultiert worden ist! Die Missionskonferenz von Edinburgh bestätigt in der Tat den Versuch des Westens, die Herrschaft über den Rest der Welt zu erlangen. Mit anderen Worten, die Konferenz von Edinburgh bestätigt oder präzisiert die kolonialen Grenzen. Sie ist in diesem Sinne die logische Fortsetzung der Konferenzen von Berlin und Brüssel! (Siehe Samuel Désiré Johnson, Edinburg 1910 und 2010 – Bilanz einer zwiespältigen Beziehung zwischen Afrika und dem Westen. 50 Jahre nach der politischen Unabhängigkeit und einer fast ebenso langen Selbständigkeit der Kirchen in Afrika, in: Zeitschrift für Theologie und Gemeinde (16/2011), 126–145).
[36] Johnson, Schwarze Missionare – weiße Missionare, 110ff.
[37] BMA, Referat über die Frage einer Übernahme der Kamerunmission seitens der Basler Missionsgesellschaft.

nötige Bewegungsfreiheit zu sichern. 3. Die Verständigung mit der BMS wegen der Übernahme ihres Werkes und Eigentums in Kamerun.[38]

Die Gewährung der nötigen *Bewegungsfreiheit* seitens der deutschen Regierung wurde durch den Ausschuss der Bremer Konferenz unter der Leitung von Inspektor Zahn verlangt. In einem Schreiben mit dem Titel: *Gesuch der evangelischen Missionsgesellschaft zu Basel betreffend eine Heidenmission im Kamerungebiet*[39] an das Auswärtige Amt in Berlin legte die Basler Mission ihre Grundsätze für die zu übernehmende Mission dar.[40] Aus dieser Schrift geht hervor, dass die BM eine grundsätzliche Zusammenarbeit mit den politischen und wirtschaftlichen Vertretern des Kolonialismus ablehnt. Sie lehnt damit eine Identifizierung mit dem Kolonialismus ab. Sie erklärt ihre Absicht, die Ausbildung der Jugendlichen als Mittel für die Verbreitung der christlichen Botschaft zu unternehmen. Sie beabsichtigt, eingeborene Pastoren und Lehrer auszubilden, um sie später als Multiplikatoren einzusetzen. Sie hat vor, ein christliches Leben nach pietistischen Prinzipien einzuführen. Sie will sich für die Selbstständigkeit der einheimischen Kirche einsetzen und verspricht schließlich, die einheimischen Sitten und Gebräuche zu bewahren, *soweit sie nicht als heidnisch dem Christentum weichen müssen.* Die BM fordert aber zugleich Rechte, um sich, so vermuten wir, einerseits vor der Einflussnahme der deutschen Regierung und andererseits vor den einheimischen Häuptlingen zu schützen.[41] Neben dem Recht, Grundstücke zu erwerben, fordert die BM das Verbot des Branntweinkonsums. Sie will sozusagen eine Art *Branntweinfreizone* errichten. Hier taucht das Motiv der Trennung von der Welt auf. Ferner fordert die BM das Recht, nicht nur kirchliche, sondern auch Schulangelegenheiten selbstständig zu regeln. Obwohl die BM Rechte gefordert hat, ist ihr zugleich klar, dass die geforderten Rechte ihr nur zugesprochen werden können, wenn sie nicht mit der geltenden Kolonialpolitik der Regierung in Konflikt geraten. Daher die folgende vorsichtige Formulierung bei der Forderung der Rechte:

> »Mit der Bitte um Gewährung dieser Rechte für den Fall ihrer Übernahme der Kamerunmission, wünscht die Gesellschaft für sich, solange als sie das Werk in Händen hat und die Verantwortung dafür trägt ... das Unternehmen [von] nötiger Freiheit zu sichern, ohne damit einer künftig

---

[38] Schlatter, Die Geschichte der Basler Mission, 217.
[39] Basel, 1.6.1886.
[40] Zitiert nach Schlatter, Die Geschichte der Basler Mission, 218.
[41] Ebd.

nötig werdenden Regelung der Verhältnisse von Seiten der Regierung vorgreifen zu wollen.«[42]

Der BM war klar, dass ihre Rechte nur begrenzt sein und nicht über die der Regierung gestellt werden können. Die Antwort des Auswärtigen Amtes erfolgte am 12. 6. 1886:

> »Der Gesellschaft die zur Entfaltung ihrer Tätigkeit erforderliche freie Bewegung zu gewähren ... in der Voraussetzung ... dass im Übrigen diese Befugnis nach den für das Schutzgebiet geltenden Vorschriften ausgeübt wird. [Weiter steht in der Antwort] Und selbstverständlich wird, wie in jedem andern staatlichen Gebiete, auch in Kamerun mit der der Mission gewährten Freiheit die Übung der staatlichen Hoheitsrechte und der darin enthaltenen Oberaufsicht, sowie die Entscheidung der etwa entstehenden Streitigkeiten vereinigt werden können.«[43]

Die BM unterstellt sich der Autorität der deutschen Kolonialregierung. Sie bekommt die verlangte Freiheit, aber nur sofern sie nicht mit der Regierungsregelung kollidiert. Die Kolonialregierung hat das *Hoheitsrecht* sowie die *Oberaufsicht* über die Mission. Das Komitee der BM in Basel war mit der Antwort der Regierung *vollständig befriedigt.*[44] Die Mission bekommt damit dieselbe Stellung wie die Kirchen in Deutschland. Praktisch gesehen erlaubte die Mission dadurch nicht nur eine Einmischung der Regierung in innere Angelegenheiten der Mission, sondern überließ ihr auch die letzte Entscheidung.

Die BM machte sich vor allem Gedanken über das *große Opfer an Menschenleben*, das eine neue afrikanische Mission fordern würde.[45] Nach langer Überlegung und Beratung entschied sich die BM, das Missionsfeld zu übernehmen, nicht nur weil sie unter Druck – einerseits von evangelischen Missionen und der Kolonialregierung und andererseits von *Missionsfreunden* – stand,[46] sondern auch, weil sie sich genau die Vor- und Nachteile einer Übernahme überlegt hatte. Am Schluss seines Referates schreibt Inspektor Oehler Folgendes:

Mutmaßliche Folgen einer bejahenden oder verneinenden Entscheidung:

- Auf den Geist im Hause würde die größere Gewissheit der Verwendung im Missionsdienst für den einzelnen günstig wirken.

---

[42] Ebd.
[43] A.a.O. 219.
[44] Ebd.
[45] Siehe Vertrauliche Mitteilung.
[46] Inspektor Oehler spricht von einer Anfrage von Fabri und der deutschen Regierung.

- Die Stellung unserer Mission in Deutschland würde durch Übernehmen einer Mission im deutschen Schutzgebiet befestigt.
- Die Übernahme einer Mission, die in der finanziellen Selbständigmachung [sic!] der Christen weiter voran ist als wir, könnte nach dieser Seite hin eine förderliche Rückwirkung auf unsere Mission namentlich auf der Goldküste haben.
- Die Ablehnung einer Kamerunmission unsererseits würde einen Abfall unserer alten, bewährten Missionsfreunde nicht zur Folge haben; doch würde vielleicht auch ihr Missionsinteresse sich zwischen der Basler und einer anderen Mission teilen. Aber der Propaganda zu Gunsten einer lutherischen Mission würde eine Ablehnung der Kamerunmission sehr förderlich sein, da sich in Baiern [sic!] eine Mission für Deutsch-Ostafrika gebildet hat und man wenigstens Württemberg gegenüber noch darauf hinweisen kann, dass sie das Erbe alter aus Württemberg stammender Missionare übernehme. Jedenfalls werden sich die Sympathien auch in Süddeutschland den Missionen zuwenden, die auf deutschem Schutzgebiet arbeiten, und wir würden etwas an Sympathien verlieren. Wenn wir aber in der Überzeugung, von Gott nicht nach Kamerun gewiesen zu sein, ablehnen sollten, so dürfen wir uns vor diesem Verlust an Sympathie nicht allzusehr fürchten. Der Gewinn an Sympathien ist auch nicht ohne Gefahren.

Inspektor Oehler sieht also drei Gründe, die für eine Übernahme der Mission sprechen, nämlich: 1. Die Begeisterung des deutschen Volkes der Missionssache gegenüber, die schon vorhanden sei, im Falle einer Übernahme aber noch größer werden könnte. 2. Das Ansehen der Mission in Deutschland, d. h. eine stärkere Identifikation des deutschen Volkes mit der BM, die den Nachteil habe, ihren Sitz in der Schweiz zu haben. Dadurch würde ihre Popularität sich im ganzen Land verbreiten. 3. Etwas ungewöhnlich, aber die BM gibt zu, dass sie durch die Übernahme von den einheimischen Gemeinden lernen würde. Die BM sieht im Falle einer Übernahme die Möglichkeit, von der bereits vorhandenen *finanziellen Selbstständigmachung* der einheimischen Kirche zu lernen.

Die Gründe, die für eine Ablehnung der Mission sprechen, lauten: 1. Der *Abfall* von *alten* und *bewährten Missionsfreunden* ist im Falle einer Ablehnung nicht zu befürchten, dies würde aber ihr Interesse an der BM wegen einer in Kamerun arbeitenden deutschen Mission ablenken. Das bedeutet im Klartext: Es bestünde die Möglichkeit, weniger Missionsspenden zu bekommen. 2. Eine lutherische bayerische Mission würde gegenüber der BM an Boden gewinnen. Falls die BM das Missionsfeld nicht übernehme, würde man eine spezielle deutsche Mission für Kamerun gründen. Im lutherischen Deutschland wäre eine Konkurrenz mit einer deutschen lutherischen Mission im Voraus so gut wie verloren.

Bei Betrachtung dieser Gründe kann man sagen, dass die BM zwar unter Druck seitens der Regierung und der evangelischen Missionen stand, doch scheint dies nicht der entscheidende Grund für ihre Entscheidung gewesen zu sein. Sie konnte diese Einladung einfach *nicht* ablehnen. Denn es ging um ihre eigene Existenz! Die BM hatte ihren Sitz in der Schweiz, woher ihre Leitung stammte, aber sie war von Deutschland personell und finanziell abhängig. Die Übernahme der Kamerunmission stellte sich also als Zwang für die BM dar. Jon Miller berichtet, dass die meisten Spender der BM keine Großspender waren, sondern kleine Leute, die regelmäßig kleine Geldbeträge an Missionsvereine spendeten.[47]

Die Gründung einer *speziellen* deutschen Kamerunmission hätte wahrscheinlich auch Auswirkungen auf die Personalpolitik der BM gehabt. Da ihre Missionare ausschließlich aus Württemberg bzw. Deutschland stammten, wäre die Präsenz einer aus Deutschland im deutschen Schutzgebiet arbeitenden Mission für die Missionskandidaten vielleicht attraktiver gewesen.

Über die Verhandlungen mit der BMS konnten leider keine konkreten Unterlagen gefunden werden, wie z. B. eine Kopie des Übernahmevertrags. Was wir darüber berichten, stammt hauptsächlich aus sekundärer Literatur. Aus der untersuchten Primärliteratur[48] wird aber offensichtlich, dass die BM einen Vertrag mit der BMS abgeschlossen hatte, wonach die BM Grund und Boden der BMS erworben hatte, die Gewissensfreiheit der einheimischen Christen gesichert und die Nutzung der Gebäude im Falle einer Trennung festgelegt wurde. Die einheimischen Christen wurden jedoch nicht über diese Verhandlungen informiert!

Die Verhandlungen mit der BMS sollen schwieriger als die mit der deutschen Regierung gewesen sein.[49] Die BM musste sich jedoch keine Sorgen machen, da sie offenbar gut vorbereitet und personell besser besetzt war:

> »It would appear that the BMS was quite unaware of the negotiating

---

[47] Jon Miller, The Social Control of Religious Zeal. A Study of Organizational Contradictions, New Brunswick 1994.

[48] Es handelt sich hier um Zeitungsartikel und die Briefe des BM-Generalsekretärs an die Missionare bzw. an andere Persönlichkeiten, die an der Sache der Kamerunmission interessiert waren.

[49] Schlatter, Geschichte der Basler Mission, 219.

strength and strategy of the German Basel Mission, which was aided by Swiss lawyers and by the German Foreign Office. While the BMS was represented in the final negotiations by its Secretary alone, the Basel mission was represented by eight persons, including three leading members of the Swiss legal profession.«[50]

Die Verhandlungen betrafen vor allem den Besitz der BMS in Kamerun. Die Schwierigkeit der Verhandlungen lag darin, dass die BM nicht nur das Interesse der Mission vertrat, sondern auch das der Regierung.[51] Schwierigkeiten gab es auch in einzelnen Fragen betreffend der Taufpraxis oder der Kirchenleitung.[52]

Die BM hatte vermutlich eine mündliche Vereinbarung mit der BMS bezüglich der Selbstständigkeit der einheimischen Gemeinden getroffen.

Schlussfolgerung

Die Basler Missionsgesellschaft ging nach Kamerun im Gefolge der deutschen Kolonialregierung. Dies bedeutet aber nicht, dass die BM dem Kolonialismus positiv gegenüberstand. Im Gegenteil war die BM genauso wie die Mehrheit der evangelischen Missionen zu Beginn der Kolonialära eher zurückhaltend bzw. kritisch dem Kolonialismus gegenüber. Die evangelischen Missionen in ihrer Mehrheit wollten jede Identifikation mit dem Kolonialismus vermeiden. Zugleich aber konnten bzw. wollten sie die angebotene Möglichkeit nicht ungenutzt lassen, die Mission im Heimatland populärer zu machen und andererseits im Ausland zu expandieren. Trotz ihrer Bedenken sahen die evangelischen Missionen Vorteile in dieser Situation. Die evangelischen Missionen konnten den Einstieg Deutschlands in die Reihe der Kolonialmächte nicht gleichgültig betrachten. Als Bürger fühlten sie sich dem Vaterland verpflichtet. Insofern sind sie nicht nur als Boten des Evangeliums, sondern auch als Vertreter des Vaterlandes in die Mis-

---

[50] E. A. Aka, How the Basel Mission established in Cameroon, in: Cameroon Tribune, 28.11.1986, 11.

[51] Die Verhandlungen kreisten insbesondere um die Siedlung von Victoria, die eigentlich der BMS gehörte, aber der englischen Königin geschenkt wurde. Das Land gehörte, juristisch betrachtet, der englischen Regierung, aber die BMS hatte ihre Missionsstation darauf. Die deutsche Regierung wollte die Siedlung unter ihrer Kontrolle haben, war aber nicht bereit, dafür Entschädigung zu leisten. Die BM ihrerseits konnte nicht das ganze Land gebrauchen, da die BMS darauf bestand, dass sie die Missionsstation nur bekäme, wenn auch das ganze Land gekauft würde. Dank der Hilfe eines deutschen Missionsfreundes, der den Betrag für den Kauf der ganzen Siedlung zur Verfügung stellte, wurde das Problem gelöst und die BM bekam einen Teil des Landes (Vgl. Schlatter, Geschichte der Basler Mission, 220).

[52] Siehe Johnson, Schwarze Missionare – weiße Missionare, 110ff.

sion gegangen. Man könnte sagen, dass der Kopf nicht wollte, aber das Herz mitmachen musste.

Die BM bekam den Auftrag von der gesamten evangelischen Mission aus zwei Gründen: Zuerst, weil die evangelischen Kirchen vermeiden wollten, dass eine *spezielle*, für Kamerun allein bestimmte Kolonialmission gegründet wird. Zweitens wollten die evangelischen Missionen das Vordringen der Katholiken in den neuen Kolonien verhindern. Damit wurden die Nachwirkungen des Kulturkampfes ins Ausland exportiert.[53]

Die BM stand unter Druck von verschiedenen Seiten. Der entscheidende Grund für ihre Zusage war jedoch die Sicherung ihrer eigenen Existenz. Die Abhängigkeit der evangelischen Missionen in Europa vom Geld der Spender und von ihren nationalen Handelshäusern wird ersichtlich: Die BM will die Baptisten in Kamerun übernehmen, damit sie ihre lutherischen Spender in Deutschland nicht an eine neue deutsch-lutherische Mission verliert.

In diesem Sinne konnte sie das Angebot nicht ablehnen. Und so ging sie nach Kamerun.

(Rev. Dr. Samuel Désiré Johnson ist Secrétaire Exécutif de la Cevaa Chargé du Pôle Animations, Chercheur associé à l'IPT/Faculté de théologie de Montpellier, Membre du Conseil Scientifique et chargé de cours de l'Institut Œcuménique de Théologie Au Maroc [Al Mowafaqa])

ABSTRACT

The Article highlights a dilemma of Basel Mission. It went to Cameroon as a kind of part and parcel of colonial politics but not with the intention of affirming it. It wanted to keep its critical stance towards colonial policy like other protestant missions and avoid any identification with colonialism. At the same time they profited from it and were obliged to their home country. There were several intentions: to avoid that a special Cameroon colonial mission was established, to hinder successes of catholic mission, and to keep their sponsors, individual donators and national traders. It also wanted to overtake the Baptists in Cameroon in order to keep the Lutheran donators and not loose them to a Lutheran mission.

[53] Die alten Rivalitäten zwischen Katholiken und Protestanten in Deutschland haben in Kamerun vom Anfang bis Mitte des 20. Jahrhunderts sehr schlechte Erinnerungen hinterlassen. Unser Großvater, der Katholik war, durfte z. B. nicht mehr kommunizieren, weil er seine zehnjährige Tochter (unsere Mutter) bei einer Ungläubigen (der Schwester unseres Großvaters, die mit einem Protestanten verheiratet war und dadurch selbst Protestantin werden musste!) Urlaub machen ließ.

Europäisches Christentum auf dem Prüfstand. Was folgt daraus für die Missionswissenschaft?

Christine Lienemann

Einleitung

Seit geraumer Zeit ist in der Missionswissenschaft viel von der Schwerpunktverlagerung des Christentums in den Süden die Rede. Damit geht eine Abkehr von Idee und Wirklichkeit des europäischen Christentums einher, wie englischsprachige Publikationen mit dem Zusatz »*beyond/after/post Christendom*« im Titel zeigen, z. B. *The Gospel after Christendom*.[1] Das, was dem *Christendom* entgegengesetzt wird, heisst in den erwähnten Büchern meistens *Christianity* oder *World Christianity*. So schreibt der Missionar und Weltchristentum-Historiker Andrew F. Walls: »Christendom is dead, and Christianity is alive and well without it.«[2] Verbreitet ist auch die Gegenüberstellung von *Post-Christian West* und *Non-Western Church*.[3]

Das Gegensatzpaar *Christendom – Christianity* spiegelt in der englischsprachigen Missionswissenschaft die Schwerpunktverlagerung des Christentums von Nord nach Süd wider. Die Vokabel *Christendom* fasst all das zusammen, was als christentumsgeschichtliche Fehlentwicklung gehalten wird, sich angeblich

[1] Ryan K. Bolger, The Gospel after Christendom. New Voices, New Cultures, New Expressions, Grand Rapids 2012; Thomas J. Curry, Farewell to Christendom. The Future of Church and State in America, Oxford 2001; aus orthodoxer Sicht Vigen Guroian, Ethics after Christendom: Toward an Ecclesial Christian Ethic, Eugene 2004; Jehu J. Hanciles, Beyond Christendom. Globalization, African Migration, and the Transformation of the West, Maryknoll 2008. Der Paternoster-Verlag (Milton Keynes UK) führt die Buchreihe After Christendom Series mit zahlreichen weiteren Titeln.
[2] Andrew F. Walls, The Cross-Cultural Process in Christian History, Maryknoll 2002, 34.
[3] Wesley Granberg-Michaelson, From Times Square to Timbuktu. The Post-Christian West Meets the Non-Western Church, Grand Rapids/Cambridge 2013.

der mittelalterlichen *christianitas*-Idee verdankt und in europäischen Christentumsformen niedergeschlagen hat. Die darin sich äussernde Abkehr vom christlichen Erbe Europas ist Grund genug, die Vorwürfe genauer zu prüfen: Inwiefern sind sie notwendig, berechtigt, überzogen, unhaltbar? Dringlich ist dies auch, weil der *Christendom*-Diskurs Indiz für eine gestörte Kommunikation zwischen anglophoner und deutschsprachiger Missionswissenschaft ist. Für die polemisch zugespitzte Bedeutung, welche die Vokabel *Christendom* in der anglophonen Missionswissenschaft heute erhält, gibt es im Deutschen und in anderen europäischen Sprachen ebenso wenig ein begriffliches Äquivalent wie für die verklärende Bedeutung des Kontrastwortes *Christianity*. Deshalb werden im Folgenden für beide Ausdrücke die anglophonen Vokabeln verwendet. Anglophone und deutschsprachige missionswissenschaftliche Diskurse laufen aneinander vorbei, vor allem in der Frage, ob das europäische *Christendom* der Vergangenheit angehört bzw. ob von ihm – falls es noch existieren sollte – für die Gestaltung der *World Christianity* in Gegenwart und Zukunft eine konstruktive Rolle zu erwarten ist.

Wie ist es in der anglophonen Missionswissenschaft zur negativen Konnotation der Vokabel *Christendom* gekommen? Ein Vergleich der Wortverwendungen zur Zeit der Ersten Weltmissionskonferenz in Edinburgh 1910 und Hundert Jahre danach liefert Anhaltspunkte für den Bedeutungswandel, den die Vokabel erfahren hat (1). Anschliessend führt eine Spurensuche ins Mittelalter, als der lateinische Ausdruck *christianitas* zahlreiche Umdeutungen erfahren hat und im Neologismus *cristendome* ins Mittelenglische übersetzt worden ist (2). Nach dem Abstecher in die Vergangenheit wird die *Christendom*-Kritik des ghanaischen Theologen Kwame Bediako zur Kritik Karl Barths am verbürgerlichten Christentum in Europa in Beziehung gesetzt (3). Aus den verschiedenen Beobachtungen ergeben sich einige Folgerungen für die Missionswissenschaft (4).

1. Der Bedeutungswandel von *Christendom:* Ein Vergleich von Edinburgh 1910 und 2010

Die abwertende Bedeutung, die heute in den Studien zum Weltchristentum[4] der Vokabel *Christendom* zugeschrieben wird, steht im Kontrast zur affirmativen

---

[4] Die Studies in World Christianity sind ein vor allem in den USA entwickelter neuer Forschungszweig der Missionswissenschaft. Führend sind u. a. das Center for the Study of Global Christianity, Gordon

und normgebenden Verwendungsweise, die zu Beginn des 20. Jahrhunderts in der Missionswelt verbreitet war. Um 1900 haben 82 % der Christen in Europa und Nordamerika gelebt. Die übrigen 18 % der Weltchristenheit lebten in Lateinamerika, Afrika, Asien und Ozeanien.[5] Die Missionskirchen im globalen Süden lebten als winzige Minderheiten in Gesellschaften mit andersreligiösen Mehrheiten und hatten auf der I. Weltmissionskonferenz praktisch keine eigene Stimme. Im Gegensatz zu den heutigen Diskursen war der Gegenbegriff zu *Christendom* nicht *Christianity*, sondern *Heathendom*. Als eigenes Thema stand das Begriffspaar nicht auf der Tagesordnung der Weltmissionskonferenz. Umso mehr spielte es aber in der Vorbereitung der Konferenz eine ausschlaggebende Rolle bei der Frage, welches Format diese erhalten sollte.[6] Entgegen dem ursprünglichen Vorschlag, die Verkündigung des Evangeliums in der ganzen Welt zu thematisieren, wurde nach längeren Debatten entschieden, dass es nur um die missionarische Verkündigung gegenüber der nicht-christlichen Welt gehen sollte: Daher wurde der Titel der Kommission I: *Carrying the Gospel to All the World* abgeändert in: *Carrying the Gospel to All the Non-Christian World*, womit man sich auf die Devise *Mission from Christendom to Heathendom* einigte.[7]

Damit hatte man sich freilich das Problem aufgeladen, die Grenze zwischen *Christendom* und *Heathendom* definieren und die von Christen und Andersgläubigen bzw. Heiden bewohnten Gebiete entweder dem einen oder anderen Bereich zurechnen zu müssen; denn der Dualismus *Christendom – Heathendom* stand für die Ausschüsse, welche die Konferenz vorbereiteten, nicht zur Diskussion. Als unproblematisch galt es, als *Heathendom* jene Länder einzustufen, deren Bewohner noch nie evangelisiert worden waren. Auf der anderen Seite war es

---

Conwell Theological Seminary, South Hamilton, geleitet von Todd Johnson, sowie das Center for Global Christianity and Mission, School of Theology (Boston University), unter der Leitung von Dana L. Robert.

[5] Philip Jenkins, Ein globaler religiöser Klimawandel – Wie die demografische Entwicklung die christliche Mission verändert, in: ZMiss Heft 1/2016, 55–70. Ständig aktualisierte Statistiken zur Entwicklung des Weltchristentums liefert die World Christian Database, http://www.worldchristiandatabase.org/wcd/ (30.10.2015).

[6] Für das Folgende vgl. Brian Stanley, The World Missionary Conference, Edinburgh 1910, Grand Rapids/Cambridge 2009, bes. 49–72: Carrying the Gospel to All the World? Defining the Limits of Christendom, und 303–307.

[7] A. a. O. 49f. Die Weltmissionskonferenz war von vornherein als ein Unternehmen protestantischer (einschliesslich anglikanischer) Kirchen und Missionswerke geplant. Da römisch-katholische und orthodoxe Kirchen nicht beteiligt waren, wurde befürchtet, dass die (protestantische) Mission in der ganzen Welt von Katholiken und Orthodoxen als Abwerbung von Katholiken und Orthodoxen interpretiert werden könnte. Um diesem Vorwurf vorzubeugen – also aus ökumenischer Rücksichtnahme gegenüber Katholiken und Orthodoxen Kirchen im Norden –, plädierten vor allem Vertreter des britischen Anglo-Katholizismus, das Thema der Konferenz auf Mission in der Heidenwelt (Heathendom) zu beschränken.

ebenso unbestritten, dass Europa *Christendom*-Gebiet war. Aber wie weit reichte »Europa« in östlicher und südlicher Richtung und wo grenzte es an die Heidenwelt?[8] Die Meinungen darüber gingen auseinander. Um die Grenze zu ziehen, wurden geografische, historische und qualitative Argumente in Anschlag gebracht. Gemäss territorialen Kriterien brachte man *Christendom* mit dem westlichen Teil Europas in Verbindung, bis maximal an die damaligen Grenzen des Osmanischen Reiches, in welchem die Christenheit als Minderheit existierte. Ob auch der orthodoxe Teil Osteuropas zum *Christendom* gehöre, wurde unterschiedlich eingeschätzt. Ein Vorschlag lautete, man solle das südöstliche Europa und das Osmanische Reich vom *Christendom*-Gebiet ausnehmen und der Heidenwelt zurechnen.[9] Auch Nordamerika bereitete einiges Kopfzerbrechen. Vertrauenswürdig als *Christendom*-Gebiet waren die von europäischen Siedlern gegründeten Staaten an der Ostküste. Weiter im Westen fiel jedoch ein Schatten auf das nordamerikanische *Christendom*, weil diese Gebiete auch von den *first nations* und Inuit bewohnt waren, die teils noch nicht evangelisiert, teils nichtchristlich, teils erst seit Kurzem bekehrt waren.[10] Länder wie Brasilien tendierte man als christlich einzustufen, solche wie das indische Goa dagegen nicht.[11] In beiläufigen und teils indirekten Bemerkungen ist herauszuhören, was *Christendom* weiterhin qualifizierte: Die Einheit von christlichem Glauben, Zivilisation und Kultur in ein- und demselben Territorium, die Einheit von Staatsbürgerschaft und Kirchenzugehörigkeit, die Verankerung des christlichen Gedankengutes in der europäischen Geistesgeschichte und eine ausgereifte Lehrtradition. Nicht zuletzt zählten auch finanzielle und personelle Ressourcen dazu, die westliche Kirchen und Missionswerke in die Lage versetzten, für die Glaubensausbreitung in der nichtchristlichen Welt aufzukommen.

---

[8] Ausgiebig wurde über die Frage debattiert: »What percentage of Christians … shall be deemed sufficient to change the country from the non-Christian to the Christian class?«, a. a. O. 62.

[9] A. a. O. 50. Damit wurden auch die Kirchen mit Wurzeln in der Antike wegen ihres Minderheitenstatus in muslimischen und hinduistischen Ländern den Randzonen der Christenheit zugeordnet, so z. B. die Assyrischen Kirchen im Nahen Osten und Persien, das Thomas-Christentum in Indien und die Kopten in Ägypten.

[10] So die Auffassung von Vertretern des britischen Anglo-Katholizismus, a. a. O. 65f.

[11] A. a. O. 64. Kontinentaleuropäer wie z. B. der Missionar Julius Richter erklärten allerdings das katholische Lateinamerika zur halbchristlichen oder paganen Zone, weshalb sie Missionare aus Lateinamerika gerne zur Missionskonferenz eingeladen hätten. Allerdings konnten sie sich damit nicht gegen die Mehrheit der Entscheidungsträger durchsetzen, 52f. Portugiesisch-Indien und -Afrika sowie Madagaskar waren zwar überwiegend katholisch missionierte Gebiete, wurden aber als unzureichend christianisiert betrachtet und daher als protestantisches Missionsgebiet eingestuft, 64.

Wie bereits gesagt war im Vorfeld der Weltmissionskonferenz dieses Zuordnungsproblem nur ein Nebenaspekt der Frage, welche Missionswerke und Kirchen zur Konferenz eingeladen werden sollten und auf welche Gebiete sich die erste weltweite Missionsstatistik erstrecken sollte. Man setzte sich mit dem Problem weder missionstheologisch noch ekklesiologisch auseinander. Im Vergleich zum *Christendom* als dem normgebenden Zentrum der Christenheit wurde das aus der Westmission hervorgegangene Missionschristentum in Asien, Afrika und Lateinamerika als in Lehre und Praxis noch ungefestigt klassifiziert, weil es im Einflussbereich anderer Religionen und aussereuropäischer Kulturen stand und daher als potentiell gefährdet galt. Erste Bestrebungen von Missionskirchen in die Unabhängigkeit deutete man als Indiz dafür, dass sie gegen einen Rückfall ins Heidentum nicht gefeit waren.

Die Weltmissionskonferenz in Edinburgh markierte sowohl den Höhepunkt eines triumphalistischen *Christendom*-Konzepts als auch dessen Wendepunkt. Ein Delegierter aus Japan, Harada Tasuku (1863–1940), gab zu bedenken, das europäische *Christendom* verkörpere den Leib Christi nur unzureichend, würde aber durch asiatische, afrikanische und andere Kirchen des Südens ergänzt und bereichert.[12] Da sie das kulturell-religiöse Erbe jener Gesellschaften geläutert in sich aufgenommen hätten, seien sie in der Lage, weiteren Facetten des christlichen Glaubens Raum zu geben. *Christendom*-kritische Töne wurden freilich vereinzelt auch in amerikanischen und europäischen Kreisen laut. Der amerikanische Missiologe Robert E. Speer gab zu bedenken, dass es in dem, was man *Christendom* nenne, ein erhebliches Ausmass an Paganismus gebe. Ernsthafte Zweifel an der Integrität des *Christendom* und seinem Vorbildcharakter für die christlichen Randzonen mehrten sich allerdings erst unter dem Eindruck des Ersten Weltkrieges und in den Jahren danach. Nach Joseph Oldham, der für die Vorbereitung und Durchführung der Edinburgher Konferenz mitverantwortlich gewesen war, hatten sich seither die europäischen Nationen, die angeblich das Evangelium verkörperten, in vernichtender Weise selbst diskreditiert. »Oldham looked back at 1910, and reflected that what had since changed was not so much the fracture of Christendom as the dissolution of the very notion.«[13]

Fazit: Unter umgekehrten Vorzeichen war in der Missionsbewegung zu Beginn des 20. Jahrhunderts ein kaum hinterfragtes Konzept von *Christendom* ver-

---

[12] Der Titel seines Referats: The Contribution of Non-Christian Races to the Body of Christ, a. a. O. 113.
[13] A. a. O. 305.

breitet, das die Kirchen des globalen Südens marginalisierte, für das Verständnis des christlichen Glaubens teils als irrelevant, teils als irregeleitet einstufte und damit der Einflusssphäre des Heidentums zurechnete. Hindernisse, welche die ökumenischen Beziehungen zu den Kirchen im globalen Norden hätten belasten können, wurden vermieden. Gleichzeitig wurde aber den Kirchen im globalen Süden deutlich signalisiert, dass man sie nicht als vollwertigen Teil der im Entstehen begriffenen, weltweiten ökumenischen Bewegung betrachtete.

Wenn wir in die Gegenwart überwechseln, stellen wir fest, dass nur noch 38 % der Christen in Europa und Nordamerika, aber 62 % ausserhalb davon leben.[14] Mit der Schwerpunktverlagerung in den globalen Süden ist das Selbstvertrauen der dortigen Christen und Theologen enorm gewachsen, zumal sie auf stagnierende oder gar rückläufige Mitgliederzahlen im globalen Norden hinweisen können. Die Umkehrung der Zahlenverhältnisse schlägt sich zum einen in der Fundamentalkritik an Idee und Wirklichkeit des *Christendom* nieder, zum andern im historiographischen *turn* weg von der eurozentrierten Kirchengeschichte hin zur *History of World Christianity*, der Geschichte des Weltchristentums. Unter den Protagonisten der Weltchristentums-Studien gehören neben Theologen aus dem Süden auch Missionswissenschaftler aus dem Norden, die zwei Identitäten in sich vereinigen – eine westliche und jene der Missionsgebiete, in denen sie tätig gewesen sind. Andrew F. Walls ist ein Beispiel dafür. Er hat sich im Verlauf seiner Missionsjahre zunehmend von seiner Westprägung distanziert und äussert sich seither immer kritischer gegenüber dem angeblich im Niedergang begriffenen westlichen Christentum. Zugleich identifiziert er sich vermehrt mit den ausserwestlichen – vor allem afrikanischen – Christentumsformen. Er, Lamin Sanneh, Jehu J. Hanciles und andere erklären das Christentum zu einer nichtwestlichen Religion.[15] Europa ist für sie Inbegriff des post-christlichen Westens. Nordamerika sei dagegen weniger stark vom Post-Christentum infiziert als Europa, was es der kontinuierlichen Immigration von Christen aus Afrika, Lateinamerika und Asien verdanke, die in Nordamerika neue Formen der nicht-westlichen Christenheit eingeführt und etabliert haben. Dagegen würden Säkularismus, rückläufige Teilnahme am kirchlichen Leben, Privatisierung der Religion und moralischer Zerfall der Gesellschaft in Europa das Christentum tödlich bedro-

---

[14] Jenkins, Demografische Entwicklung a.a.O..

[15] »At a time when Christianity is itself increasingly marginal to Western intellectual discourse, that discourse needs to come to terms with Christianity as a non-Western religion.« Andrew F. Walls, The Missionary Movement in Christian History. Studies in the Transmission of Faith, Maryknoll 1996, xix.

hen. Im Unterschied dazu sprächen Lebendigkeit und Dynamik des ausserwestlichen Christentums für sich selbst: Das zeigten wachsende Kirchen, mit denen sich die Gläubigen in hohem Masse identifizierten. Überall entstünden neue Formen christlichen Lebens. Eine Zukunft habe das christliche Europa – wenn überhaupt – nur dank der Migrationskirchen, die im Westen existierten, ohne selbst verwestlicht zu sein.[16] Hanciles erklärt *Christendom* als Idee und Wirklichkeit für bankrott.[17]

Die zitierten Theologen haben allen Grund, sich vom binären Weltbild, das sich 1910 gezeigt hat und auch später noch weitervertreten worden ist, zu verabschieden. Aber ist der Abschied in dieser Form der Kritik ganz gelungen? Bleiben die Theologen nicht dem binären Denkschema verhaftet, wenn auch unter anderen Vorzeichen? Gibt es einen Ausweg aus binären Denkschemata, die in der Missionswissenschaft zu Kommunikationsblockaden geführt haben? Vor dem Eintreten in diese Fragen wenden wir uns dem europäischen Mittelalter zu, in dem Walls, Hanciles und andere[18] die historischen Wurzeln von Idee und Wirklichkeit des *Christendom* erblicken.

2. *Christendom* als ideengeschichtliches Konzept mit Wurzeln im europäischen Mittelalter?

Philip Jenkins, Autor des bekannten Buches *The Next Christendom*,[19] hat am Rande des Symposiums zum 200-jährigen Bestehen der Basler Mission im September 2015 geäussert, dass die Vokabel *Christendom* in der englischen Umgangssprache nicht vorkommt.[20] Er bezeichnete sie als archaisches Wort, das in Nordamerika nur in Intellektuellenkreisen verwendet werde und das einmal neutral, ein anderes Mal positiv und in weiteren Fällen negativ konnotiert sei. Heute

---

[16] Hanciles, Beyond Christendom, 276–302. Für die Christenheit im Westen bestehe die Hoffnung auf legitime Formen einzig in den Migrationskirchen, weil sie nicht-westliche Formen in Nordamerika eingeführt haben. Afrikanische Kirchen werden dafür gelobt, dass sie nie die Erfahrungen der Aufklärung durchlebt haben.

[17] A. a. O. bes. Kap. 4: The Birth and Bankruptcy of Christendom, 84–111.

[18] Zum Beispiel B. Stuart Murray, Post-Christendom. Church and Mission in a Strange New World, Crownhill/Milton Keynes 2004.

[19] Philip Jenkins, The Next Christendom. The Coming of Global Christianity, Oxford 2004.

[20] Das bestätigten ebenfalls Paul und Jennifer Jenkins im Blick auf den Sprachgebrauch in England. Von weiteren Teilnehmern der Jahrestagung der DGMW in Bad Boll (Oktober 2015) war zu vernehmen, dass z. B. auch in Indien und auf den Philippinen Christendom als Vokabel ungebräuchlich sei.

verwenden englischsprachige Historiker *Christendom* wertneutral als Fachausdruck im Zusammenhang mit dem europäischen Mittelalter. Zu verschiedenen Zeiten der europäischen Geistesgeschichte ist er aber auch im normativen bzw. idealisierten Sinn verwendet worden, und zwar von Philosophen, Theologen und Schriftstellern gleichermassen. Dass es *christianitas* im Sinne eines gefestigten Konzepts bereits im Mittelalter gegeben habe, ist freilich ein Gedanke, der erst in späteren Epochen aufgekommen ist, um einer als schlecht erlebten und darum kritisierten Gegenwart das idealisierte Mittelalter vor Augen zu halten. So schwärmte z. B. Novalis unter dem Eindruck der Napoleonischen Kriege im Fragment *Die Christenheit oder Europa*: »Es waren schöne glänzende Zeiten, wo Europa ein christlich Land war, wo *Eine* Christenheit diesen menschlich gestalteten Welttheil bewohnte.«[21] Zur Zeit des Ersten Weltkrieges sah Papst Benedikt XV. die Aufgabe der Kirche darin, die Nationen Europas zur verlorenen Einheit zurückzuführen – ein Beispiel »für die Suche nach einem Gegenmodell zur fragmentierten, versehrten und als ziellos empfundenen Gesellschaft der Moderne«.[22]

In verschiedenen Epochen der europäischen Geistes- und Theologiegeschichte tauchte der Term des Öfteren in ausgesprochen kritischer Absicht auf. Um 1850 prangerte Søren Kierkegaard das Christentum an, zu den grössten Haupthindernissen für den wahren Glauben zu gehören, ohne sich dessen bewusst zu sein.[23] Zwischendurch geriet die Vokabel während längerer Phasen in Vergessenheit, wurde aber danach mehrmals mit neuer Absicht wieder aus der Vergessenheit herausgeholt.[24] Die selbstkritischen Auseinandersetzungen, die innerhalb des europäischen Christentums eine lange Tradition haben, werden in heutigen Weltchristentums-Studien kaum zur Kenntnis genommen. Der missionswissenschaftliche Diskurs zum *Christendom* findet weitgehend in einem separaten Kommunikationsraum statt, der quer zu den einschlägigen Forschungen in europäischen Ländern liegt.

---

[21] Novalis, Die Christenheit oder Europa. Ein Fragment (1799), hg. und eingeleitet v. Richard Samuel (Das philosophische Werk II), Stuttgart 1968, 507–524, 507.

[22] Tim Geelhaar, Christianitas. Eine Wortgeschichte von der Spätantike bis zum Mittelalter, Göttingen 2015, 19f.

[23] Zur Kritik am bürgerlichen Christentum vor allem im Spätwerk Søren Kierkegaards vgl. Martin Kiefhaber, »Man kann Christ sein nur im Gegensatz.« Kierkegaards theologische Zeitdiagnose, in: Münsteraner Forum für Theologie und Kirche, 5.5.2013, http://www.theologie-und-kirche.de/kiefhaber-kierkegaard.pdf (15.1.2016). Ein weiteres Beispiel für Christentums-Kritik bietet Friedrich Nietzsche, Der Antichrist. Fluch auf das Christentum (18891), Wiederabdruck Berlin 2013.

[24] Philip Jenkins, The Legacy of Christendom (Manuskript 2015, erscheint 2016 in: Lamin Sanneh/Michael J. McClymond (Hg.), World Christianity, Oxford).

Nach Walls, Hanciles, Sanneh und Murray sind die historischen Wurzeln des *Christendom* als Idee im europäischen Mittelalter zu finden, als die Kirche eine Domäne des Staates und das Bekenntnis zum christlichen Glauben eine Angelegenheit politischer Machtsteigerung geworden sind.[25] Walls vertritt die These, dass mit Hilfe der *Christendom*-Idee erstmals im Mittelalter das verwirklicht worden ist, was er das »territoriale Christentum« nennt im Sinne einer (vermeintlichen) Einheit von Territorium, Religion, lateinischer Sprache, Verhaltensnorm und Weltsicht.[26] An den Aussengrenzen von Latein-Europa ist, wie Hanciles meint, mit der Vermittlung des christlichen Glaubens die *Christendom*-Idee an die barbarischen Stämme weitergegeben bzw. ihnen aufgezwungen worden. Später sei sie im Zuge der Weltmission auch in Ländern des globalen Südens zur Geltung gebracht und den dortigen Kirchen aufgenötigt worden.[27]

In der heutigen Mediävistik würden solche Thesen keine Zustimmung mehr finden. Exemplarisch für die neusten Forschungen seien die Studien der Mediävisten Nora Berend (Universität Cambridge UK) und Tim Geelhaar (Universität Frankfurt) erwähnt.[28] Letzterer hat umfangreiche wortgeschichtliche Studien durchgeführt, die Dank neu erschlossener digitalisierter Quellen erst seit Kurzem möglich sind und eine Korrektur des ideengeschichtlich konstruierten Europa-Bildes notwendig machen. Wortanalysen zu *christianitas* (die in der englischsprachigen Mediävistik mit *Christendom* und im Deutschen meistens mit Christentum oder Christenheit wiedergegeben wird) zeigen, dass der Term von der Spätantike an bis zum Spätmittelalter vielfach umgeprägt, neuen religiösen und politischen Bedürfnissen angepasst und dabei häufig kirchenpolitisch, reichspolitisch oder lokalpolitisch instrumentalisiert worden ist.[29] Der Term *christianitas* wurde in so unterschiedlichen Zusammenhängen verwendet wie Christlichkeit, die christliche Religion, der christliche Glaube, ein Christ sein,

---

[25] So z. B. Lamin Sanneh, Whose Religion is Christianity? The Gospel beyond the West, Grand Rapids/Cambridge 2003, 23.

[26] Walls, Cross-Cultural, 35.

[27] A. a. O. 38; Hanciles, Christendom, 90–100.

[28] Nora Berend, The Concept of Christendom: A Rhetoric of Integration or Disintegration?, in: Michael Borgolte/Bernd Schneidmüller (Hg.), Hybride Kulturen im mittelalterlichen Europa/Hybrid Cultures in Medieval Europe, Berlin 2010, 51–61; Dies., Frontiers of Christendom: the Endurance of Medieval and Modern Constructs, in: Andreas Speer/David Wirmer (Hg.), Das Sein der Dauer, Berlin/New York 2008, 27–40; Geelhaar, Christianitas.

[29] Der mittelenglische Ausdruck *cristendome* ist im späten 9. Jahrhundert geprägt worden. Zu *cristendome* gab es im Griechischen und Lateinischen kein exaktes Äquivalent; vgl. Judith Herrin, The Formation of Christendom, Princeton 1987, 8. Zur Verwendung des Terminus *christianitas* im Mittelalter vgl. Berend, Concept; Dies., Frontiers.

die Sakramentsverwaltung, kirchliche Macht und Jurisdiktion, ferner als Anrede an die Könige des Frankenreichs, zur Bezeichnung kirchlicher Verwaltungsebenen und für die Gemeinschaft aller Christen in Latein-Europa oder weltweit.[30] Nur selten und praktisch nur von Papst und weltlichen Grossherrschern war *christianitas* als Narrativ für die Einheit von Religion, Territorium, Sprache und politischer Herrschaft verwendet worden. Dagegen haben einzelne Herrscher es verwendet, wenn sie Druck auf den Papst auszuüben versuchten, um von ihm Unterstützung im Kampf gegen bedrohliche Mächte ausserhalb Europas zu erhalten. So hat etwa der ungarische König Béla IV. (1206–1270) versucht, den Papst davon zu überzeugen, dass durch den Mongolensturm 1241/42 nicht nur Ungarn, sondern ganz Europa bzw. die ganze *christianitas* bedroht sei. In anderen – vor allem wirtschaftlichen – Zusammenhängen hat Béla jedoch gut mit den Mongolen kooperiert, was zeigt, dass er nicht generell von einer gesamteuropäischen *christianitas*-Idee inspiriert war.[31] Da die Lokalherrscher innerhalb Latein-Europas ihre Macht gegenüber anderen Königreichen und auch gegenüber der religiösen Zentrale in Rom zu konsolidieren trachteten, förderten sie mit ihrer Verwendungsweise der Vokabel *christianitas* eher die Desintegration und Heterogenität als die Einheit Europas.

Wichtiger ist jedoch ein anderes Ergebnis der wortgeschichtlichen Forschungen zum Mittelalter. Wie Geelhaar zeigt, ist auf den mittleren und unteren gesellschaftlichen Kommunikationsebenen der Term *christianitas* überwiegend dafür verwendet worden, den christlichen Glauben, christliches Verhalten und christliche Riten zu unterscheiden von Häresien, unhaltbaren Anpassungen an pagane Kulturen in den neu missionierten Gebieten sowie von der Vermischung christlicher und andersreligiöser Riten. Von der Spätantike bis ins ausgehende Mittelalter spiegelt sich in *christianitas*-Diskursen das Ringen um die Frage, wie angesichts sich ständig wandelnder politisch-kulturell-religiöser Verhältnisse innerhalb Europas die Kontinuität zur Urkirche gewahrt werden konnte und welche Neuerungen im Christianisierungsprozess Latein-Europas aus welchen Gründen problematisch bzw. abzulehnen waren. Es ist gewiss nicht übertrieben, darin auch ein genuin ökumenisches Anliegen zu sehen: Die Frage nach Einheit in legitimer Vielfalt. Nach Nora Berend und Tim Geelhaar war das hervorstechende

---

[30] Geelhaar, Christianitas, 305–337.
[31] Weitere Beispiele sind der polnische König Kazimierz der Grosse (1310–1370) in Auseinandersetzungen mit Mongolen, Ruthenen und Litauern sowie Scanderberg (1403–68) in Albanien gegen Expansionsversuche der Türken; vgl. Berend, Frontiers, 28–35.

Merkmal Latein-Europas also nicht die homogenisierende Macht des karolingischen Reiches und des religiösen Machtzentrums in Rom, sondern die religiös-politische Pluralität in Europa in Gestalt vieler nebeneinander existierender Mikro-Christentümer. Das Bild der durch religiöse und politische Macht verwirklichten territorialen Einheit der spätantiken und mittelalterlichen Welt ist deshalb irreführend. Ich möchte noch weiter gehen und sagen: Die kritische Selbstprüfung mit dem Ziel der Selbsterneuerung war und ist geradezu ein Merkmal europäischer Theologie – in Spätantike und Mittelalter ebenso wie in den Jahrhunderten danach und bis heute. In den Studien zum Weltchristentum wird der Terminus *Christendom* umgeprägt als Reaktion auf die als negativ erlebte und darum kritisierte Gegenwart. Das europäisch-christliche Mittelalter wird dabei allerdings nicht idealisiert, sondern perhorresziert. Dagegengesetzt wird die idealisierte *Christianity* im globalen Süden und das Migrationschristentum im globalen Norden.

3. *Christendom*-Kritik und Kritik am verbürgerlichten Christentum in Europa: Kwame Bediako und Karl Barth im Vergleich

Durch die grenzüberschreitende Weitergabe und Aneignung der christlichen Botschaft wird der Kommunikationsraum des Weltchristentums kontinuierlich dichter, komplexer und weiter. Theologische Einsichten müssen übersetzt, rück-übersetzt und mit anderen Übersetzungen abgeglichen werden. Dabei entstehen unvermeidlicher Weise Missverständnisse, Fehlinterpretationen, Unterstellungen und vereinfachende Stereotypen, die zu Kommunikationsblockaden führen. Solche Probleme betreffen vor allem die Sprachebene, weniger die Sachebene der Theologie. Als Ökumeniker hat Dietrich Ritschl in diesem Zusammenhang von unterschiedlichen semiotischen Systemen gesprochen, in denen christliche Theologie betrieben wird.[32] Durch die Südverlagerung des Weltchristentums verschärft sich die Fehlkommunikation. Zugleich werden die Anforderungen an eine Hermeneutik des Vertrauens (Dietrich Ritschl) anspruchsvoller und schwieriger. Dies sei anhand eines Vergleichs von Kwame Bediako und Karl Barth il-

---

[32] Dietrich Ritschl, Konsens ist nicht das höchste Ziel, in: Ders., Theorie und Konkretion in der Ökumenischen Theologie. Kann es eine Hermeneutik des Vertrauens inmitten differierender semiotischer Systeme geben?, Münster 2003, 179–192.

lustriert, die sich in ihren Werken unterschiedlicher semiotischer Systeme bedient haben.

Die beiden Theologen sind sich nie persönlich begegnet. Als Barth 1968 starb, war Bediako erst 23 Jahre alt (1945–2008). Miteinander ins fingierte Gespräch gebracht werden sie aber von einer jüngeren Theologengeneration, z. B. vom Ghanaer Charles Sarpong Aye-Addo, der Bediakos Christologie mit derjenigen von Karl Barth und John S. Pobee verglichen hat.[33] Einen anderen Versuch hat der US-amerikanische Theologe Timothy M. Hartman unternommen, der Bediakos und Barths Verständnisse von Offenbarung, Religion und Kultur miteinander vergleicht.[34] Beide Studien führen aus der zeitlich-räumlichen Distanz heraus einen transkulturellen Dialog zwischen den Werken von Bediako und Barth.[35] Im Folgenden beziehe ich mich auf Ergebnisse von Hartmans Studie. Bediako stand in einem indirekten Bezug zur Basler Mission. Er ist in der auf die Basler Mission zurückgehenden Presbyterian Church of Ghana (PCG) aufgewachsen und zum Pfarrer ordiniert worden. Sein Grossvater war Katechet im Dienst der Basler Mission gewesen. Während seines ersten Europaaufenthalts in Frankreich lehnte Bediako den westlichen Atheismus, dem er dort begegnete, ab, um sich erstmals vorurteilsfrei der afrikanischen Religiosität zu öffnen und dabei eine in sie eingebettete Form des Christentums zu entdecken und zu reflektieren.[36] Danach wandte er sich dem Theologiestudium in Ghana und England zu. Seine Dissertation, die Andrew F. Walls betreut hat, reichte er 1983 in Aberdeen ein. Darin befasste er sich mit dem Vergleich theologischer Reflexion unter den kulturellen Bedingungen des 2. christlichen Jahrhunderts im Mittelmeerraum und im Afrika des späten 20. Jahrhunderts.[37] Während seiner jahrelangen Pendelexistenz zwischen Ghana und Europa und dank enger theologischer Kontakte

---

[33] Charles Sarpong Aye-Addo, Akan Christology. An Analysis of the Christologies of John Samuel Pobee and Kwame Bediako in Conversation with the Theology of Karl Barth, Eugene 2013.

[34] Timothy M. Hartman, Revelation, Religion, and Culture in Kwame Bediako and Karl Barth, PhD Graduate Faculty, University of Virginia, May 2014, 10. Vgl. ferner Alan Thomson, Culture in a Post-Secular Context. Theological Possibilities in Milbank, Barth, and Bediako, Eugene 2014.

[35] Hartman schreibt: »Both theologians maintain a Christological focus in revelation that in turn penetrates culture and redefines religion. Their conclusions, illuminated through this comparison of divergences and convergences, can guide the work of contemporary constructive theology that seeks to navigate questions of the interrelationship of revelation, religion, and culture now and in the future.« A. a. O. 261.

[36] Hartman, Revelation, 20f.

[37] Kwame Bediako, Theology and Identity. The Impact of Culture upon Christian Thought in the Second Century and Modern Africa, Oxford 1992. Für weitere Literaturhinweise vgl. Kwame Bediako, A Bibliography of His Published Writings, in: Gillian Mary Bediako u. a. (Hg.), Seeing New Facets of the Diamond. Christianity as a Universal Faith, Oxford 2014, 371–375.

nach Nordamerika hat er sich als kreativer Vertreter afrikanischer Theologie im Horizont des heutigen Weltchristentums einen Namen gemacht. Im weiteren Verlauf seines Werdegangs hat Bediako seine Europa-Kritik zunehmend verschärft und das europäische *Christendom* mehrfach als ein Desaster bezeichnet. Er schreibt: »[T]he modern West has less to offer than may be readily recognized, unless it be the lessons from the disaster that was Christendom.«[38] Die in der religiösen Umgebung Ghanas eingebetteten Ausdrucksweisen des christlichen Glaubens hielt er dem *Christendom* in Europa und Nordamerika entgegen.[39] Nach Bediako betrieb auch Karl Barth *Christendom*-Theologie.[40] Umgekehrt hat Barth es nicht für nötig gehalten, sich mit der – gerade erst im Entstehen begriffenen – afrikanischen Theologie zu befassen. Afrika hat er nur gelegentlich als Destination westlicher Missionare erwähnt.[41]

Bediakos Distanzierung von der *Christendom*-Theologie zum Trotz zeigt sein Lebenswerk, dass es durchaus Gemeinsamkeiten zwischen ihm und Barths Theologie gibt, wobei die Blumhardts in Bad Boll und Basel eine – freilich sehr indirekt vermittelte – Rolle gespielt haben.[42] In Bediakos Werdegang sind vor allem Einflüsse der Basler Mission unverkennbar. Ihr ist die Übersetzung der Bibel auf Twi zu verdanken, die Sprache, die in Akropong-Aquapem gesprochen wird, wo Bediako 1987 Mitbegründer des *Akrofi-Christaller Institute of Theology, Mission and Culture* war.[43] Twi als Missionssprache war Voraussetzung

[38] Kwame Bediako, Africa and Christianity on the Threshold of the Third Millennium: The Religious Dimension, in: African Affairs 99 (2000), 316 (zitiert nach Hartman, Revelation, 117). Ähnlich Ders., Islam and the Kingdom of God, Stone Lecture 3, Princeton Theological Seminary, Princeton October 21, 2003. Bediako sieht das Problem des Christendom darin, dass »all possible religious alternatives are presumed to be non-existent, or in a secularized environment in which specifically religious claims are held to be no longer decisive«; Kwame Bediako, Biblical Exegesis in the African Context: The Factor and Impact of Translated Scriptures, in: Journal of African Christian Thought 6.1 (2003), 15–23, 20 (zitiert nach Hartman, Revelation, 117).

[39] Hartman, Revelation, 15. »Bediako's corpus is an example of writing from the margins of the empire back to the center of theological power and production in the West«, a. a. O. 18.

[40] Bediakos Barth-Bild beruhte nur sporadisch auf eigenen Barth-Lektüren. Er warf Barth mangelnde Sensibilität im Umgang mit Menschen anderer Hautfarbe vor, weil er den Ghanaer Christian Baëta einmal als »kohlrabenschwarz, aber mir sehr sympathisch« bezeichnet hatte; vgl. Eberhard Busch, Karl Barths Lebenslauf nach seinen Briefen und autobiographischen Texten, München 1975, 410.

[41] Hartman, Revelation, 18. Der Verdacht war deshalb wechselseitig: »The mutual suspicion that each theologian has of the other (for Bediako, of Western theology as insular with a history of oppression; and for Barth, of Africans not being serious interlocutors«), a. a. O. »Barth did not concern himself with Africa, or things African (aside from as a destination for missionaries)«, 245.

[42] Christoph Friedrich Blumhardt (1842–1919) war ab 1880 Leiter des Kurhauses in Bad Boll. Er war der Sohn von Johann Christoph Blumhardt, dem Mitbegründer der Basler Mission. Sein Onkel, Christian Blumhardt, war erster Direktor der Basler Mission.

[43] Über das Institut vgl. http://www.acighana.org/site/aboutus/index.php (16. 9. 2015).

dafür, dass Bediako später zu einer afrikanischen Form theologischen Denkens gefunden hat. Ohne diesen Anfangsimpuls ist die Kernthese seines theologischen Denkens, die grundsätzliche Übersetzbarkeit des Evangeliums in alle Sprachen, Denk- und Verhaltensformen nicht vorstellbar. Freilich lastete das Verdienst der Basler Mission zugleich als Hypothek, von der er sich zu befreien genötigt sah, auf ihm. Sein Vorwurf gegenüber europäischen Missionaren war, dass sie den Übersetzungsprozess als abgeschlossen betrachteten, sobald die Bibel in afrikanischen Sprachen vorlag. Hartman kommentiert: »Bediako's project counters the *de facto* understanding of many European missionaries to Africa that the translation process was complete when the gospel was articulated in European forms.«[44]

Die Überseemission hat darum Bediakos Weg zu einer afrikanisch-christlichen Theologie geebnet *und* zugleich blockiert. Er war der Ansicht, sich vom Einfluss europäischer Theologie- und Christentumsgeschichte befreien zu müssen, um einen freien Blick für die Verwurzelung des christlichen Glaubens in afrikanischen Denk- und Verhaltensformen gewinnen zu können. Abstand von Europa gewinnen: Das verlangte seiner Meinung nach die bewusste Abkehr von 1700 Jahren europäischer Theologiegeschichte, weil sie von den Anfängen des *Christendom* in der Antike bis ins 20. Jahrhundert infiziert sei.[45] Abstand gewinnen wollte er auch zu der missionarisch vermittelten Dämonisierung von afrikanischer Religion und Kultur,[46] um sich von da aus einen eigenen Zugang zur Bibel und zu den Kirchenvätern des 2. Jahrhunderts zu erschliessen, die – wie Bediako im 20. Jahrhundert – den christlichen Glauben in ihre pagane Kultur hinein übersetzt hatten. Bediako bemühte sich um eine Rückkehr zum afrikanischen Vermächtnis unter neuen Vorzeichen mittels Selektion, Integration, Umdeutung und wenn nötig auch Kritik und Ablehnung. Im Licht des Evangeliums sollte etwas Neues entstehen, das zugleich in afrikanischen Traditionen verwurzelt war. Im Fokus stand für ihn damit die »primal imagination as the substructure of African Christianity«.[47]

---

[44] Hartman, Revelation, 247. Er ergänzt: »they [the missionaries] decidedly did *not* bring the presence or activity of God«, Hartman, Revelation, a. a. O.

[45] »Bediako functionally ignores theologians from the sixth century to the twentieth in order to circumvent the theology of Christendom and the pernicious influence of Enlightenment philosophy«, a. a. O. 244.

[46] Vgl. in Stanley, Edinburgh 1910, die Äusserungen zur I. Weltmissionskonferenz über Afrika, 235–245.

[47] Hartman, Revelation, 100. Bediako distanzierte sich von religionswissenschaftlichen und postkolonialen Deutungen des afrikanischen Christentums als »synkretistisch« bzw. »hybrid«; Hartman, Revelation, 231f., 260.

Auf den ersten Blick führte ihn dieser theologische Weg weit weg vom theologischen Profil eines Karl Barth. Betrieb Bediako nicht die von Barth kritisierte Bindestrich-Theologie? Suchte er nicht religiöse und kulturelle Anknüpfungspunkte bei afrikanischen traditionalen Religionen und Kulturen? Bediakos Sprung aus der Gegenwart in die Antike unter Umgehung des langen Stromes von Glaubenszeugen und theologischen Glaubensdeutungen dazwischen hätten Barth gewiss befremdet. Bei näherem Betrachten gibt es freilich Gemeinsamkeiten zwischen beiden Theologen. Die hervorstechendsten darunter sind sowohl ihre Kritik am europäischen Christentum und als auch ihre Christozentrik. Des Weiteren gibt es Berührungspunkte im Verständnis von Religion und Kultur, wie Hartman aufzeigt.[48] Während Barth das verbürgerlichte Christentum gleichsam von innen heraus kritisierte,[49] übte Bediako von aussen Kritik am *Christendom*. Er tat dies namentlich angesichts der Auswirkungen von europäischem Kolonialismus, Arroganz gegenüber anderen Völkern und der Mission mit ihren Versuchen, europäisch geprägte Christentumsformen in Afrika zu etablieren.

Während zwischen Barths und Bediakos Christozentrik eine theologische Nähe besteht, sind die Sprachformen, die sie verwenden, verschieden: Barth bringt für die Zentralität Jesu Christi das Offenbarungsgeschehen (ein für allemal, aber immer neu) ins Spiel, während Bediako – im Sinn seines Lehrmeisters Andrew Walls – von der infiniten Translatabilität des Evangeliums spricht. Hartman schlägt zwischen Barths Offenbarungsgedanken und Bediakos Übersetzungspostulat eine Brücke und betrachtet beides als Ausdruck von christozentrischer Theologie. Beide Ansätze sind für einander anschlussfähig und verstehbar im Sinne eines Wiedererkennens des Eigenen in fremder Gestalt. Unerachtet dieser Gemeinsamkeiten bleiben Differenzen zwischen beiden Theologien bestehen, auf die hier nicht weiter eingegangen werden kann. Aber die Tür zum Dialog ist aufgestossen und möglich; die gemeinsame Basis für konstruktive Kritik in noch ungelösten aktuellen Fragen ist breit genug.

---

[48] A. a. O. 10f. Beispiele für Berührungspunkte: Gottes Offenbarung ist nur in menschlicher Sprache und kulturellen Ausdrucksformen vernehmbar; keine Sprache ist heilig und höher stehend als andere; Religion(en) sind menschliche Bemühungen, die Christus bzw. das Evangelium verfälschen.

[49] Als Motto hat Hartman seiner Studie das Barth-Zitat vorangestellt: »[T]he *Christian*-bourgeois or *bourgeois*-Christian age has come to an end ... that is, Christendom no longer exists in the form we have known ... The world is reclaiming ... its freedom (from the church) ... But with that, the gospel's freedom over against the world has been restored to it.« Karl Barth, Das Evangelium in der Gegenwart, München 1935, 33f. In englischen Übersetzungen von Barths Werk wird das verbürgerlichte Christentum mit *Christendom* wiedergegeben.

4. Folgerungen für die Missionswissenschaft

(1) Im Fokus der Europa-Kritik, die in manchen Studien zum Weltchristentum begegnet, steht die Tendenz, das europäische Christentum als alleinverbindlichen Massstab für das Christsein weltweit zu verstehen. Die Kritik steht zwar auf schwachen Füssen, wenn sie ihrerseits *Christianity* idealisiert und das europäische Christentum pauschal perhorresziert. Sie ist aber insofern berechtigt und notwendig, als sie daran erinnert, dass der Weg des christlichen Glaubens in die Welt als Geschichte der Weitergabe des Evangeliums über kulturelle, sprachliche, gesellschaftliche und politische Grenzen hinweg zu begreifen ist. Nur so werden neue Facetten und Potentiale des Evangeliums sichtbar, indem sie sich in neuen Gestalten manifestieren. Dieser Prozess führt zu neuen Einsichten in das, was im Epheserbrief (4,12f.) mit der Fülle (*pleroma*) Christi gemeint ist: »So wird der Leib Christi aufgebaut, bis wir alle zur Einheit des Glaubens und der Erkenntnis des Sohnes Gottes gelangen und zum vollkommenen Menschen heranwachsen und die volle Reife in der Fülle Christi erlangen.« Wenn zu einer bestimmten Zeit an den Rändern der konsolidierten Christenwelt neue christliche Glaubensgemeinschaften entstehen, ist das zunächst weder eine Verfälschung noch eine Gefahr für die andernorts etablierten Christentumsformen, sondern ein Zugewinn des Leibes Christi an Gestalten und Reife und ein weiterer Schritt in der Erkenntnis der »voll entfalteten Menschlichkeit Christi«, wie Walls es formuliert.[50] Mit seinen Worten gesagt: »[T]he more Christ is translated into various thought forms and life systems which form our various national identities, the richer all of us will be in our Christian identity.«[51] Daraus folgt, dass der Verzicht auf transkulturelle Kommunikation zu einer kulturellen Gefangenschaft der Kirche und einer Horizontverengung in der Theologie führt.[52]

(2) Anders als Bediako halte ich die Ausblendung von 1700 Jahren europäischer Kirchen- und Theologiegeschichte nicht für eine Vorbedingung dafür, dass

---

[50] »The full-grown humanity of Christ requires all the Christian generations, just as it embodies all the cultural variety that six continents can bring.« Walls, Missionary Movement, xvii. Neben Eph. 4,13 ist auch Hebr. 11,39f. ein Schlüsseltext in Walls' Verständnis der Geschichte des Weltchristentums. Über Abraham und den Glauben der Alten heisst es dort: »Und sie alle haben, auch wenn sie aufgrund des Glaubens Zeugen geworden sind, die Verheissung nicht erlangt. Denn Gott hat für uns etwas Besseres vorgesehen: Sie sollten nicht ohne uns ans Ziel gebracht werden.« (Zürcher Bibel, 2007).

[51] Walls, Missionary Movement, 54.

[52] Andrew F. Walls, Globalization and the Study of Christian History, in: Craig Ott/Harold A. Netland (Hg.), Globalizing Theology. Belief and Practice in an Era of World Christianity, Grand Rapids 2006, 70–82.

in aussereuropäischen Kontexten lokal verwurzelte Theologie gelingen kann. Versteht man das europäische Mittelalter auch auf neue Weise als Missionsgeschichte, fallen Gemeinsamkeiten zwischen den damaligen und heutigen Formen der transkulturellen Glaubensweitergabe auf. Durch missionarische Ausbreitung und Gebietserweiterungen kam es zwischen der Zeit des weströmischen Reiches über das Karolinger-Reich bis an die Schwelle der Neuzeit im entstehenden Europa zu immer neuen Formen von Desintegration und Re-Integration. Der gemeinsame Kommunikationsraum wurde brüchiger, die Mikro-Christentümer wurden zahlreicher. Ein ähnlicher Prozess begegnet heute im Wachstum des Christentums im globalen Süden – nun freilich in einem Ausmass, das in der Christentumsgeschichte neu ist.[53] Für die heutigen Vorgänge der Desintegration und der Suche nach ökumenischer Gemeinschaft kann man vom mittelalterlichen Europa Einiges lernen. Umgekehrt können aktuelle Erfahrungen von Mission aus allen Richtungen in alle Richtungen für das sensibilisieren, was unter regional begrenzten Voraussetzungen schon im europäischen Mittelalter geschehen ist.

(3) Die Translatabilität in der Mission ist ein missionswissenschaftliches Postulat, das unverzichtbar ist, aber vermutlich nie von der Verwirklichung eingeholt werden wird. Übersetzungsprobleme, Neologismen, Missverständnisse, Umdeutungen und Stereotypen begleiten permanent den Translationsprozess. Wie im Mittelalter beobachten wir auch im heutigen Weltchristentum, dass Ausdrücke zu Begriffen und von Begriffen zu Konzepten mutieren, dabei eine Eigendynamik entwickeln und sich gegenüber den früheren Absichten und Bedeutungen verselbstständigen. So führt die Vokabel *Christendom* in der anglophonen Missionswissenschaft ein Eigenleben und produziert Diskurse, die nur auf Englisch geführt werden (können). In anderen Sprachen stehen für die *Christendom*-Polemik keine adäquaten Vokabeln zur Verfügung. Schlimmer noch: Ähnlich klingende Vokabeln sind durch andere Bedeutungen »besetzt« und stiften bei Übersetzungsversuchen Missverständnisse. Im europäischen Mittelalter hat man zur Verständigung zwischen den immer zahlreicher werdenden Lokalsprachen das Latein als Lingua franca für die christliche Lehre und den theologischen Diskurs eingeführt – so wie sich gegenwärtig in der Weltchristenheit das Engli-

---

[53] Für das Jahr 2010 geht die *World Christian Database* weltweit von 40.000 »denominations« aus, verstanden als organisierte christliche Glaubensgemeinschaften in einzelnen Ländern, die sich als autonome Kirchen von anderen Denominationen, Kirchen und Traditionen unterscheiden. Für die vollständige Definition: http://www.worldchristiandatabase.org/wcd/esweb.asp?WCI=Results&Query=-456 (29.10.2015).

sche für die ökumenische Verständigung durchsetzt. Aber damit war damals das Problem nicht aus dem Weg geräumt, dass klassisches Latein und mühsam erlerntes Fremdsprachenlatein zu Missverständnissen in der Kommunikation geführt haben. Damals wie heute regt sich Widerstand gegen die Latinisierung bzw. Anglisierung als Kommunikationsmittel der Theologie. »Gott spricht Dialekt«, heisst es heute – aber nicht erst heute, wie die Theologiegeschichte von der Antike über das Mittelalter und die Reformation bis in die Gegenwart zeigt. In der Missionswissenschaft bleibt das Dilemma bestehen, dass »Dialekte« in der Theologie zwar lokal verstanden werden, aber den Kommunikationsraum einschränken.[54] Mit einer Lingua franca gelingt es aber ebenfalls nicht immer, den Kommunikationsraum global zu öffnen. Das zeigt das Ökumene-Englisch, welches zu neuen Machtasymmetrien in der Theologie führt.

(4) Im europäischen Mittelalter ist die Vokabel *christianitas* hauptsächlich verwendet worden, um angesichts neu hinzugewonnener Missionsgebiete zwischen den Merkmalen von Glauben, Bekenntnis, Kirche, Liturgie und Lebensführung einerseits und Scheinchristentum, Häresie, Apostasie und ethischem Fehlverhalten andererseits zu unterscheiden. Angesichts der disparaten Erscheinungsformen innerhalb der weltweiten Christenheit die Merkmale christlichen Glaubens von Verirrungen zu unterscheiden: Das ist auch ein Anliegen von Walls, Sanneh, Hanciles und Bediako. Warum also die Augen davor verschliessen, dass diese Themen nicht nur im Fokus theologischen Denkens im globalen Süden, sondern auch im mittelalterlichen und spätmodernen Europa stehen? Die Gemeinsamkeit betrifft Themen auf der Sachebene. Angesichts der Verständigungsschwierigkeiten auf der Sprachebene darf man deshalb nicht darin nachlassen, zwischen der Christenheit in Süd und Nord ebenso wie zwischen Europa und Nordamerika den Kommunikationsraum zu erweitern. Denn was für die Ökumene gilt, sollte auch in der Missionswissenschaft gelten: »Das, was uns verbindet, ist viel stärker als das, was uns trennt.«[55]

---

[54] Deshalb bleibt auch kontextuelle Theologie einem beschränkten Kommunikationsraum verhaftet, wenn es nicht gelingt, sie in eine interkontextuelle Theologie zu überführen. In diesem Sinn hat sich Bediako nicht dem afrikanischen Kommunikationsraum verschrieben, sondern seine Theologie als Beitrag zu einer im Entstehen begriffenen Weltchristentums-Theologie verstanden; vgl. Kwame Bediako, The Emergence of World Christianity and the Remaking of Theology, in: Journal of African Christian Thought 12.2 (2009), 50–55.

[55] Johannes Paul II., Enzyklika *Ut unum sint* über den Einsatz für die Ökumene (Verlautbarungen des Apostolischen Stuhls 121), 1995, Nr. 20. Das Motto wurde zuerst von Papst Johannes XXIII. formuliert.

(Prof. Dr. Christine Lienemann-Perrin ist emeritierte Professorin für Ökumene- und Missionswissenschaft an der Universität Basel)

ABSTRACT

Different interpretations of past and present forms of European Christianity affect the communication between Anglophone and German-speaking missiology. In this regard, the use of the term *Christendom* has shifted in the last 100 years: While the architects of the World Missionary Conference in Edinburgh 1910 have idealized (European) *Christendom* and contrasted it not only against *Heathendom* but also against mission churches in midst of »heathen lands«, *Christendom* is declared bankrupt today by mission scholars in the Global South and North America and estimated as meaningless for the future of World Christianity. They trace the term *Christendom* back to the words *christianitas / cristendome*, presumed as a medieval concept of the territorial, political, religious and linguistic unity in Latin Europe. That interpretation, however, is highly questionable, as medievalists have demonstrated recently. The purpose of the article is to overcome the stalemate in missiological discourse by finding new ways beyond the *Christendom – Post-Christendom* debate. To give an example, criticisms of *Christendom* by Kwame Bediako (Ghana) and *verbürgerlichtes Christentum* by Karl Barth are compared. They share common theological concerns from different – extra and intra European – perspectives. Such a comparison could help starting a new cross-continental conversation and enlarge at the same time the space of global missiological communication.

Gegenseitige Überwachung in den Hausordnungen der alten Basler Mission

Hanns Walter Huppenbauer

In seinem spannenden und tiefschürfenden Buch »*Missionary Zeal and Constitutional Control*«[1] macht Jon Miller unter anderem auf Kontrollmechanismen unter den Missionaren und Zöglingen der Basler Mission, speziell auf der Goldküste (1828–1916) aufmerksam, die zeitweise die merkwürdigsten und im eigentlichen Sinn widersprüchlichsten Früchte zeitigten – bis hin zu regelrechtem Hass auf den Bruder–, sodass auch Aussenstehende sich fragten, weshalb die Basler Missionare unter sich einen Umgang pflegten, der gegenseitigen Respekt oft genug vermissen liess. Für die Begründung dieser gegenseitigen Überwachung verweist Miller ausdrücklich auf Joseph Josenhans, dritter Inspektor der Missionsschule, und auf die Hausordnung, die auf den ersten Inspektor, Christian Gottlieb Blumhardt, zurückgehe.

Ich bin in meinen Untersuchungen zu den Anfängen des Afrika-Unternehmens der Basler Mission in Liberia und der (damaligen) Gold- (oder Guinea-) Küste ebenfalls auf die Auseinandersetzungen unter Brüdern und Missionaren mit entsprechender Information an den Inspektor (Blumhardt) gestossen und empfinde gerade deshalb Millers Ausführungen als enorm wichtige Ergänzung aus der Sicht eines Soziologen, die ganz andere Dimensionen und Aspekte aufzuzeigen vermag, als uns gewöhnlichen Missionsleuten oder Historikern möglich ist. Und doch sind mir einige Unstimmigkeiten aufgefallen, die sich mit meinen aus dem Quellenstudium sich ergebenden Erkenntnissen nicht ganz vereinbaren liessen. So schienen mir die Aussagen zur rigiden Überwachung der

---

[1] Jon Miller, Missionary Zeal and Constitutional Control. Organizational Contradictions in the Basel Mission on the Gold Coast 1828–1917, London 2003.

Brüder untereinander mit der von Miller hervorgehobenen Verpflichtung durch die Hausordnung zwar sehr gut zu Josenhansens Ordnungssinn zu passen, nicht aber zu dem, was ich von Blumhardt selber sowie den Berichten der Brüder aus den 1820er Jahren ersehen konnte.[2]

Blumhardt und Josenhans

Die von Miller zitierte Hausordnung findet sich im Ordner Q-9–31, einer Sammlung von Hausordnungen von 1821 bis in die neueste Zeit. Er nennt die N° 11 und dort die Seiten 37 und 38. Das erweist sich allerdings als Fehlgriff. Dieses Dokument trägt aussen (mit Bleistift eingetragen) die Jahreszahl 1860 und hat nur 16 Seiten, entspricht inhaltlich aber der alten, von Blumhardt bearbeiteten Hausordnung. Suchen wir weiter: N° 12 und 13 – das ist die Richtige, die Miller im Auge hatte. Sehen wir uns das Heft genauer an: Da könnte man schnell dem Missverständnis zum Opfer fallen, das sei die Hausordnung von Chr. G. Blumhardt, denn innen beginnt das Heft mit der »Alten Hausordnung«, die von Blumhardt bearbeitet wurde. Weiter hinten stossen wir jedoch auf eine neue Hausordnung von 1860, also aus der Zeit von J. Josenhans. Dem entspricht der Vermerk auf der Titelseite: 1860. An den entscheidenden Stellen spricht Miller denn auch klar von der Hausordnung 1860. Er ist dem möglichen Missverständnis nicht verfallen. Und was er daraus zitiert, entspricht auch dem Text der verschiedenen Dokumente aus dieser Zeit.

Wie aber ist das nun mit Blumhardts Hausordnung? Entspricht sie auch dem, was wir 1860 zur gegenseitigen Überwachung der Brüder untereinander vernehmen? Für Blumhardt war Ordnung in jedem Lebensbereich zwar ausserordentlich wichtig und für Christen unabdingbar. Für deren Einhaltung aber setzt er weniger auf Regeln als auf den uns innewohnenden Geist Gottes. Nicht umsonst hat er die erste Hausordnung unter dem Gedanken »Gesetz der Freiwilligkeit und der Liebe« an die Zöglinge weitergegeben. Und diese berichten im Wochenzettel

---

[2] H. W. Huppenbauer, Wiedergutmachung und Menschenwürde. Motive und Theologie in den Anfängen der Basler Mission, Frankfurt a. M. 2010 (zu Blumhardt); Fernweh nach Afrika, 2010 (Sessing/Liberia); Mission Impossible? (2010); Vier Brüder für Osu, 2011 (Henke/Goldküste). Es gab daneben auch andere Feststellungen Millers, die einer genaueren Prüfung nicht standhalten: Etwa die, dass kaum Kinder/Söhne eines Missionars sich wieder zum Missionsdienst gemeldet hätten – meine eigene Familie wäre ein Beispiel für BM-Missionars-Familien in Ghana (seit 1875!) oder Rosmarie Gläsle, Pauline und ihre Töchter, Erlangen 2009, für Indien und China.

vom 7.12.1818 darüber, dass der Inspektor ihnen diese Hausordnung mit einer »liebreichen Rede« vorgestellt habe, worauf sie mit Freuden allem zugestimmt hätten.[3]

Was wann und wo dekretiert wurde, dazu lässt sich anhand der Dokumentensammlung Q-9-31 die Geschichte der Hausordnungen im Missionsseminar mindestens ein Stück weit eruieren.

Dokumente Q-9–31 (Schachtel)

Für die hier aufgeworfene Frage können wir uns auf die Dokumente 1–13 des Dossiers Q-9–31 beschränken. Die Übrigen sind eindeutig einer späteren Zeit (1888ff.) zuzuweisen. Auch diese stammen aus unterschiedlichen Perioden des 19. Jahrhunderts. Folgendes finden wir hier:

N° 1 Blumhardt, gedruckt, §§ 1–5 und 6 Bibelzitate (1818).

2 Entwurf für ein Reglement, beginnt mit § 6, gedacht wohl als 2. Teil neben Blumhardts Hausordnung (N° 1) mit einem Blatt kritischer Anmerkungen, sehr wahrscheinlich von Blumhardt, der diese Form von Reglement als »nicht aus dem Geist Christi« geschrieben und darum für unpassend hält.

N° 3 Fingerzeige und Hinweise *der Committee*, ohne Blumhardts Vorspann. Korrekturen von N° 4 sind integriert.

N° 4 Fingerzeige etc., aber enthält Randbemerkungen, die im Text N° 3 integriert sind.

4a Kopie aus viel späterer Zeit (Rückseite: 1894), entspricht einer Kopie von N° 5, weil auch die Ansprache an die Brüder vom 21.11.1821 mit enthalten ist.

N° 5 Exemplar von Voigt (BV 42), einem der dreizehn am 21.11.1821 aufgenommenen Brüder, enthält nur die Fingerzeige und die Ansprache an die dreizehn, dazu deren Namen, ohne die einleitenden Paragraphen von Blumhardt (N° 1). Im Text sind die Korrekturen von 4 enthalten. Muss die Version von 1821 sein.

---

[3] Die Ansprache findet sich in Dokument N° 4a und 5. Vgl. »Wochenzettel« vom 12.12.1818, siehe: Menschenliebe und Wiedergutmachung, 126–127.

N° 6 Kommissionsprotokolle zur Veränderung (Aktualisierung der HO von 1837. Blumhardt möchte vor allem auch Lehrer in der HO berücksichtigt haben).

7 (Brief von Prof. Lachenal zu seinem Austritt aus dem Komitee).

N° 8 Instruction für Famulus, unterschrieben Blumhardt.

N° 9 Instruction für Senior, unterschrieben Blumhardt.

10 Plan für Neufassung des Reglements für 1860.

N° 11 Blumhardt (wie 1818/1821) §§ 1–5, Bibel-Zitate wie in § 5 integriert unter dem Stichwort: also keine festen Regeln. Dann besondere Regeln in Teil B § 1–15, jedoch anders als in 12 und 13 und ohne die Ansprache von N° 5!

N° 12 HO von 1860, mit derjenigen von Blumhardt als Vorspann, aber anders geordnet als in N° 11: Die beiden Ämter Famulus und Senior, die in N° 11 als Erste kommen, folgen hier erst auf S. 36f. im Anhang zu den vielen Ämtern als § 29–30. Ansonsten weitgehend gleich (nur Nummerierung verschoben: § 8 von N° 11 über Behebung von Missständen ist hier § 6. Teil B entspricht der HO für 1888.

N° 13 Dito.

Von diesen Dokumenten können wir N° 4a, 6, 7 und 10 gleich ausscheiden, weil aus anderem Zusammenhang stammend, ebenso auch N° 2. Dieses Dokument zeigt vermutlich an, was Blumhardt *nicht* wollte.

Blumhardt hat ursprünglich (1818) nur eine kurze Hausordnung verfasst. Die praktischen Hinweise deutet er unter § 6 mit 10 Bibelstellen an. Dem Komitee wollte dies nicht genügen. Sie wollten die »Fingerzeige« als Ergänzung. So wird es auch in § 1 dieser »Fingerzeige« (N° 3 und 5) erläutert: Nachdem die Hausordnung den Zöglingen übergeben worden ist, *»glaubt die Cté einige Winke und Fingerzeige aus ihrer bisherigen Erfahrung hervorheben zu sollen«.* Sie bilden hier den zweiten Teil, der später zum eigentlichen Reglement wird. Die Frage stellt sich, wer diese »Fingerzeige« geschrieben hat, in denen möglicherweise eine gegenseitige Überwachung postuliert wird?

Dazu können Dokument N° 2 und die diesem beigelegten kritischen Bemerkungen Einiges verraten. Hier handelt es sich offensichtlich um Vorschläge für ein Reglement, das nicht aus dem direkten Umfeld des Missionshauses kommt. Darauf machen die beigelegten kritischen Bemerkungen aufmerksam. Sie bemängeln an der Vorlage, dass Einiges unrealistisch sei (etwa »Nachen-Fahren« in der Freizeit oder »*Schiessen mit einem Gewehr*«) und dass im Haus nur einige darin angegebene Punkte befolgt würden. Und zum Schluss die Bemerkung: »*Das Beste dieses Reglements ist, wie du siehst, nicht im Geiste der Liebe geschrieben.*« Die Unterschrift nennt einen »*Christian*«, dessen Nachname schwer zu entziffern ist. Es könnte *Blumhardt* heissen, also »Christian Blumhardt«, der Inspektor. Zu ihm würde der Satz vom Mangel am Geist der Liebe vortrefflich passen. Für ihn gilt ja: Wenn die Zöglinge und Brüder in der Liebe Christi gegründet sind, dann brauchen sie weder Gesetz noch Reglement, dann erfüllen sie das »*Gesetz Christi*«, das eben kein Gesetz in unserm Sinne ist, sondern eine auf Zuwendung und Versöhnung ausgerichtete Lebensweise. Wenn also Blumhardt die kritischen Bemerkungen verfasst hat, von wem kommt dann der Reglements-Vorschlag?

In seiner *Entstehungsgeschichte der Basler Mission* bemerkt A. Ostertag, dass Blumhardts erste Version der Hausordnung stark von seiner Tübinger Erfahrung her geprägt worden sei.[4] Miller erwähnt auch starken Einfluss anderer ähnlicher Ordnungen pietistischer Prägung. Ich vermute, dass Dokument N° 2 aus diesem Umfeld kommt, ein Vorschlag, am ehesten von einem befreundeten Lehrer an einem württembergischen Stift, den Blumhardt aber in dieser Weise nicht übernehmen wollte. Art und Weise, wie diese Regeln hier präsentiert werden, passen überhaupt nicht zu Blumhardt. Er packt Ratschläge in biblische Sprache ein und vermeidet eigentliche Regeln. Hier aber haben wir eine recht trockene Reglements-Sprache. Dazu stellt § 15 die Tagesordnung ganz anders dar, und die von den Brüdern zu übernehmenden Ämter sind anders umschrieben, als wir es aus den frühen Zwanzigerjahren des Seminars kennen.

Auf der Rückseite dieses Bogens findet sich ein Schriftzug: »*Von Winkler 1816*«. Während das Jahr 1816 sehr wohl zur Suche nach einer Hausordnung für das neue Institut passen würde, wissen wir nicht, wer dieser Winkler ist. Wir bleiben also im Unklaren. Die vom Komitee gewünschten und erarbeiteten »Fingerzeige« liegen jedoch sicher vor 1821 bereit.

Wir können nun die Dokumente einander in ungefährer zeitlicher Folge zuordnen:

N° 1   ist die erste von Blumhardt vorgelegte Ordnung, ohne spezielle Regeln.

N° 2   zeigt den Versuch, dem Willen *der Committee* entsprechend Regeln zu verfassen, wird aber von Blumhardt abgelehnt.

---

[4]   77; nach Miller, Missionary Zeal and Constitutional Control, 101.

N° 4   enthält Streichungen und Korrekturen, die in den andern Manuskripten aufgenommen sind, scheint also eine Vorstufe von N° 5 zu sein, von welchem Dokument wir wissen, dass es im November 1821 an die damals aufgenommenen Zöglinge übergeben wurde. »Fingerzeige« könnte durchaus ein Begriff sein, den Blumhardt anstelle von »Regeln« vorschlägt.

N° 5   liegt fest für 1821: Die an die Zöglinge abgegebene Ordnung betrifft nur die »Fingerzeige«, in welche die Korrekturen aus N° 4 aufgenommen sind, und die Ansprache zur Aufnahme. Auch in dieser Version gibt es zahlreiche Anmerkungen und Korrekturen.

N° 3   Fingerzeige wie N° 5, ohne Vorspann, ohne Ansprache an die Brüder und frühere Korrekturen aufgenommen.

N° 8 & 9

Die beiden Instruktionen könnten eine Ergänzung zu den Ordnungen N° 4, 5 und 3 sein, in denen die Ämter des Famulus und Seniors nur erwähnt, aber nicht ausgeführt sind.

N° 11   entspricht der N° 3, aber mit Blumhardts ursprünglichem Vorspann. Spezielle Paragraphen für die Ämter von Wöchner, Famulus und Senior stehen gleich am Anfang der Fingerzeige, noch vor der Tagesordnung und sind gegenüber N° 8 und 9 weiter ausformuliert.

N° 12 & 13

zeigen die Weiterentwicklung aus dem Jahr 1860; als Vorspann immer noch – wie auch in der Version von 1888 – die Paragraphen von Blumhardt *»soweit sie noch in Kraft sind«*. Das Amt des Seniors wechselt nach dieser Ordnung monatlich, nicht mehr wöchentlich.

Damit sind die Voraussetzungen geklärt, die uns Einsicht ermöglichen in das, was *Blumhardt* sich vorstellte.

Blumhardts Hausordnung

Mit »Allgemeine Grundsätze« beginnt Blumhardt seine Hausordnung:

> »Gott ist in der Natur sowohl, als auch im Gebiete der Bibel- und Menschengeschichte ein Gott der Ordnung. Soll der einzelne Mensch und jede Verbindung von Menschen zu einem gesellschaftlichen Zweck Ihm wohlgefallen und seiner segnenden Gnade theilhaftig werden, so kann

dies nur auf dem Wege der Ordnung geschehen, die seine Weisheit in lesbaren Zügen in die Natur der Dinge, und in das Herz des Menschen gezeichnet hat.«

Das heisst, dass der Mensch auf Ordnung hin angelegt sei. Eine Pflicht (»*Verbindlichkeit*«) der Missionsschule ist es, dies auch nach aussen hin sichtbar zu machen, und zwar so,

> »dass in jedem einzelnen Zögling derselben die Liebe zur Ordnung und Gesetzmässigkeit nicht wie bei den Anstalten des Weltgeistes durch Zwang von aussen in sie hinein, sondern von innen heraus in das äussere Leben übertragen werden« (§ 2).

Blumhardt nennt dies das »*Gesetz der Freiheit der Kinder Gottes*«. Ein würdiger Zögling dieser Schule bedürfe deshalb weniger »*der Nachhilfe eines äusseren Gesetzes*« (§ 3). Daher sind keine »*Menschengebote nötig*« (§ 5), sondern allein das »*Gesetz Gottes in der Sprache Jesu Christi*«, weshalb die praktische Anweisung (§ 6) in Form von 10 Bibelworten aus dem Neuen Testament folgt. Im Blick auf mögliche »*missbrauchte Freiheit*« haben sich die Vorsteher einige »Grenzpfähle« vorbehalten, die später als »Fingerzeige« ausgeführt werden.

Wichtig ist dabei § 4. Er erläutert die besondere Schwierigkeit der in den Missionsdienst eingetretenen Zöglinge, »*losgerissen aus ihren früheren Verbindlichkeiten*« und für ihr tägliches Tun in der Regel nur ihrem Herrn und Meister verantwortlich.

> »Wer hier nicht das vollkommene Gesetz der Freiheit als eine allenthalben gegenwärtige Leiterin seiner Handlungen in seinem Herzen trägt, der ist in Gefahr, die Mauern Zions zu zerstören, statt dieselben aufzubauen«.

»*Die Mauern Zions aufbauen*« – das ist Inhalt und Ziel der Missionsarbeit aufgrund einer Verheissung aus Micha 7,11. Wer diesem Ziel zuwider handelt, stellt den Missionsberuf in Frage. Deshalb schliesse sich, wer in der Prüfungszeit ohne die Krücken von Geboten und Verboten nicht auskommt, aus dem Kreise dieser Schule aus. Anders als Miller (175 und 178) kann ich darin noch keinerlei Aufforderung zur gegenseitigen Überwachung der Brüder erkennen. Der Satz zeigt Ernst und Konsequenzen der Teilnahme am Missionsdienst an.

Die Fingerzeige

Die Committee wünschte also, um allfälligem Missbrauch vorzubeugen, doch gewisse Regeln: Fingerzeige nennen sie es, um den Zöglingen »*die Anwendung der allgemeinen Grundsätze zu erleichtern*«.

Darin werden zuerst Hinweise für

(§ 2) Die Ordnung des Studienganges genannt:

– Morgens früh aufstehen (5 Uhr)[5], Morgen- und Abendandacht, Lektion besuchen, Ordnung auf Pulten, keine unnötigen Geschäfte, geistliche Sammlung und Besuch der Gottesdienste.

Dann

(§ 3) Die äussere Ordnung

– Grundregel des Apostels 1. Kor. 14,14. Betrifft u. a. Pult, alle Zimmer, Kleiderkammer, Zwischenmahl um 4 Uhr, Kleider ausklopfen, *Wochenzettel regelmässig alle Sonntag Mittag dem Inspector und Rector zur Durchsicht übergeben, immer im gleichen Format geschrieben*, Gäste, Bestellungen bei Handwerksleuten, Leibesübungen etc.

Daran schliesst der in diesem Zusammenhang wichtige § 4 *Aufsicht* an:

> »Um den Vorstehern und Lehrern der Anstalt ihr Geschäft zu erleichtern, haben in jeder Woche immer vier Brüder, nemlich der Senior und Famulus der ältern und der Senior und Famulus der Präparanden Classe den Auftrag und das Geschäft, über die wirkliche Vollziehung dieser wenigen Vorschriften äusserlicher Ordnung (der) Gemeinschaft besonders zu wachen und im Geiste der brüderlichen Liebe das ihrige beizutragen, dass alles ehrlich und ordentlich zugehe; sowie diese 4 diensttuenden Brüder von Seiten derjenigen Mitglieder unserer Committee[6] welche der Erhaltung einer guten Ordnung im Missionshause und zur Ermunterung unserer geliebten Brüder … wöchentlich … die Anstalt besuchen, werden zur brüderlichen Rücksprache und Verantwortung gezogen werden. (Abschluss durch Zitat: Alles aber was ihr tut, das tut als von Herzen als dem Herrn und nicht den Menschen. …).

Worin die Aufgaben der beiden Beauftragten bestehen, erläutern die Dokumente 8 und 9. Die entsprechenden in den Dokumenten 11, 12 und 13 integrierten Ab-

---

[5] Eine (ältere) Bestimmung sah im Winter 6 Uhr vor, wurde aber schon früh gestrichen.

[6] Ursprünglich (Dokument 4): »unserer Comitee für die Beobachtung derselben immer zunächst und zuerst Red und Antwort zu geben haben« wurde gestrichen und durch obigen Text ersetzt; das zeigt, dass an diesem Paragraphen gearbeitet und gefeilt wurde.

sätze sind Weiterentwicklungen, verbunden mit der Schaffung neuer Ämter, die dann in N° 12 alle in einem ausführlichen *Anhang* zusammengefasst sind.

Famulus und Senior

Weil für Miller diese Ämter wesentlich sind für Ordnung und Überwachung, was in den Hausordnungen von 1860ff. auch deutlich wird, müssen wir sie hier auch ansehen. Die oben zitierte Anweisung hält kurz fest, dass sie über die Vollziehung der Ordnungsvorschriften wachen und Mitbrüder in *»brüderlicher Liebe ermahnen«* sollen. Was heisst dies nun konkret?

Dokument 8 schreibt für *den Famulus* vor, dass er für Reinigung, Einkauf und weitere Dienstleistungen zuständig sei. Er geht dem Senior zur Hand und besorgt mit ihm den Wochenbericht (Wochenzettel).

Der *Senior* hat mehr und gewichtigere Pflichten: Bei Abwesenheit des Inspektors ist er für die Ordnung zuständig und erinnert die Mitbrüder an ihre Pflichten. Jeden Morgen und Abend trifft er sich mit dem Inspektor, berichtet über Vorfälle, die sich ereignet haben mögen, und *»hat die Anliegen und Wünsche eines jeden einzelnen dem Inspektor anzuzeigen«* und auch zu melden, wer den Inspektor sprechen möchte. Dazu kommen der Wochenzettel und die Verantwortung für Morgen- und Abendandacht. Kurz: Er ist etwas wie Mittler zwischen Brüdern und Inspektor und wechselt – wie der Famulus – jede Woche, sodass kein Bruder wirklich über den andern gesetzt ist.

Was diese *»Wochenzeddel«* betrifft, so habe ich in den von mir durchgesehenen (1816–1825) nirgends Bemerkungen über Missverhalten von Brüdern gefunden. Sie berichten über Ausgaben, Besuche, Gesundheit, Lektionen, besondere Bedürfnisse und Ereignisse und drücken manchmal auch den Wunsch aus, sie, die Brüder, möchten doch im Geist der Liebe wachsen, um für den Dienst des Missionsberufs tüchtig zu werden.

Im Dokument N° 11 werden die beiden Ämter gleich zu Beginn des zweiten Abschnittes (früher »Fingerzeige«, jetzt »Regeln«) weiter umschrieben: Unter II § 1 erscheint das Amt des »Wöchners«, nicht einem Bruder, sondern einem *Lehrer* zugewiesen: Er besucht die Brüder in den Zimmern, beobachtet ihr Privatleben und den sorgfältigen Umgang mit der vorhandenen Zeit und hilft ihnen im Studium.[7] Senior und Famulus werden hier (II § 2) ausführlich beschrieben. Zunächst der *Senior:*

Der Senior der älteren Klasse ist »Hauptsenior« und wacht über die Einhaltung der Hausordnung »*mit Sorgfalt und Liebe*« und übernimmt Aufträge von Inspektor und Vorstehern. Er vertritt seine Brüder gegenüber dem Inspektor. Er wird, wenn es die Umstände erfordern, den Inspektor von täglichen Vorfällen in Kenntnis setzen. Er wird unterstützt vom zweiten Senior (der jüngeren Klasse).

Der *Famulus* – auch er wöchentlich in jedem der beiden Zimmer bestellt[8] – ist zuständig für die Reinigung, für Wasserholen und Einheizen der Öfen sowie für weitere »*gemeinsame Dienste für seine Brüder*«.

Missstände und Unfrieden (Q-9–31, N° 11)

Nun hat eben dieses Dokument N° 11 in seinem II. Teil (»Regeln«) unter dem § 8 einen sehr interessanten Artikel: *Wie Missstände im Haus beizulegen sind.* Da heisst es:

1. Hat ein Bruder gegen einen andern eine Klage, so ist er, statt mit ihm zu zürnen, oder sein Herz vor demselben zu verschliessen, nach dem Gesetz Christi (Matth 18,15) verpflichtet, zu ihm hinzugehen, und ihm im Geiste der Sanftmuth und Bruderliebe, sein wahres oder vermeintes Unrecht vor Augen zu stellen, und ehe er dieses gethan, die Sonne nicht über seinem Zorn untergehen zu lassen (Eph 4,26).

2. Thut er dies nicht, so ist jeder Bruder, der um die Sache weiss, um des Herrn willen ernstlich verpflichtet, auch in Verbindung mit dem Senior, beide Theile mit Ernst und brüderlich zu ermahnen, sich miteinander als Erlöste Christi ohne Aufschub auszusöhnen. Hierzu wird auch die Gesamtheit der sonntäglichen Conferenz gerne mitwirken. Bleibt dieses ohne Erfolg, so wird hievon dem Inspektor die Anzeige gemacht, der beide Theile zu sich beruft und ihre Wiedervereinigung im hlg. Geist der Liebe versucht.

3. Glaubt der Bruder Ursache zu haben, gegen seine brüderlichen Lehrer und Vorgesetzten im Hause ein Misstrauen zu fassen und sein Herz von demselben abzuwenden, so ist es für ihn und den Lehrer wohlthuend und dem

---

[7] Bei einer Revision 1837 (siehe Dokument N° 6) wünschte Blumhardt, dass auch die Lehrer in die Hausordnung einbezogen würden. Könnte dies ein Hinweis auf eine relativ frühe Datierung dieser Hausordnung sein?

[8] Auch dies ist ein Hinweis auf eine frühe Datierung der Version N° 11: »Zwei Zimmer« entspricht hier wohl auch zwei Klassen. 1860 waren es mehr!

Sinne Christi gemäss, ehe er sich klagend anderswohin wendet, mit bescheidener Offenheit und Liebe die (– ? –) seines Misstrauens oder seiner Unzufriedenheit seinem Lehrer aufzudecken und demselben dadurch Gelegenheit zu geben, sich über den Gegenstand der Klage liebreich mit dem Bruder zu verständigen.

Vom Wortlaut her gesehen entspricht diese Mahnung genau dem, was Inspektor Blumhardt den streitenden Brüdern in London (1827) und in Kopenhagen (1828) geschrieben hatte. Diesen wirft er vor, dass sie sich weder *brüderlich* noch in *Liebe*, schon gar nicht im *Geiste Christi* mit dem (vermeintlich!) »Fehlbaren« verständigt hätten.

Zwei Dinge fallen dabei auf: Zum einen werden auch Schwierigkeiten mit Lehrern in die Missstände einbezogen; zum andern: Probleme mit Mitbrüdern werden nicht einfach dem Inspektor oder einem Lehrer gemeldet, sondern sollen – *bevor man sich klagend anderswohin wendet* – erst im engsten Kreis, allenfalls mit Hilfe des jeweiligen Seniors oder dann im Kreise der sonntäglichen Konferenzen angegangen werden. Erst im Falle eines vollständigen Misserfolgs kommt der Inspektor ins Spiel. Das ist ein Versuch, die Anweisung aus Matth. 18 sehr genau ins Leben der Hausgemeinschaft umzusetzen. Einen Auftrag zu gegenseitiger Überwachung kann ich darin allerdings nicht sehen. Dagegen wird die gegenseitige Verantwortung füreinander und so für das Zusammenleben stark hervorgehoben.

Anders verhält es sich dann in der Hausordnung von 1860. Dort sind die Ämter der Wöchner, Famuli und Senioren erst im Anhang (unter §§ 29–31) aufgeführt und gegenüber früheren Reglementen stark erweitert. Die Famuli sind weiterhin Diener der Klassen. Es gibt aber inzwischen nicht nur zwei, sondern sechs Klassen, und jede hat ihren Famulus. Was nun den Senior betrifft – hier jeweils für einen Monat bestimmt –, so ist er Stellvertreter und Gehilfe der Lehrer und Vorsteher, repräsentiert vor diesen aber gleichzeitig auch die Brüder mit ihren Anliegen. Im § 5 findet sich dann der entscheidende Auftrag:

> »Die Senioren sind die Censoren der Klasse. Als solche führen sie die Aufsicht über das Benehmen und Betragen ihrer Klassengenossen in und ausser dem Hause, und haben das, was der Ehre des Herrn und der Würde eines zukünftigen Missionars zuwiderläuft, unaufgefordert und aus freien Stücken zur Anzeige zu bringen.«

Hier wird also die Ordnung durch strenge Regeln und klare Information an den Inspektor aufrechterhalten. Aber auch in dieser Hausordnung wird betont, dass die Senioren jeder Klasse (nur) die »*zeitweiligen Ältesten sind, an welche sowohl Lehrer als Brüder ... sich zunächst halten*«. Sie sollen und dürfen keine beherrschende Stellung einnehmen.

Und doch ein Wächteramt?

Und doch muss es auch zu Blumhardts Zeiten Anzeichen gegeben haben, die ein Verhalten gegenseitiger Beobachtung und Beurteilung voraussetzen. Dem Vertreter der Church Mission Society, William Jowett, einem ehemaligen aktiven Missionar, ist an den der CMS in Dienst gegebenen Basler Brüdern aufgefallen,[9] wie sehr sich die Basler Brüder gegenseitig überwachten und was dies für unglückliche Folgen hatte, dass sie nämlich »*are in danger of not sufficiently respecting one another*«, wodurch immer wieder unnötiger Zwiespalt erwachse. Den Grund sah er darin, dass die Seminaristen sich während der fünf Jahre durch den sehr intimen Kontakt – zum Beispiel in Gebetsgruppen – untereinander eigentlich viel zu gut kennenlernten und sich später, auf der Missionsstation, alte Fehler oder Divergenzen gegenseitig vorhielten. Diese Erklärung entspricht ziemlich genau den Erkenntnissen und Folgerungen, die ich aus meiner Arbeit an zwei solchen Problemgruppen[10] und aus meiner eigenen Erfahrung bei solch engem äusserlichen und geistlichen Zusammenleben ziehen würde: Die Intimität jahrelangen gemeinsamen Gebets birgt die Gefahr in sich, dass ich die Schwächen des andern so genau kenne und sie ihm dann bei Gelegenheit auch vorwerfe.

In seiner Antwort an Jowett steht Blumhardt dazu, dass es eine solche gegenseitige Beobachtung gibt und urteilt, dass deren Vorteile grösser seien als die Nachteile, »*and for the evil itself, they must all be taught to anticipate its occurrence, and meet it with ›Bear ye one another's burden: so you fulfill the law of Christ‹*«[11]. Diese Antwort entspricht ohne Zweifel der Art und Weise, wie Blumhardt auf die Klagebriefe der Brüder sowohl in London wie in Kopenhagen reagiert hatte. Da stellt er fest, die Anklagenden hätten sich nicht »*unter*« den Beklagten gestellt, um mit ihm seine Bürde (etwa der Abweichung) zu tragen, und

---

[9] Miller, Missionary Zeal and Constitutional Control, 163f., mit Verweis auf Jowetts Bericht vor der CMS im Januar 1830.
[10] Die Auseinandersetzung der Liberia-Brüder mit Bruder Sessing in London und der Goldküstenbrüder in Kopenhagen mit Bruder Henke. Siehe oben Anm. 2.
[11] A. a. O. 164.

dadurch das Gesetz Christi missachtet. Aber weder das »*anticipate its occurence*« noch dieses »*in Liebe die Bürde des andern tragen*« lernten die Brüder im Seminar. Das zeigen die Streitigkeiten der für Liberia bestimmten Brüder in London (1827) wie der für die Goldküste bestimmten in Kopenhagen (1828). Die Leiden, den Kummer und die Freuden des andern, die trug man mit ihm, nicht aber die Andersartigkeit eines Bruders. In beiden Fällen wollten die Brüder die Andersartigkeit eines Bruders nicht annehmen und meinten, Einigkeit im Glauben bedeute, dass alle gleich denken müssten. Die Art, wie sie das dem Inspektor meldeten, bezeichnet dieser einmal als Kinderzeug (so Miller), also als Ausdruck von unreifer Gesinnung.

Innerhalb der Geschichte der Basler Mission und ihren Hausordnungen gibt es also durchaus eine Entwicklung von dem eher sanften Inspektor Blumhardt zum sehr viel gestrengeren Inspektor Josenhans. Anders als Josenhans suchte Blumhardt die notwendige Ordnung nicht über eigentliche Reglemente zu verwirklichen, sondern hoffte, der Geist Christi werde den Ordnungssinn so fördern, dass daraus eine in Ordnung und Liebe gegründete Gemeinschaft erwachse. Das aber, was Blumhardt als freiwillige Unterordnung und duldende Liebe in der Gemeinschaft sich erhoffte, wurde in der Praxis sehr viel gesetzlicher und eben ohne die duldende Liebe verstanden und gelebt, und dem Inspektor und Lehrer Blumhardt gelang es nicht, seine viel offenere Haltung auf die Zöglinge zu übertragen.

(Dr. Hanns Walter Huppenbauer war 1965–1970 theologischer Lehrer am Trinity College Ghana; 1976–1988 Zentralsekretär der Kooperation Evangelischer Kirchen und Missionen (KEM); 1972–1994 Schriftleiter der ZMiss, 1988–1995 Gemeindepfarrer in Affoltern am Albis)

ABSTRACT

In his most interesting study »*Missionary Zeal and Constitutional Control ... in the Basel Mission on the Gold Coast 1828–1917*« Jon Miller refers to certain rules demanding that missionaries of the BM as well as students in the seminary should watch one another and report it to the inspector. The question is, who had formulated such rules, C. G. Blumhardt, the first inspector, or J. Josenhans (the third, who was known for his zeal for order). The author of this article has gone through the respective documents (»Hausordnungen«), shows which are the earliest (going back to Blumhardt) and concludes that Blumhardt himself – though order was very important to him – was not the author of those rules and explains Blumhardt's ideas of order in the »Spirit of Christ«.

Mit der Dokumentation dieses Berichtes der Hamburger Studentin Judith Bollongino aus Fidschi möchten wir eine Reihe von Berichten eröffnen, in denen Erfahrungen von Studierenden in der Ökumene und im interkulturellen Bereich zugänglich gemacht werden. Mit einer interessanten Mischung aus kulturellen, sozialen, kommunikativen, kirchlichen und theologischen Eindrücken lässt Judith Bollongino uns an ihren Erfahrungen teilnehmen. (UD)

Interkulturell unterwegs im Pazifik – einige Streifzüge durch die Erfahrungen und erlebte Theologie

Einleitung

Als Stipendiatin der Nordkirche, gefördert durch das *Zentrum für Mission und Ökumene* (ZMÖ) und koordiniert vom *Evangelischem Missionswerk* (EMW), bereiste, entdeckte und lebte ich im Pazifik. Ich bin Judith Bollongino, Hamburger Studentin mit den Studiengängen *Evangelische Theologie* und *Lehramt an Gymnasien* (Ev. Theologie / Latein). Daher interessierte mich insbesondere die Kultur und Theologie / gelebte Religion »auf der anderen Seite der Welt«. Als interkulturell würde ich bereits die Rahmenbedingungen dieser Erfahrungswelt bezeichnen: eine junge deutsche Frau, die in und mit der Kultur der »Insulaner« lebt und sich somit immer an den Grenzen der eigenen Prägung und der umgebenden Umwelt entlang bewegt. Es ist faszinierend, dass Theologie sich vor diesem kulturellen Hintergrund sehr anders entfaltet und die (christliche) Religion eine wichtige Rolle im sozialen Gefüge spielt. Das Stipendium unterstützte meinen Freiwilligeneinsatz für die (ökumenische) Frauenbewegung in der pazifischen Region, zunächst in der *Kiribati United Church* (KUC), dem konfessionsgebundenen *RAK Fellowship*, und dann im *Pazifischen Ökumenischen Kirchen-*

rat (Pacific Conference of Churches, PCC) auf den Fidschi Inseln. So hatte ich die Gelegenheit, Frauenbewegungen auf *grassroot level* und regional kennenzulernen und mich darüber hinaus am *Pacific Theological College* (PTC) theologisch zu vertiefen.

Im Folgenden werde ich damit beginnen, einige kulturelle Eindrücke mitzuteilen und meine Grenzerfahrungen zu beschreiben, um so dann auf soziale und theologische Themen zu blicken, die ich als besonders spannend erlebt habe.

Kulturelle Eindrücke, insbesondere der »Andersartigkeit« – Kiribati

In meiner Zeit auf Kiribati war Vieles sehr spannend in der Andersartigkeit, und da es mir relativ leicht fiel, in das »einfachere« Leben einzutauchen, hatte ich auch viele Kapazitäten, um Gespräche mit und Handlungen anderer / -n sehr bewusst wahrzunehmen. Ich könnte viel berichten – in diesem Bericht möchte ich aber auf die kulturell tradierten Genderrelationen, Religion und ihre soziale Rolle, Feste und Gastfreundschaft eingehen.

Beispiele der Genderrelationen

Da ich mit dem Fokus auf die Frauenarbeit in den Pazifik gereist bin, war dieses Thema besonders interessant für mich. Vieles ändert sich in Kiribati, auch die gefestigten Genderrelationen, so dass an einigen Stellen (– ähnlich wie bei uns –) Neuerungen zu Unsicherheiten führen und Komplikationen im Miteinander bestehen. Einiges ist demgegenüber aber immer noch sehr klar geregelt und traditionell. Während im Privaten immer öfter alle zusammen essen, wird bei öffentlicheren Feiern die »Etikette« eingehalten: Zuerst essen (alte) Männer, selten ergänzt durch alte Frauen, dann junge Männer, dann Frauen, junge Frauen und schließlich die Kinder. Sind »Weiße« / Gäste oder Pastor*innen (evtl. auch andere höheren Status) anwesend, essen diese mit als allererstes. Da es eben auch (alleinstehende) Pastorinnen oder auch junge Frauen als Gäste gibt, kann durch Status offensichtlich diese Genderordnung überboten werden. Junge, unverheiratete Frauen und ältere Mädchen haben aber allgemein eine undankbare Rolle. »Mädchen für alles« wird hier praktisch umgesetzt – sie wäscht, pumpt Wasser, wird zwischen Frauen und Männergruppen hin- und hergeschickt um auf- und abzudecken, darf Geschirr spülen, kehren, putzen,... Wenn (junge) Männer oder ältere Frauen diese Arbeiten erledigen, ist entweder gerade keine junge Frau anwesend oder es ist eine Art besondere Tugend oder sehr höfliche Geste. Mütter / ältere Frauen sind ansonsten für das Kochen verantwortlich sowie für den gesamten Haushalt, die dortige Aufgabenverteilung und die Kinder; Männer sind für körperlich schwere Aufgaben (z.B. Reparaturen, schweres Heben) zuständig und / oder Arbeiten außerhalb des Hauses (z.B. Fischen). Viele auf Tarawa (der Hauptinsel) verdienen aber heutzutage auch Geld durch Anstellungen im administrativen und behördlichen Bereich, bei NGOs und bei Serviceanbietern. Es sind Frauen und Männer, die gleichermaßen arbeiten gehen, was zu Schwierigkeiten führt, die traditionellen Aufgaben auszufüllen. So unterstützen dann andere Familienangehörige den Haushalt, Kinder werden von anderen Familienangehörigen andernorts groß gezogen und zum Teil gerät die familiäre Situation in Schieflage. Häusliche Gewalt Frauen gegenüber habe ich nicht direkt erlebt, aber Erzählungen darüber wurden in einem Workshop, den ich mit organisierte, recht ehrlich geteilt. Darüber hinaus ergab sich einmal nach einem Fest die Situation, dass ein betrunkener Mann sich öffentlich nicht von seiner Frau beruhigen ließ, sie anschrie und mit Fäusten auf ihre Arme schlug. Das tat mir für die Frau sehr leid und für mich zeigte sich auf erschreckende Weise, was ich in Erzählungen bereits gehört hatte: Niemand mischte sich ein, obwohl alle zusahen. In Kiribati wird zwar viel gesehen, gehört und erzählt, aber man *darf* sich nicht in die Angelegenheiten eines anderen Haushalts einmischen. Solange es innerhalb eines Haushaltes geschieht, scheint es sogar die Polizei nichts anzugehen. Durch NGOs, gute »Bible studies«, Medien und junge Menschen, die im Ausland studieren, entsteht aber langsam ein anderes Bewusstsein für Gewalt, Erziehung und soziale Mitverantwortung – die Entwicklung ist spannend, sie bringt viel Gutes. Freizeitbeschäftigungen sind z.T. auch geschlechterspezifisch – die Männer trinken eher gemeinsam »Kava«[1], z.T. die ganze Nacht (es wird berichtet, dass sie in einigen Fällen den folgenden Tag verschlafen und ihren Aufgaben nicht nachkommen können), die Frauen spielen eher Bingo und hoffen, dort ihr großes Geld zu gewinnen, geben aber auch viel dafür aus. Wobei sich allerdings alle einig sind in ihrer Freizeit, ist Folgendes: zu entspannen / schlafen und an kirchlichen Treffen teilzunehmen. Diese spielen eine große soziale Rolle.

---

[1] Da es von Fidschi und anderen melanesischen Ländern eingeführt wurde, wird es später näher erklärt.

Religion und ihre soziale Rolle

Kiribati ist mehrheitlich christlich – ich habe verschiedene Prozentangaben zu der Zusammensetzung gehört, aber bin mir nicht sicher, ob diese stimmen – grob lässt sich aber sagen, dass über 90% christlich sind, die größte Mehrheit Anhänger der katholischen Kirche, dicht gefolgt von der KUC (ehemals protestantisch genannt) und dann kommen die stark anwachsende Zahl der Mormonen und weitere Splitterkonfessionen (Adventisten, Zeugen Jehovas usw.). Die Dorfzentren sind gleichzeitig die Versammlungshäuser der christlichen Gemeinden, die sog. »Maneaba«s. Sie liegen meist dicht am Wasser und sind luftig gebaut, so dass es sehr angenehm ist, sich dort aufzuhalten oder zu schlafen. Es wird in den Dorfzentren oft Gottesdienst gefeiert oder nach diesem der gesamte Sonntag mit Essen, Reden und Entspannung verbracht, jegliche Gruppen treffen sich, alle weiteren kirchlichen Veranstaltungen (Chor / Tanzen) finden dort statt, Kinder spielen, Jugendliche feiern Partynächte, einige kommen auch abends mit ihren Matten, Kissen (und Moskitonetzen), bauen ihr Nachtlager auf und natürlich werden auch private / gemeinsame Feste gefeiert – alles in der »Maneaba«. Allein durch diese lokale Gegebenheit wird schon deutlich, dass Religion auch eine zentrale soziale Rolle spielt. Dorfgemeinschaft und religiöse Gemeinschaft sind sehr verwoben. Und falls jemand nicht in die Kirche geht, wird es so verstanden, dass diese Person nichts mit der örtlichen Gemeinschaft zu tun haben möchte.

Feste in Kiribati

Gemeinsame Feste sind praktisch an der Tagesordnung und werden in großer familiärer und oft auch kirchlicher Gemeinschaft gefeiert. Diese können nur einen Abend lang sein, aber auch bis zu einer Woche ausgedehnt werden – sie werden allgemein als »botaki« bezeichnet, evtl. mit »Zusammenkunft« zu übersetzen. Es gibt immer eine Andacht oder zumindest ein Gebet zu Beginn, ein Riesenbuffet und ein Programm mit Reden und auch Gesang, Tanz oder gemeinsamen »Spielen«. Weihnachten und Neujahr erlebte ich in mehrtägigen »Botaki«s mit der gesamten Gemeinde. Es gibt klar verteilte Aufgaben (Moderation, Programminhalte, Andachten, Essensvorbereitung) und eine Tagesordnung, die aber nicht immer allen kommuniziert wird. Die Moderation informiert jedoch immer alle, was als nächstes ansteht. Zudem werden viele Reden gehalten – meistens von älteren Männern oder Menschen mit besonderem Status. D.h. ich als Gast war auch immer besonders willkommen, eine Rede zu halten – zur Vorstellung oder zum Dank. Eine Rede beginnt immer mit einer Begrüßung aller. Die kann bereits sehr angereichert sein durch Hervorhebung einzelner, des Anlasses und Gottes und beinhaltet immer den Gruß »Mauri« (»Hallo« / »Gesundheit«), worauf alle anwesenden im Chor mit »Mauri« antworten. Reden sind tendenziell länger, bereits Gesagtes kann wiederholt werden und sie sind immer von Dank erfüllt. Die längeren Feste beinhalten aber auch immer viel Zeit zum Entspannen, Vorbereiten und Kochen, was unbedingt auch nötig ist, wenn es so lange geht. Privatsphäre, wie wir sie gewohnt sind, ist aber nicht gegeben, da alle zusammen sind zum Programm, Feiern, Essen und Schlafen. Gerade Kinder wünschen sich oft, dass die »Botaki«s nicht enden. Sie sind wirklich sehr besonders.

Gastfreundschaft

Gastfreundschaft ist mit die höchste und wichtigste Tugend des Zusammenlebens in Kiribati, in deren Genuss ich als »Weiße« und damit als offensichtlicher Gast in besonderem Maße gekommen bin. Selbstverständlich habe ich zuerst und somit auch die besten Sachen gegessen (z.B. einen riesigen Hummer, der mir sogar essfertig gegeben wird). Alle waren sehr besorgt um mein Wohlergehen und versuchten, alles möglich zu machen. Im Bus wurde für mich aufgestanden (auch ältere), ich saß auf den Ehrenplätzen, und es wurde für mich alles vorbereitet und mir jegliche Mühsamkeit abgenommen. Diese Gastfreundschaft ist wahnsinnig eindrucksvoll – alle waren über die Maße freundlich, und ich wurde von allen gegrüßt. Es ehrt mich und ich bewundere die Menschen, sie so zu leben. Teilweise kann und möchte ich aber einiges auch nicht annehmen – so freundlich und GASTfreundlich es auch gemeint ist. Dies umzusetzen, ist aber immer ein Balanceakt, weil es kulturell beschämend ist, wenn Angebote abgelehnt oder verneint werden. So ist es teilweise auch schwierig, als »Weiße« dort zu leben für längere Zeit, weil man immer für jeden sichtbar Gast ist und bleibt. Gastfreundschaft führt zu einer Sonderrolle / -behandlung, die nur als solche in die Gemeinschaft integriert wird – was mir auf Dauer schwer fällt – dennoch ehrt sie mich sehr und ich bewundere und schätze sie eben als solche sehr.

Fidschi

In Fidschi war ich die längere Zeit, aber es war schwieriger, die sozialen Strukturen zu verstehen und zu ergründen. Teilweise liegt es wohl daran, dass ich in einer Wohngemeinschaft junger fidschianischer Menschen lebte, was eine sehr ungewöhnliche Konstellation in Fidschi ist: Die meisten Fidschianer ziehen dann aus, wenn sie ihre eigene Familie gründen und in der Regel bei Angehörigen leben. Zudem haben wir vor allem Englisch gesprochen und lebten im städtischen Vorort statt in einem Dorf. Und teilweise sind die gesellschaftlichen Strukturen für mich sehr komplex.

Grundlegende gesellschaftliche Struktur

Laut meinem Mitbewohner hat sich während der Kolonialzeit eine dreigliedrige Struktur als ausgleichendes politisches Mächteverhältnis herausgebildet: die Landverwaltung, die Kirche und die konstituierte Regierung. Die Landverwaltung ist traditionell die älteste Struktur der verschiedenen Stämme, in der jeweils ein Oberster eine Region repräsentiert. Das Land, fijianisch »Fanua«, hat eine viel größere Bedeutung als in Deutschland. Es ist sichtbar in jedem Kennenlernen: Auf die Frage nach dem Namen kommt die Frage »woher kommst du?«. Die Wurzeln auf väterlicher und mütterlicher Seite werden hoch geschätzt; in der Regel wird in die Familie des Mannes und seines Vaters geheiratet, und somit ist die Vaterlinie zur Identifizierung die Wichtigere. Dies ist auch besonders von Bedeutung für das Miteinander, da die ehemalige Stammesrivalität heute noch auf meist humorvolle, anstachelnde Art und Weise weitergelebt wird – z.B. beim »Kava«-Trinken[2]. Die Religion / Kirche, fidschianisch »Lotu«, ist das zweite Gebilde hohen Einflusses. Von der fidschianischen Bevölkerung (Indo-Fidschianer ausgenommen)[3] sind die meisten auf Fidschi Christen. Die Dorfgemeinschaft ist sehr stark mit der religiösen Gemeinschaft verwoben, und so gehört meist das gesamte Dorf einer Konfession an. Die großen Landeskirchen sind hier Katholi-

---

[2] »Kava« ist eine natürliche, filtrierte Emulsion, die aus der gestampften gleichnamigen Wurzel als Pulver gewonnen und dann im Filter in Wasser gepresst wird. Auf zeremonielle Weise wird das Trinken über Stunden zelebriert, vor allem zu besonderen Anlässen. Bei Konsum größerer Mengen (kann bis zu 7 l pro Person sein) schlafen die Gliedmaßen nach und nach ein.

[3] Siehe genauere Ausführung nächster Abschnitt zu Indo-Fidschianern.

ken und Methodisten. In den Städten mit ihrer Anonymität verliert sich diese starke Korrelation, und es ist zu beobachten, dass gerade auch »pentakostale« Bewegungen oder auch die Mormonen großen Zulauf haben. So unterhalten beispielsweise die sog. »Neuen Methodisten« sonntags den gesamten ZOB mit ihrer Verkündigung und spirituellen Erfahrungen. Allgemein gilt aber die Kirche als moralische Instanz, besonders in den Dörfern, und bestimmt somit die soziale Ordnung. Diese ist zum Teil sehr konservativ und wird auch von Machtpolitik und mahnenden, geschrienen Predigten in einigen Orten bestimmt. Die neueste und sich dazu verhaltende weitere Komponente ist die konstituierte, säkulare Regierung. Demokratisches Verständnis und Nationalstaatlichkeit ist mit der Kolonialzeit eingeführt worden. Lange haben diese drei Komponenten die politisch-gesellschaftliche Ordnung geformt. Sie wird heute als traditionell wahrgenommen. Da sich aber die Regierung nach der Kolonialzeit neu konstituiert hat (Unabhängigkeit 1966–1970 entwickelt), soll nur noch die säkulare Regierung gelten. Da aber das Militär und die Parteien, die mehrheitlich urfidschianisch sind, überwiegend durch dieses traditionelle Gebilde geprägt worden sind, steht die Gesellschaft / Politik vor verschiedenen Herausforderungen. Das schließt insbesondere die Anerkennung der Regierung ein, welches zum Teil als nicht von den Bürgern getragen eingeschätzt wird (beispielsweise wollte die Regierung eine neue Flagge einführen – alle, denen ich begegnet bin, wollten die alte behalten und das Projekt liegt derzeit auf Eis).

Rassismus und Inklusion der Vielfältigkeit

Beides habe ich nebeneinander und beides extrem bei denselben Menschen und im Miteinander erlebt. So ist ein gewisser Rassismus innerhalb der Fidschianischen Gesellschaft zwischen den dort lebenden Gruppierungen sehr präsent – obwohl ich mich dem lange verwehrt habe, werde ich nun hier die Aufteilung dieser darstellen. Grob wird eingeteilt in Urfidschianer (mit einer weiteren Besonderheit der Gruppe der Rotumaner und Laoaner), Indo-Fidschianer, »Halfcasts« und »Weiße«. Urfidschianer sind die Menschen, die auf Fidschi leben, seitdem »der erste Mensch« Fidschi betreten hat, und die sich als (z.T. rivalisierende) Stämme auf die verschiedenen Inseln Fidschis verteilt haben, ursprünglich polynesisch, aber mit starkem melanesischem Anteil. Die sehr weit nördlich liegende Insel Rotuma stellt diesbezüglich eine Besonderheit dar, da sie sich nur zu Fidschi zugehörig fühlt, weil die Briten sie dazu gezählt haben und die Bevölkerung sich nur politisch als Fidschianisch bezeichnet (stärker polynesisch oder sogar mikronesisch geprägt, z.B. äußerlich deutlich hellere Hautfarbe, andere Haarstruktur), Lao ist eine östliche Inselgruppe, die ethnisch von Tonga besonders geprägt ist (z.B. äußerlich dunklere Hautfarbe, andere Haarstruktur). Indo-Fidschianer werden diejenigen genannt, deren indische Vorfahren im 19.Jahrhundert von den Briten als Gastarbeiter zum Bestellen der Zuckerrohr-Plantagen ins Land geholt wurden und dort sesshaft geworden sind (sie machen auch den Hauptteil der Muslime und Hindu-Angehöriger aus); »Weiße« erkannt an ihrer Hautfarbe (i.d. Regel mit europäischen, nordamerikanischen oder australischen Wurzeln). Und »Half cast« , bezeichnet dort alle »Mischlinge«, also diejenigen, deren Vorfahren multi-ethnisch sind und keiner anderen Gruppe klar zugeordnet werden können (Mischungen von Fidschianern mit Indern, Chinesen, anderen Asiaten, »Weißen« und anderen Insulanern). In den Städten und im Arbeitsbereich mischen sich diese ethnischen Gruppen natürlich, im Privaten und auf den Dörfern fallen alle außer den Urfidschianern eher auf und werden als Gäste sehr freundlich, aber manchmal auch eher distanziert behandelt. Rassismus äußert sich in den verschiedenen ethnischen Gruppen in Kommentaren über andere, aber z.B. auch bei Wohnungsangeboten. Die politischen Putsche in den letzten 20 Jahren sind ebenfalls ein Zeugnis davon. Sehr inklusiv und respektvoll habe ich dem gegenüber Konferenzen und den direkten Austausch im Miteinander erlebt, der verschiedene Religionsangehörige, Menschen mit Behinderungen oder auch Transgender / nicht-heterosexuelle Personen selbstverständlich einschloss, was ich nicht immer so selbstverständlich in Deutschland erlebt habe.

Grenzerfahrungen…

… habe ich in diesem anderen kulturellen Kontext so einige machen können. Ich möchte ein paar wenige nennen:

Auch wenn mir einige Facetten des pazifischen Lebens sowie Aspekte meiner kulturell-deutschen »2. Haut« bereits bekannt und vertraut waren, blieb es auch in der Zusammenarbeit in Kiribati nicht aus, dass kulturelle Unterschiede sichtbar wurden und überbrückt werden mochten, was mal besser, mal schlechter gelang. Dies betrifft vor allem mein (»deutsches«) Bedürfnis nach Zuverlässigkeit, (Pünktlichkeit), klarer Kommunikation, Pflichtbewusstsein, Optimierung

und dem gegenüber die eher »kiribatische« (von meiner Wahrnehmung her) See-
lenruhe, Entspanntheit und Gelassenheit – was auch passiert – , das Bedürfnis
nach Harmonie, friedvollem Miteinander, extremer (mich ehrender und auch
beschämender) Gastfreundschaft, klarer hierarchischer, gesellschaftlicher Struktur und Achtung dieser, und alles auch auf Kosten von Effizienz, Ehrlichkeit,
Direktheit (was wiederum eher deutsches Bedürfnis zu sein scheint). Viel von
der Unterschiedlichkeit fällt mir mittlerweile leicht gelassen stehen zu lassen,
Brücken zu bauen und den »Graben« zwischen dem Unterschiedlichen und der
Brücke darüber als solche anzunehmen. An einigen Stellen hat es mich persönlich aber auch gestresst, und ich konnte nicht an mich halten. Ein Beispiel aus
Kiribati: Meine Gastmutter und ich erledigten Besorgungen in der Arbeitszeit –
meiner Gastmutter fiel immer noch etwas ein, obwohl wir schon lange zurück
sein wollten. Mein Pflichtbewusstsein und mein Wissen um die Berge ihrer Arbeit im Büro begannen mir wirklich ein schlechtes Gewissen zu bereiten und als
wir dann auch noch einfach entspannt mit der Schwiegertochter essen gehen
wollten, hätte ich mich am liebsten in den Bus gesetzt, wäre einfach schon zu-
rückgefahren und wollte auch nichts zu essen bestellen. Ich blieb dann und versuchte, es gelassener zu nehmen, aber es fiel mir wirklich schwer. Ähnlich war
auch in Fidschi meine größte Herausforderung die Zusammenarbeit mit den Einheimischen: Da sie kulturell so anders bedingt ist, prägen indirekte oder keine
Kommunikation sowie starke Hierarchien (als junge Frau bin ich da sehr weit
unten) und die eigene Zeit der Dinge den Arbeitsalltag täglich… So konnte die
Arbeit für mich ehrlicher Weise frustrierend sein oder mich selbst stressen. Im
privaten Bereich war es das Teilen mit allen, was mir manchmal schwer fiel. Das
so andere Besitzverständnis gemischt mit einer Maßlosigkeit im Konsum nach
dem Motto: Wer zuerst kommt, bekommt das Beste ab von dem Allgemeingut.
Da hat das Einteilen von Nahrungsmitteln und insbesondere hochwertigen Nahrungsmitteln keine Chance, sondern es wird tendenziell entweder maßlos über-
kocht und / oder schnell aufgebraucht.

Kulturelle Grenzerfahrungen sind für mich besonders die Erfahrungen, in
denen mir bewusst wird, wie sehr meine kulturelle Prägung nicht nur meine
Wurzeln sind, sondern vielmehr eine Art zweite Haut, die ich nicht abstreifen
kann. Ich kann lernen, den anderen zu verstehen. Das hilft, um gemeinsam Brücken zu bauen, wenn alle Beteiligten wollen, so dass etwas Großartiges für alle
entsteht. Aber es bleibt dennoch eine Grenzerfahrung, die mich besonders meine
eigene Kultur / Identität entdecken lässt.

Theologie und christliche Praxis

Diese kulturellen Voraussetzungen sind vor allem auch mit der Theologie und dem Leben christlicher Gemeinschaft im Pazifik verwoben. Diese wird aber vor allem in ihrer mündlichen Manifestation tradiert und weniger schriftlich.

Ökumene im Pazifik

1961 wurde die *Pacific Conference of Churches* (PCC) gegründet, eine Art pazifischer Kirchenrat, der über seine Vollversammlung konstituiert wird und dem sich als einziger ökumenischer Rat dieser Form auch die katholischen Kirchen in dieser Region angeschlossen haben. Dies und die Entwicklung und Tradierung der sogenannten *kontextuellen Theologie* scheinen besonderer Ausdruck dafür zu sein, dass die Differenzierung verschiedener Konfessionen auf Basis der Lehre eher zweitrangig ist und eine größere Offenheit für ökumenische Projekte besteht. Neben der PCC gibt es weiter die *South Pacific Association of Theological Schools* (SPATS) und das *Pacific Theological College* (PTC). Diese beiden regionalen Institutionen sind ebenfalls sehr anerkannt. Alle sitzen in Suva, der Hauptstadt Fidschis, und kooperieren in einigen Projekten, u.a. in einem Mehrjahresprojekt zur Eliminierung von Gewalt gegen Frauen in Fidschi. Es ist in diesem Sinne sowohl Vor- als auch Nachteil, dass alle Organisationen in Fidschi sind – Kooperation ist einfacher, oft aber kommt Fidschi präferiert in den Genuss ihrer Projekte (Reisen zwischen den Inselstaaten ist sehr teuer). Seit der Mitte des 20. Jh.s findet sich die Ökumene regional in verschiedenen Institutionen verankert und jede einzelne hat ihre Geschichte. Heutzutage klopfen die einzelnen Institutionen aber auch bei ihren Mitgliedern an, um Ökumene zu leben, sie zu unterstützen und / oder zu überzeugen, sich der Themen sozialer Gerechtigkeit und Verantwortung anzunehmen, z.B. der Gewalt gegen Frauen oder Herausforderungen des Klimawandels. Vor allem durch eine Theologie der Vielfältigkeit in der Einheit und der kontextuellen Theologie werden ökumenische Ansätze tradiert. Das Ringen um Macht (innerhalb) der einzelnen Konfessionen / nationalen Kirchen sowie die Entstehung vieler neuer, kleinerer pentakostaler Bewegungen erschweren allerdings die Entfaltung des ökumenischen Gedankens und historisch lässt sich zum Teil auf eine zweifelhafte finanzielle Führung der ökumenischen Institutionen zurückblicken. Obwohl an der Basis eine größere Offenheit für Ökumene besteht, hat sie kirchenpolitisch derzeit meines Erachtens einen schwierigen Stand.

Soziale Gerechtigkeit und Gleichberechtigung von Frauen in Kirche und Theologie – Gewalt gegen Frauen im Pazifik

Dies war der Hauptschwerpunkt meiner inhaltlichen Arbeit vor Ort. Es war spannend, dieses Feld kennenzulernen und natürlich oft mit dem zu vergleichen, was ich in Deutschland bis jetzt kennengelernt habe.

Historisch scheint sich die Gesellschaft auf den verschiedenen Inseln teilweise grundverschieden entwickelt zu haben: Es finden sich traditionelle Matriarchate und patriarchische Gesellschaftsformen, in denen sich ausgleichende Mechanismen gebildet haben, beispielsweise in Tonga, wo Männer zwar das Land besaßen und erbten, die Frauen aber, besonders die älteste Schwester, das Familienoberhaupt darstellten und die Entscheidungshoheit über die Landnutzung innehatten. Durch die Kolonialmächte und Mission setzte sich allerdings im Pazifik grundlegend eine patriarchische Struktur durch, die Männer machtpolitisch begünstigte. In den traditionellen Kirchenstrukturen, die wesentlich die Gesellschaft sowohl in Kiribati als auch in Fidschi prägen, wurde diese Machtstruktur verstärkt und es dominieren in der homiletischen Tradition laut Erfahrungsberichten von Frauen die Predigten und das Verständnis der Unterordnung der Frauen. Gerade *Genesis 2* und *Epheser 5, 21ff.* werden in einer meines Erachtens sehr einseitigen Interpretation dafür benutzt. So scheint mir, dass Männer eine grundlegend höhere Anerkennung genießen (sie dürfen z.B. zuerst essen), schon als Kinder haben die Mädchen mehr Aufgaben im Haushalt zu übernehmen und Jungs werden bevorzugt zur Schule geschickt (– in Kiribati fallen Schulgebühren an), Männer verdienen in der Regel besser und Frauen bleiben dem gegenüber tendenziell zu Hause, um den Haushalt zu führen, kulturell obliegt es dem Mann, wann ein Paar intim wird, was sexuelle Gewalt fördern kann, Frauen haben weniger Mitspracherecht bei (öffentlichen) Entscheidungsfindungen (sind auch kaum im Parlament vertreten) und falls häuslicher Streit eskaliert, ist der Mann in der Regel der Frau körperlich überlegen und die Auseinandersetzung kann durchaus gewaltsam enden – nicht ungewöhnlich. Diese patriarchische Struktur wird von vielen Gemeinden gelebt oder mindestens so stehen gelassen – Initiativen von NGOs oder auch den UN wird distanziert begegnet. Von ökumenischer

Seite kommt die Herausforderung, diese Strukturen im Sinne einer sozialen Gerechtigkeit zu überdenken und die Bibel und ihre frohe Botschaft dahingehend zu befragen.

Allgemein lässt sich festhalten, dass es 1979 die erste dokumentierte regionale Konferenz explizit für Frauen und Themen ihrer Gleichberechtigung und Stärkung gegeben hat. Während der vergangenen Jahre wurden weiterhin die Themen der Mitbestimmung und auch der Frauenordination angegangen (innerhalb der KUC ist Kiribati beispielsweise einer der Vorreiter der Frauenordination). Die späten 1990er Jahre und die 2000er Jahre wurden vor allem von einer Auseinandersetzung mit dem Thema HIV / Aids bestimmt und nun steht das Thema »Gender-based violence« im Fokus (PCC Generalversammlung, 2013, Honiara). Auch Cliff Burd, führend im ökumenischen Feld zur Eliminierung von Gewalt gegen Frauen durch Bewusstseinsschaffung und mit einschlägigen »bible studies«, benennt es als das zentrale und wichtigste Thema zur Verbesserung der sozialen Gerechtigkeit.[4] Eine theologische Auseinandersetzung mit »Gender Relations« bzw. der Würde eines jeden Menschen ist bereits seit Anfang der 1970er Jahre dokumentiert (3. Vollversammlung der PCC). Sie findet ihren Ausdruck in den bisherigen weiblichen Generalsekretären derselben und auch in »Discussion papers« des amtierenden Personals (Aisake Casimira, Ethel Suri). Dass mit vereinten Kräften und in Zusammenarbeit der verschiedenen Institutionen dieses Thema angegangen wird, ist jedoch neu und besonders. Bis dato war es eher Tabu-Thema, ein Thema frei nach dem Motto »weiß jeder und geht keinen etwas an«, ein Thema, das bis dato eher von außerhalb an die Gesellschaft herangetragen wurde und von den Kirchen durch Nicht-Einmischung eher befördert wurde. Die allererste theologische wissenschaftliche Arbeit, die dieses Thema im Pazifik aufgreift, adressiert es in einem methodistischen Distrikt in Suva, Fidschi (Litiana Maituriwai Tuidrakulu, 2015). Der Grundtenor in der Arbeit mit Frauen- und Gemeindegruppen oder Ausbildungen für lokale Trainer ist »From Hierarchy to Partnership« nach einem gleichnamigen Handbuch, um die Gender Relationen grundlegend zu überdenken, aber auch akut »EVAW« (Eliminierung von Gewalt gegen Frauen) und das Verhältnis von Kirche und Gewalt gegen Frauen als Herausforderung und Aufgabe der christlichen Praxis zu thematisieren. Mit diesen Initiativen nehmen die ökumenischen Bewegungen und Institutionen

---

[4] Im Gespräch mit Dr. Cliff Burd während des Trainings für Trainer, März 2016, Pacific Theological College, Suva.

m.E. eine wichtige Aufgabe und Verantwortung war. Herausfordernd scheint es allerdings zu sein, immer wieder die Basis zu erreichen und diese Trainings insbesondere über Fidschi heraus zu organisieren.

Kontextuelle Theologie im Pazifik

Kontextuelle Theologie ist eine spannende und einschlägige Theologie im Pazifik, die ich beispielhaft in Form der sogenannten »Kokosnuss-Theologie« (nach Sione Amanaki Havea, Tonga) entfaltet erlebt habe. Diese wurde in den 1980er Jahren im Pazifik entwickelt. Sie spielt mit der Idee, dass die Kokosnuss das vereinende Element in allen Inselstaaten ist, welches Saft und Fleisch in einem enthält und daher als lebenserhaltende Frucht ideal auch für die Abendmahlspraxis in der Region geeignet ist – mit dem Gedanken spielend, dass Jesus, wenn er dort gewesen wäre, nicht hätte Brot und Wein wählen können, aber die Kokosnuss. Diese kontextuelle Theologie zeugt von der Offenheit, mit konfessionsübergeordneten Bildern der regionalen Verbundenheit zu spielen und sie eng mit der Lebenswirklichkeit zu verknüpfen. In einzelnen Ländern wurden darüber hinaus andere kontextuelle Theologien entworfen, die dies aufgreifen. Ich habe ein Kokosnuss-Abendmahl zwar nicht direkt erleben können, aber durchaus in Andachten und Diskussionen erlebt, wie Theologen oder Laien diese Idee aufgreifen, und sie steht für mich sehr positiv gegenüber einigen lauten Mahnpredigten in der Nachbarschaft, die mir eher suspekt vorkommen, allerdings ohne dass ich viel verstanden hätte.

Zusammenfassend...

... kann ich sagen, dass mich diese Region, die auch als »liquid continent«, »Südsee«, »Paradies«, »Kannibalenland«, »Ozeanien« oder »Pazifische Inseln« bezeichnet wird, fasziniert hat. Die Eindrücke sind vielfältig – zauberhaft und manchmal auch fremd. Von der Natur, dem Immergrün und dem Meer habe ich leider nicht schwärmen können... Als »weiße, junge Frau« bin ich immer als Gast geehrt, verwöhnt und überaus freundlich behandelt worden und habe dennoch auch meine Grenzen der eingeschränkteren Bewegungsfreiheit (allein und in Dunkelheit unterwegs zu sein, war unangebracht / gefährlich) und meines

Standes innerhalb der Hierarchie zu spüren bekommen. Ich habe Neues über Respekt und Demut gegenüber anderen gelernt, über meinen Glauben und bin gelassener geworden. Menschen haben ihre Türen für mich geöffnet und mich ihre Welt mit ihrem Schmerz und vor allem auch ihrer Freude kennenlernen lassen und mich mit ihrer Gastfreundschaft immer wieder neu überrascht. Theologisch wurde ich durch meine Arbeit besonders in das Feld der sozialen Gerechtigkeit, aber auch der Verantwortung / des Umgangs mit unserer Erde und des Verständnis von Eigentum hineingezogen, und zwar insbesondere aus dem Blick pazifischer und kontextueller Ökumene. Dies öffnet meine Augen neu für meine kulturellen Wurzeln in Deutschland und für die Evangelische Theologie hier, aber besonders für jede Begegnung mit den Menschen in meinem Umfeld. Ich denke, in der Theologie begegnen wir dem Phänomen der Transzendenz sehr bewusst, interkulturell erfahren wir, dass wir uns in jeder aufgeschlossenen und ehrlichen Begegnung gegenüber der Andersartigkeit des oder der Anderen ein Stück weit selber transzendieren, Neues über uns entdecken, und damit gemeinsame, spannende Brücken im Verstehen entstehen können.

Heinrich Balz, **Missionstheologie und Interkulturelle Theologie.** Ein Postskript zu »Der Anfang des Glaubens: Theologie der Mission und der jungen Kirchen«, Erlanger Verlag für Mission und Ökumene, Neuendettelsau 2014, 40 Seiten, 8,00 Euro

Auf vierzig Seiten schreibt Heinrich Balz, emeritierter Professor für Religions- und Missionswissenschaft der Humboldt-Universität zu Berlin, eine Art Sammelrezension, die ihrerseits im Folgenden besprochen wird.

Die umfangreiche Missionstheologie, zu der die vorliegende Publikation als Postskript ausgewiesen wird, erschien im Jahr 2010. Sie ist hier nicht zu rezensieren, aber als Präskript zu nennen, denn kurz darauf (2011 und 2012) erschienen mehrere Titel, mit denen der Autor sich auseinandersetzt. Gleich im ersten Satz wird darauf hingewiesen, dass Fortschritt in der Wissenschaft sich in Brüchen vollziehe: »Altes Anerkanntes verliert seine Geltung, Neues, bisher noch nicht Gesehenes verlangt unerwartet Aufmerksamkeit. Die Geschichte der wissenschaftlichen Bemühung um Mission bestätigt das auf ihre Weise.« (S. 5)

Was nun folgt, ist eine Mischung aus sachorientierter und publikationsorientierter Besprechung der missionswissenschaftlichen Situation in Deutschland, wobei die Publikationsorientierung klar dominiert: Der Autor einer »Theologie der Mission« von 2010 rezensiert drei Einführungen in die Interkulturelle Theologie, die allesamt im Jahr 2011 bzw. 2012 erschienen sind. Das ist eine publizistisch bemerkenswerte Situation und ein besonderer Umstand, der dem Text durchaus anzumerken ist. So heißt es etwa in der Einleitung, aus der oben bereits der erste Satz zitiert wurde, mit Blick auf die Interkulturelle Theologie:

»Wie jeder neue Aufbruch, so ist auch dieser von einem gesteigerten Epochen- und Sendungsbewusstsein getragen. Man führt die wesentlichen Gespräche untereinander, mit denen die dazugehören. Die anderen, die in derselben Disziplin noch in der alten Weise, im alten Paradigma weitermachen, interessieren nicht mehr, sie werden wenig gelesen und nicht rezensiert. Sie stören.« (S. 7f.)

Um es vorwegzunehmen: Wenn man manche Neben- und Untertöne, die dem Text durchaus nicht nur nützen, nicht zu ernst nimmt, so ist das Unternehmen, drei neue Einführungen nebeneinander kritisch zu begleiten, natürlich sehr zu begrüßen. Der Verfasser betont zu Recht, dass sich Interkulturelle Theologie »trotz der langen Wurzeln, die für ihre Benennung bis in die 1970er Jahre zurückreichen, immer noch in einer Frühphase« (S. 8) befände. Interkulturelle Theologie erscheint hier als Schule, als »das neue Banner« und die Verfasser der drei oben genannten Einführungen von 2011 bzw. 2012 als »Protagonisten« (S. 9). Die als Kapitel zwei ausgewiesene Sammelrezension wird unter diesem Vorzeichen in eine Art kurz gefasste Fachgeschichte hinein geschrieben.

Im ersten Kapitel loziert der Verfasser seine oben genannte Missionstheologie als einen »anderen Weg«. Unter Berufung auf Robert Schreiter (Chicago), seinen Berliner Nachfolger Andreas Feldtkeller daneben einordnend, setzt sich der Verfasser mit Werner Ustorfs Konzept einer Interkulturellen Theologie als einer Art Buße auseinander, die Debatten der 1970er und 80er Jahre fortschreibe. Die »jüngeren interkulturellen Theologen« werden von Ustorf abgegrenzt, insofern dieser »ausdrücklich am Erbe der europäischen Aufklärung festhält und ... als ausgebildeter Historiker spricht, und alle seine theologischen Urteile immer geschichtlich belegt« (S. 13). Es scheint, als würde hier hinsichtlich der genannten Neuansätze Nicht-Aufgeklärtheit oder Post-Aufklärung suggeriert und als wären die Vertreter dieser Neuansätze einem ahistorischen Zugang zur Thematik verschrieben.

Über ein solches Bekenntnis zum »Erbe der Aufklärung«, wie es hier indirekt vorgelegt wird, ließe sich natürlich, vor allem mit Bezug auf die nur en passant erwähnten Autoren wie Jean-François Lyotard, Jacques Derrida und Michel Foucault sehr gut diskutieren. Gerade mit Blick auf Foucaults Behandlung der Frage »Was ist Aufklärung?« wäre dann von einem Ethos, von einer Haltung der Kritik und nicht vom Tradieren doktrinärer Elemente im Sinne eines »Erbes« zu reden. Doch dies gehört auf die theoretische Seite der Auseinandersetzung.

In Absetzung von Theo Sundermeiers »Verstehender Religionswissenschaft«, zu der Interkulturelle Theologie »in wesenhafter Kontinuität« stehe, wird vom Verfasser die Begegnung mit dem Fremden nicht als »Mitte oder Höhepunkt missionarischer Interaktion« gesehen (S. 15). Eine abschließende Sequenz gilt dem eigenen, hier unter die Überschrift »ein anderer Weg« gestellten Ansatz des Verfassers und der Ventilierung des dort prominent verwendeten Ausdrucks »Junge Kirchen« angesichts postkolonialer Kritik.

»Dies war so weit der Versuch, Interkulturelle Theologie im Ganzen verstehend zu umschreiben. Doch nun ist es an der Zeit, die Bücher der einzelnen Vertreter der neuen Bewegung genauer zu lesen – sich von ihnen ›einführen‹ zu lassen.« (S. 17) Mit diesen Worten endet das erste Kapitel »Einführung: Interkulturelle Theologie und die Anfänge der Missionswissenschaft« (S. 5–17). Es folgt als zweites Kapitel die Sammelrezension von drei Publikationen: Klaus Hock, Einführung in die Interkulturelle Theologie, Darmstadt 2011; Volker Küster, Einführung in die Interkulturelle Theologie, Göttingen 2011; Henning Wrogemann, Lehrbuch Interkulturelle Theologie/Missionswissenschaft, Gütersloh 2012 und 2013; Bd. 1: Interkulturelle Theologie und Hermeneutik; Bd. 2: Missionstheologien der Gegenwart. Globale Entwicklungen, kontextuelle Profile und ökumenische Herausforderungen.

Diese Rezensionen der drei einschlägigen Einführungs- bzw. Lehrbücher sind hier nicht im Detail zu besprechen. Genannt seien nur die thesenartigen Überschriften der betreffenden Abschnitte: »Das Konglomerat der Faktoren christlicher Ausbreitung: K. Hock« (S. 19–23), »Pathologie der Begegnung mit dem Fremden: V. Küster« (S. 23–28) sowie »Das Aneignungsmodell der Inkulturation: H. Wrogemann« (S. 28–33). Die Auseinandersetzung bezieht sich in diesen Abschnitten – ganz im Stile einer Rezension – fast ausschließlich auf jeweils einen der drei genannten Titel.

In dem vergleichsweise knappen dritten Kapitel (»Warum Missionstheologie bleibt«, S. 34–40) mahnt der Verfasser die aktive Mitarbeit in nichtwestlichen Kirchen an. Statt teilnehmender Beobachtung und nachfolgender Beschreibung sollten Autoren nichtwestlichen Kirchen gegenüber eine »bleibende Verbindlichkeit« (S. 34) an den Tag legen. Hier mag sicherlich auch die auf dem Klappentext des Büchleins noch einmal hervorgehobene sechzehnjährige Tätigkeit des Autors an kirchlichen Hochschulen in Kamerun, Tansania und im Kongo im Hintergrund stehen. Dies gilt besonders, wenn der Verfasser Sätze wie diese beiden schreibt:

»Die derzeit schreibenden Interkulturellen Theologen sind alle letztlich monokulturelle Professoren, die ihre lehrende Rolle bis zum Ruhestand in der eigenen heimischen Gesellschaft sehen. Sie gehen nach Korea oder in den Kongo auf Studien- oder Forschungsreise; längerfristige Mitarbeit in einer nichtwestlichen Kirche hat nur K. Hock aufzuweisen, und hierüber würde man gern in Zukunft auch noch einiges von ihm lesen.« (35)

Es wird spätestens in diesem Schlusskapitel deutlich, dass die im Text markierte Positionierung mitten in den kolonial-postkolonialen Auseinandersetzungen steht, wenn die letzte und eigentliche Legitimierung aus kirchlicher Praxis genommen wird. Dass eine solche Forderung – Legitimierung durch kirchliche Praxis – eigentlich für keine der theologischen Disziplinen spezifisch ist, wird nicht wundern. Allerdings scheint dies für Interkulturelle Theologie von besonderem Gewicht zu sein: Expertise entsteht durch Praxis. Damit ist das schon im 18. Jahrhundert viel diskutierte Problem benannt, das damals zwischen Gelehrtenwissen und Reisebericht changierte. Hier ließen sich provokante Anregungen von Edward Said holen, die seit den späten 1970er Jahren immer wieder – allerdings nicht wirklich umfassend in der deutschsprachigen akademischen Theologie – diskutiert werden.

Dieses Insistieren auf verbindlicher kirchlicher Praxis in nichtwestlichen Kirchen spiegelt auch die Geschichte und Situation des Faches im deutschen akademischen Rahmen sehr gut wieder: Frühere Lehrstuhlinhaber an Universitäten waren entweder in einer anderen Disziplin oder auch gar nicht habilitiert. Das sechste Hauptfach war akademisch nicht überall in Deutschland an den evangelischen Fakultäten vorhanden. Die feste Verankerung des Doppelfaches »Religionswissenschaft und Interkulturelle Theologie« in den Rahmenordnungen und damit an den Evangelisch-theologischen Fakultäten ist eine relativ junge Errungenschaft. Nachdem 2005 das auch vom Verfasser mehrfach zitierte Positionspapier »Missionswissenschaft als Interkulturelle Theologie und ihr Verhältnis zur Religionswissenschaft« (Verwaltungsrat der Deutschen Gesellschaft für Missionswissenschaft [DGMW], Fachgruppe der Wissenschaftlichen Gesellschaft für Theologie [WGTh]; vgl. ZMiss 31/2005, 376–382) verabschiedet worden war, konnte auf dieser Grundlage die Teiletablierung eines Doppelfaches in eine nominelle Gleichwertigkeit mit anderen theologischen Disziplinen gebracht werden. Die Frage der kirchlichen (oder in diesem Falle missionarischen?) Praxis, deren Mangel der Verfasser konkreten Kollegen vorhält, ist in dieser Perspektive durchaus berechtigt. Denn es gibt tatsächlich äußerst disparate Felder, die im Zusammenhang dieses Faches »Religionswissenschaft und Interkulturelle Theologie« aktiv zu bearbeiten sind. Neben diversen kanonisierten Gegenstandsbereichen und dem hier monierten Praxisbezug wäre sicherlich noch viel zu nennen. Grundlegend für die akademische Auseinandersetzung ist allerdings die theoretische, auch wissenschaftstheoretische Arbeit, die mit der Beschreibung von Umbrüchen in einer kontingenten und vielfältigen Fachgeschichte beginnen, nicht aber mit einer vereindeutigten Lösung für die eine oder andere konstruierte Seite enden sollte.

Zur Erstellung einer solchen Momentaufnahme und zum Diskutieren darüber regt das kämpferische Büchlein mit seinem Plädoyer für Missionstheologie an, und hierfür ist seine Lektüre sehr zu empfehlen.

Daniel Cyranka

Claudia Jahnel, **Interkulturelle Theologie und Kulturwissenschaft.** Untersucht am Beispiel afrikanischer Theologie, Kohlhammer Verlag Stuttgart, 2015, 359 S., 4 Abb., EUR 54,99

Claudia Jahnel legt mit der Publikation *Interkulturelle Theologie und Kulturwissenschaft – untersucht am Beispiel afrikanischer Theologie* ihre so innovative wie ertragreiche Erlanger Habilitationsschrift vor. Am Beispiel der »afrikanischen Theologie« buchstabiert sie diskursanalytisch durch, was eine kulturwissenschaftlich verantwortete »Interkulturelle Theologie« zu leisten vermag. Ihre Diskursanalysen ergehen in Bezug auf eine Vielzahl von Einzelthemen, von denen in der vorliegenden Besprechung nur einige wenige aufgerufen werden.

In Kapitel 1 (Afrikanische Theologie – Kulturwissenschaftliche Analysen und Perspektiven, S. 13–43) erfolgt die kulturwissenschaftliche Grundlegung der Arbeit im Zusammenhang mit »afrikanischer Theologie«, die bereits zu Beginn als nicht unproblematische, vielschichtige und mehrdeutige Konstruktion begriffen wird. Methodisch vorausgesetzt wird hier eine sich von Foucault herleitende Diskursanalyse sowie ein durch die »*cultural studies* geprägte(s) Verständnis von Kulturen als unabgeschlossenen und immer im Wandel befindlichen hybriden

Größen und als Ergebnis von Aushandlungsprozessen (…)« (S.17). Insofern gilt es in dieser Studie, Entwürfe afrikanischer Theologie innerhalb jeweiliger interkultureller Verwobenheiten und globaler Machtstrukturen auf Positionierungen hin zu befragen, und zwar unter Fokussierung auf Identitätsbestimmungen, Repräsentationen des »Eigenen« vs. des »Fremden«, Fragen von *agency,* etc. Dies ergeht im Zusammenhang der Erfahrung, Wirkung und Reflexion des Kolonialismus und damit einhergehenden Konstruktionen von Afrika und Europa.

Ein Erster Teil vermittelt in zwei Kapiteln einen so verlässlichen wie informativen und kritischen Überblick über afrikanische Kulturdiskurse in Philosophie und Theologie:

In Kapitel 2 (Afrikanische Philosophie als Ort der Dekolonisation, S. 44–68) skizziert Jahnel Entwicklungsphasen afrikanischer Philosophie, die sie zwischen Tradition und Moderne, zwischen Partikularismus und Universalismus verortet. Neueste Entwürfe wie der von Kwame Appiah, der afrikanische Identitäten entgrenzt, verdanken sich – so Jahnel m. E. zu Recht – einem »diasporalen Selbst- und Identitätsverständnis«, das so wohl (noch) nicht zu verallgemeinern ist (S. 58).

Wie Kultur in der gegenwärtigen afrikanischen Theologie im Spannungsfeld von kolonialen und postkolonialen Kulturdiskursen thematisiert und konzeptionalisiert wird, ist Thema von Kapitel 3 (Kulturdiskurse der afrikanischen Theologie: zwischen Anpassung, Widerstand und der Suche nach alternativen Epistemologien, S. 69–118). Hier ruft Jahnel u. a. die in Afrika seit den 1970 Jahren umstrittenen, wirkmächtigen Konstruktionen afrikanischer Theologie hinsichtlich der Monotheismus-Debatte, wie sie durch Idowu und Mbiti befördert wurden, auf. Diese werden im Spannungsfeld mehr oder weniger radikaler Überwindungsversuche westlicher Zuschreibungen erhellt. Als zwei »Urtexte« des Kulturdiskurses in der afrikanischen Theologie diskutiert Jahnel zum einen die Implikationen, Limitationen und Folgen des »Manifests« *Des prêtres noirs s'interrogent* von 1956 in seinem durch das beginnende Ende der Kolonialzeit gesetzten Kontext. Zum anderen erinnert sie an den Disput zwischen Alfred Vanneste und Tharcisse Tshibangu aus dem Zaire von 1960 über Fragen einer »Alternative zu westlichen Ordnungen des theologischen Wissens« (S. 113). Jahnel macht darauf aufmerksam, dass bereits jene Theologen in den 50er und 60ger Jahren weitsichtig einen eigenen Weg zu beschreiten versuchten zwischen den als problematisch erkannten Polen von Partikularismus und Universalismus.

Der Zweite Teil bietet in drei Kapiteln den »materialen Kern der Studie«. Hier werden nacheinander »kulturelle Konstruktionen von Zeit, Raum und Körper innerhalb der afrikanischen Theologie« (S. 40) analysiert, und zwar relativ zu den sie jeweils bestimmenden Diskurskontexten:

Kapitel 4 (Kultur Macht Zeit: Zeit und Geschichte, S. 119–182) geht von der kulturwissenschaftlichen Einsicht aus, dass *Zeit* kulturell konstruiert wird. Daraus ergibt sich die Frage: Wie verhandeln afrikanische TheologInnen europäische, koloniale Zeitverständniszuschreibungen? Als ein Beispiel wird auf Mbitis Ausführungen zum afrikanischen Zeitverständnis, dem die Vorstellung einer entfernteren Zukunft fehle, verwiesen sowie auf die sich daran anschließenden Kontroversen, in denen ihm etwa vorgeworfen wurde, dass er das von Hegel machtvoll in den Afrikadiskurs des 19. und 20. Jahrhunderts eingespeiste »Vorurteil von der Geschichtslosigkeit und Rückständigkeit Afrikas« (S. 147) transportiere. Gegen Mbitis Konzentration auf die Verpflichtung der Heutigen gegenüber der Tradition und ihren Forderungen führt Jahnel alternative Entwürfe des Umgangs mit Mythen und oralen Traditionen an, wie sie insbesondere von Mercy Amba Oduyoye vorgelegt wurden. Diese heben auf Transformationsmöglichkeiten etwa von Beziehungsfestlegungen in der Familie ab. An dieser Stelle sei einmal beispielhaft die – notwendige – Begrenztheit dieser Studie benannt: Jahnel beschäftigt sich mit theologischen Diskursen. Eine kritischen Überprüfung jeweiliger theologischer oder philosophischer Konstrukte – konkret *on the ground*, aber wo genau in Afrika? – bleibt außen vor. Oduyoyes »feministische« Befreiungstheologie scheint mir eher westliche TheologInnen zu bezaubern, als dass sie im anglophonen Westafrika verfängt. Auch diese interessante Konstellation, die bezüglich der sog. Inkulturationstheologie bereits vor einer Generation zu beobachten war, wäre im Übrigen diskurstheoretisch zu reflektieren, also in Bezug auf die gegebenenfalls einseitige und verdeckte Parteinahme einer Interkulturellen Theologie mit in afrikanischer Theologie aufs Ganze gesehen recht vereinzelten »fortschrittlich« erscheinenden Positionen, die in den Kirchen und den theologischen Seminaren in den Heimatländern afrikanischer TheologInnen in Westafrika zumindest *noch nicht* allgemein anschlussfähig sind, einmal ganz abgesehen von den Gesamtbevölkerungen. Beispiele wären die Rolle der Frau in Westafrika, die Bezogenheit auf die Großfamilie, die Macht der männlichen Häupter auch in matrilinearen Großfamilien Westafrikas und eben Homosexualität.

In Kapitel 5 geht Jahnel kulturellen Konstrukten von *Raum* im Kontext von Kolonialismus und Postkolonialismus nach (Raum, S. 183–234): Hier rekurriert sie u.a. auf Musa Dubes postkoloniale Re-Lektüre von Joh. 4, einer Erzählung, die Grenzüberschreitung zur Beherrschung fremder Territorien legitimiere. Diese Interpretation ergeht selbstverständlich im Kontext der weithin verheerenden Missions- und Kolonialgeschichte im südlichen Afrika. Im Zusammenhang mit Raumkonstrukten kommt Jahnel auch auf Migrationskirchen aus Afrika in Europa zu sprechen, wobei sie insbesondere auf Jehu Hanciles Forschungen rekurriert. Entgegen einer in afrikanischen Migrationskirchen verbreiteten Erwar-

tung, die von einigen Theologen geteilt worden ist, sind sie in der Fremde weithin unter sich geblieben. Was wären die Gründe für die »mangelnde Resonanz in Europa«? (S. 218) Jahnel verweist hier ausschließlich auf europäische Raumkonstrukte, die die Möglichkeit einer Verwebung mit afrikanischen Migrationsgemeinden verwehrten, sowie auf die anhaltende ökonomische und sonstige Marginalisierung in der Migrationssituation. Mir fehlt hier wiederum die Festigung von Thesen durch empirische Forschung, gerade auch in Bezug auf die Dimension von – eventuell kontraproduktiver – *agency* unter den Leitern und Mitgliedern von Migrationskirchen. AfrikanerInnen werden ansonsten als Opfer von Verhältnissen festgeschrieben, und das entspricht weder dem Anliegen einer diskurstheoretisch gewendeten Interkulturellen Theologie, noch dürfte es dem Selbstverständnis afrikanischer Akteure in jenen Gemeinden gerecht werden.

Kapitel 6 ist Themen gewidmet, die den – kulturwissenschaftlich verstandenen – *Körper* betreffen (Körper, S. 235–284): Hier werden u. a. Diskurse über Homosexualität vs. Heterosexualität und Gemeinschaft vs. Person verhandelt. Auch diese Diskurse sind unlösbar mit dem Erbe der Kolonialzeit verknüpft. Dabei lassen sich im Einzelnen vorkoloniale afrikanische Sozialkonstrukte kaum mehr erheben. Als interessante Position gegen die *cognatus sum, ergo sumus*-Konstruktion afrikanischer Theologie ruft Jahnel in kritischer Diskussion den Beitrag von Kenneth Mtata auf, der gegen den Konsens stärker auf das Individuum in afrikanischen Gesellschaften fokussiert.

Der Dritte Teil bildet den Abschluss der Studie. Er stellt in Kapitel 7 die Frage nach der »Kulturhoheit und kulturelle(n) *agency*, (der) Handlungsmacht über afrikanische Theologie« ((S. 42): Dieses Diskursfeld exemplifiziert Jahnel unter Verweis vor allem auf Lamin Sanneh, der in Bezug auf Bibelübersetzungsprojekte die *agency* einheimischer Übersetzer hervorhebt, die Handlungsmacht und Kulturhoheit ausgeübt hätten – eine Behauptung, die innerhalb afrikanischer Theologie kritisiert wurde, wie Jahnel ausführt. Hinter die Forderung von afrikanischer *agency* und Kulturhoheit für afrikanische Theologien ist – so Jahnel zu Recht – nicht mehr zurückzugehen.

Als Weg zwischen den beiden Polen universalisierender Vereinnahmung und partikularer Differenz empfiehlt die Autorin Kulturkonzeptionalisierungen, wie sie von Oduyoye und Maluleke vorgelegt worden sind. Sie »bieten mit dem Hinweis auf kulturinterne Differenzierungen und interkulturelle Hybridisierungen zugleich einen erweiterten Horizont und flexibleren Spielraum für interkulturelle Verständigungs- und Übersetzungsprozesse an« (S. 304).

Abschließend zeigt Jahnel die Relevanz der Studie für die Interkulturelle Theologie anhand dreier zentraler Erkenntnisse auf: 1. Afrikanische Theologie »ist das Produkt einer Verflechtungs- und Beziehungsgeschichte mit anhaltender, wechselvoller Dynamik« (S. 308); daraus folgt 2., dass »ein Verständnis afrikanischer Theologie als

lokal begrenzte Theologie, wie es etwa in der Bezeichnung afrikanischer Theologie als ›kontextuelle Theologie‹ seinen Ausdruck findet« (S. 309), unangemessen sei; sie sei wie ›westliche‹ Theologie *inter-kulturelle* Theologie; 3. indem es diskurskritisch um das Aufdecken von Macht geht, verfolge die vorliegende kulturwissenschaftlich ausgerichtete Studie eine »Suche nach Wahrheit« (S. 311); insofern sei das theologische Profil einer Interkulturellen Theologie gegeben.

Literaturverzeichnis, Personen- und Sachregister beenden den sorgfältig edierten Band, dem auf S. 187f. vier Schwarz-Weiß-Fotos beigegeben sind, die die räumliche Abständigkeit von Missionaren und ihren Unterkünften in Afrika veranschaulichen.

Claudia Jahnel hat mit *Interkulturelle Theologie und Kulturwissenschaft* eine äußerst anregende Studie zu einer Vielzahl von gegenwärtig relevanten Diskursfeldern afrikanischer Theologie vorgelegt. Dadurch werden lange unkritisch transportierte, scheinbar selbstverständliche »missionswissenschaftliche« Annahmen über die Anderen, aber auch Konstruktionen des je »Eigenen« afrikanischer Theologie unterlaufen und ihre Funktionen in globalen Netzwerken konträrer Machtansprüche aufgezeigt. Die Identifizierung gegenläufiger Narrative evoziert irritierende Friktionen, die sich als produktiv erweisen werden für weitere nötige, diskurstheoretisch orientierte Untersuchungen nicht nur afrikanischer, sondern auch asiatischer, lateinamerikanischer, pazifischer und nicht zuletzt europäischer Theologien. Für

das Fach Interkulturelle Theologie ist das Werk Jahnels von grundlegender, paradigmatischer Bedeutung.
Werner Kahl

Hermann Schoenauer (Hrsg.), **Sozialethische Dimensionen in Europa.** Von einer Wirtschaftsunion zu einer Wertegemeinschaft, Stuttgart 2014 (=Dynamisch Leben gestalten, Bd. 6), Kohlhammer Verlag Stuttgart, 236 S., EUR 19.90

Das Ziel, mit den Beiträgen dieses Bandes »Aufmerksamkeit und Achtsamkeit für die Gestaltung eines solidarischen und sozialen Europas wecken« (S. 11) zu wollen, wird bedingt erreicht. Die einzelnen Beiträge zeichnen sich durch eine unterschiedliche Güte aus; erfreulich ist dabei, dass manche durchaus mit Gewinn gelesen werden können. Herausragendes, also besondere Stärken und Schwächen erschließen sich aufgrund mangelnder Hinweise zur Einordung und der sehr eingeschränkten programmatischen Perspektive nur aufmerksamen Leser*innen. Die Selektion der Beiträge führt zu einem Sammelband, aus dem Einzelne Interessantes ziehen werden können, der insgesamt jedoch wenig Zukunftsweisendes anbietet.

Zunächst fällt es nicht besonders leicht, sich zu orientieren. Der Zugang zu den Inhalten wird dadurch erschwert, dass die Einführung eher ein selbstständiger inhaltlicher Beitrag ist; der Herausgeber nimmt weder eine Verortung der einzelnen Beiträge innerhalb des Bandes vor, genauso wenig erläutert er den inhaltlichen Aufbau, noch wird deutlich, wie dieser Band im Rahmen der Gesamtreihe zu verstehen ist.

Nichtsdestoweniger ist bei näherer Betrachtung eine insgesamt sinnvoll gewählte Gliederung durch fünf größere Themenkomplexe zu erkennen. (1) Zunächst werden die Leitfragen »Wie hat sich christliche Sozialethik entwickelt?« und »Wie kann christliche (Sozial)ethik getrieben werden?« bearbeitet (Körtner, Gabriel, Uertz, Serafim); (2) sodann folgen Beiträge, die sich damit befassen, wie der sozialethische Status Quo in Europa zu bewerten ist, welche Herausforderungen für die Kirchen bestehen, und welche potentiellen Beiträge diese zu leisten im Stand seien (Bedford-Strohm, Marx, Losansky); (3) ferner werden regionale, organisationale und thematische Einzelfallbeispiele behandelt (Bünker, Roy, A. Schoenauer); (4) sowie normative Vorstellungen entwickelt, wie konkreten, sozialethischen Fragestellungen innerhalb Europas begegnet werden könne (Honecker, Wegner, Kastler); (5) und vor diesen vielfältigen Ausführungen führt der abschließende Beitrag zwei grundsätzliche Möglichkeiten vor Augen, wie sozialethische Veränderungen ideologie- und institutionenpolitisch zu erreichen seien (Nass).

Grundsätzlich wird eine liberalkonservative Position vertreten, die im Wesentlichen traditionelle Perspektiven im Blick hat (Wegner, Kastler, A. Schoenauer), auch wenn einzelne Beiträge ein weiteres Blickfeld aufweisen

(Bedford-Strohm, Körtner, Gabriel, Nass). Bedeutsame europäische sozialethische Fragen im Umfeld von Gendergerechtigkeit, Geflüchtete, Marginalisierung und Rassismus werden im besten Fall randständig berührt; intersektionale Überlegungen fehlen vollständig. Auch hier wäre es hilfreich, wenn die Einführung als Orientierungshilfe verstanden würde und Erläuterungen zum besonderen Wert des gewählten Fokus böte. So bleibt unklar, weswegen nur drei der insgesamt 15 Beiträge von Frauen verfasst wurden, Migrationsperspektiven gar nicht zu Worte kommen und der einzige nicht-deutsche Beitrag rumänischer Provenienz ist.

Dieser außer-deutsche, regionale Schwerpunkt Rumänien und der Hinweis in der Einführung auf Kontakte des Europa-Instituts der Diakonie Neuendettelsau in Richtung Mittel- und Osteuropa böten einen Ansatz, einen in Deutschland immer noch eher atypischen regionalen Fokus programmatisch und inhaltlich auszubauen. Diese Chance wird leider nicht genutzt.

Innerhalb der jeweiligen Themenkomplexe sind vor allem die Beiträge von Körtner, Losansky, Bünker, Honecker und Nass hervorzuheben. Sie weisen alle einen präzisen Umgang mit den materialen Grundlagen ihrer Beiträge sowie eine komplexe, doch klare Argumentation auf. Auch zeichnen sie sich durch die präzise und sachdienliche Verbindung der Komplexe Kirche(n), Ökumene, Europa, Politik und Sozialethik aus.

Aus interkultureller Perspektive sei zuletzt angemerkt, dass die sozialethi-schen Dimensionen in Europa hier fast ausschließlich als innereuropäische Frage behandelt werden. Der Einfluss der restlichen Welt auf Europa bzw. der Einfluss Europas auf die gesamte Welt werden ausgeklammert. Besonders bemerkbar macht sich dies, wenn wesentliche, neuere Debattenstimmen nicht behandelt werden. Ob das Apostolische Schreiben »Evangelii Gaudium« von Papst Franziskus (promulgiert am 24. November 2013) bei Redaktionsschluss bereits vorlag, ist unklar; die neue Erklärung des ÖRK zu Mission und Evangelisation »Gemeinsam für das Leben: Mission und Evangelisation in sich wandelnden Kontexten« (angenommen am 5. September 2012) war es sicher. Beide verkleiden jeweils im Mantel einer Missionsschrift starke sozialethische Überlegungen.

Wenn diese Form der Grund für die Nichtbeschäftigung war, dann müssen kirchliche Verantwortungsträger ihre Botschaften besser kommunizieren. Alternativ ist der Schluss erlaubt, dass die Autor*innen des vorliegenden Bandes weltweite, sozialethische Perspektiven bewusst als für Europa nicht relevant ansehen, oder, dass sie sich bei ihren hier dargestellten deutsch-europäischen Perspektiven nicht hinreichend aktiv um die Integration globaler Diskurse bemühten.

So ermöglicht es der Band, grundlegende liberal-konservative Vorstellungen nachzuvollziehen. Dazu behandeln die einzelnen Beiträge ihre Themen gebührend. Diejenigen Leser*innen, die sozialethische Fragen in Europa aus einer kontextuellen, progressiven, sozialliberalen Position bearbeiten, werden den Einbezug globaler und glokaler Perspektiven sowie intersektionaler und relationaler Überlegungen vermissen, mit denen womöglich viel präziser ein solidarisches und soziales Europa gedacht und gestaltet werden kann.

Patrick Ehmann

Elmar Spohn, **Zwischen Anpassung, Affinität und Resistenz.** Die Glaubens- und Gemeinschaftsmissionen in der Zeit des Nationalsozialismus (= Beiträge zur Missionswissenschaft/ Interkulturellen Theologie, Bd. 34), LIT Verlag Berlin 2016, 496 S., EUR 54,90

Das von Elmar Spohn vorgelegte große Buch, dem mehrere kleinere zu missionsgeschichtlichen Themen vorausgingen, ist nicht leicht, aber notwendig zu lesen. Es hat noch einige formale Schwerfälligkeiten einer Doktorarbeit an sich, aber es bietet eine umfassende, weitgespannte und unentbehrliche Forschungsleistung. Viele Archive, soweit sie dem Verfasser zugänglich waren, wurden konsultiert, und die Bibliographie zu den Quellen und zur wissenschaftlichen Literatur umfasst 60 Seiten. Man ist eingeladen, mit dem Autor zusammen in ein spannendes, bislang eher unerforschtes Gebiet einzusteigen, mit seinen und mit je eigenen Leserfragen.

Die historische Darstellung beginnt mit dem Kapitel über den »Nationalsozialismus im Spiegel der Missionspublikationen«: mit der allgemeinen Krisenstimmung in den letzten Jahren der Weimarer Republik, der Furcht vor dem atheistischen Bolschewismus, dem Antisemitismus, Rassismus und dem Volkstums-Gedanken, dann dem seit Barmen 1934 sich herausbildenden »Kirchenkampf«, von dem aber die Glaubens- und Gemeinschaftsmissionen sich so weit als möglich »unpolitisch« fernhielten. Man sah sich nicht im status confessionis; alle diese politikbezogenen Themen blieben in den Missionspublikationen marginal; insofern ist auch ihre Zusammenstellung nur bedingt aussagekräftig über was, wann und wo in den Missionen politisch gedacht wurde.

Hauptsache und Mitte der ganzen Untersuchung sind die 170 Seiten »Positionen zum Nationalsozialismus dargestellt an ausgewählten Personen«, jeweils biographisch. Die Reihenfolge der acht Porträts wird nicht erläutert, sie ist eher indirekt mit dem Titel »Anpassung, Affinität und Resistenz« verbunden. Paul Burkhardt, Leiter des Johanneums in Wuppertal und engagiert in der Gnadauer Brasilien-Mission, begrüßte 1933 die »nationale Erhebung«, ließ sich aber bald schon ernüchtern. Auf ihn fällt trotz später Schuldeinsicht ein »zwiespältiges Licht«. Theophil Krawielitzki vom Deutschen Gemeinschafts-Diakonieverband hatte sich tiefer an den Nationalsozialismus gebunden und ihn lange verteidigt. Er glaubte an Hitlers Christlichkeit und lehnte den Weg der Bekennenden Kirche ab. Kurt Zimmermann, Direktor der Allianz-China-Mission, war bei den Deutschen Christen und NS-Parteigenosse, insgesamt »ein Opportunist«. Ernst Buddeberg war früh als Pfarrer in Wuppertal ein tapferer Kämpfer gegen den Nationalsozialismus, später dann, ab 1934 als Direktor der Liebenzeller Mission verfiel er der politischen Apathie. Ein Nationalsozialist war er freilich auch dann nicht: Spohn verteidigt ihn gegen eine entsprechende Deutung durch H. Egelkraut (195, Anm. 109). Wilhelm Nitsch von der Neukirchener Mission bekämpfte Hitlers Rassenideologie, war aber für seine aggressiv eroberne Außenpolitik. Nach dem Krieg legte er in seiner Autobiographie 1960 ein Schuldgeständnis ab, was andere nicht taten.

Die drei verbleibenden Porträts sind nicht von Direktoren, sondern von Menschen, die zum Widerstand gegen, und zu den Opfern des Nationalsozialismus gehören. Joachim Müller vom Missionsbund »Licht im Osten« kämpfte früh gegen die Verführung durch neues Heidentum und setzte sich für einen judenchristlichen Freund ein, was zu seiner eigenen Vertreibung aus dem Pfarramt führte; dieses sein Engagement war »singulär« unter den Missionsleuten. Hugo Löwenstein war ein judenchristlicher Kaufmann aus Tübingen, der erst durch seine erzwungene Auswanderung nach Palästina zum Judenmissionar der Evangelischen Karmelmission wurde. Er verstarb dort 1944; die Mission hätte aufgrund ihrer Auslandsverbindungen mehr für ihn tun können, als sie tat. Jaija Sattler war ein getaufter Missionsprediger vom Volk der Roma, er arbeitete unter Frieda Zeller-Plinzner für die »Mission für Süd-Ost-Europa und kam als Zigeuner mit Tausenden anderen im Vernichtungslager Auschwitz-Birkenau zu Tode. Frau Zeller-Plinzner konnte ihm nicht helfen, sie versuchte es wohl auch nicht ernsthaft: ihre Geschichte ist die Tragik einer Evangeliumsverkündigung ohne die praktische Solidarität mit denen, die sie ansprach.

Mit diesen acht sehr unterschiedlichen Porträts ist das Titelthema anschaulich und detailreich behandelt. Die Untersuchung endet aber noch nicht. Sie bekommt mit dem anschließenden Kapitel »Der Umgang mit der NS-Vergangenheit und die Schuldfrage« erst ihre Zuspitzung. Von der Evangelischen Kirche gab es 1945 das Stuttgarter Schuldbekenntnis, dem aber die Freikirchen und Glaubensmissionen überwiegend öffentlich nicht zustimmten. Die allgemeine Beschäftigung mit den Verbrechen des Nationalsozialismus verzögerte sich in der deutschen Gesellschaft und bei den Glaubensmissionen bis in die 1960er und 70er Jahre. Davor wurden von den Spruchkammern führende Missionsleute auf problematische Weise freigesprochen, in der »Hausliteratur« und in den Jubiläumsbänden der Missionen überwog lange das Schweigen. Erst in den 1980er und 90er Jahren kam es zu ernsthaften Stellungnahmen der Missionen zu ihrer Vergangenheit im Dritten Reich: Neukirchener Mission 1985, Allianz-Mission 1989, Deutscher Gemeinschafts-Diakonieverband 1999.

Was fängt der nachdenkliche Leser mit den aufgedeckten geschichtlichen Zusammenhängen und Verwirrungen an? Spohn fragt durchgängig nach der »Positionierung« seiner geschichtlichen Personen; er ist erkennbar bemüht, dabei auch scine eigene Position zu bestimmen. Sie ist näher bei der Bekennenden Kirche und beim Stuttgarter Schuldbekenntnis als bei den verzögerten Einsichten der Glaubensmissionen. Es ist auch die Position eines Fünfzigjährigen, dem man manchmal mehr Gespräch mit den heute über Fünfundsiebzigjährigen wünschen würde. Er verspricht eine Untersuchung »sine ira et studio« (15), doch im Stilistischen, wo er den Behandelten »Plattitüden, Anbiederung, Paternalismus« und »Bürgerlichkeit« vorwirft, ist wohl doch einige ira geblieben, nicht der souveräne Historiker-Blick, der, wo es denn sein muss, in wohlgewählten Zitaten seine Protagonisten sich selber blamieren lässt. Aber offenkundiges Ziel ist ihm ja auch, auf die gegenwärtige und künftige »Hausliteratur« der untersuchten Missionen einzuwirken. Spohn ist Dozent an der Akademie für Weltmission in Korntal. In dieser Richtung bleibt festzuhalten, und vielleicht etwas deutlicher zu sagen, als Spohn dies tut, dass die Glaubensmissionen, obwohl die Martyria hinter dem Keryssein zurückblieb, dennoch nicht alles falsch gemacht haben. Insgesamt, einige wenige Personen ausgenommen, zeigten sie sich »gegenüber nationalsozialistischen Weltanschauungsgeboten resistent« (373).

E. Buddeberg hatte das Ideal der Glaubensmissionen inmitten der politischen und Kirchen-Kämpfe beschrieben als das »des Veilchens, das im Verborgenen blüht« (356), schon ihm Ahnen, dass es so nicht immer geht. Das Veilchen ist nicht Buddebergs Erfindung, sondern kommt aus J.W. Goethes Gedicht: »Ein Veilchen auf der Wiese stand/ gebückt in sich und unbekannt«. Er hätte das Gedicht auch anders zitieren können: am Ende steht das Veilchen nicht mehr, sondern es wird zertreten. Dies war, Gott sei es gedankt, nicht das Ende der deutschen Glaubens- und Gemeinschaftsmissionen.

Heinrich Balz

Christine Christ-von Wedel / Thomas K. Kuhn (Hg.), **Basler Mission. Menschen, Geschichte, Perspektiven 1815–2015**, Basel: Schwabe Verlag 2015, 243 S., mit zahlr. Abb., EUR 28,00.

Der in deutscher und englischer Sprache erhältliche, sorgfältig gestaltete Band zum 200-jährigen Jubiläum der Basler Mission bietet keinen nach historischen Etappen geordneten Überblick über die Geschichte der drittältesten deutschsprachigen Missionsgesellschaft, sondern facettenreiche, thematisch gruppierte Rückblicke. Den insgesamt 31 kurzen, reich bebilderten Beiträgen zu sechs übergeordneten Leitthemen widmen sich 20 Verfasserinnen und Verfasser aus Afrika, Asien, Europa und Lateinamerika Die damit erreichte, große Multiperspektivität ist nach den Worten der Herausgeber das eigentlich Neue an dem Band. Damit ist allerdings auch klar, wie die im Untertitel des Sammelbands genannten »Perspektiven« vor allem zu verstehen sind: als unterschiedliche Betrachtungsweisen der Vergangenheit, nicht auch als diese Betrachtungen ergänzende Ausblicke auf die Zukunft. Es lassen sich zudem deutliche geographische und zeitliche Gewichtungen feststellen: Die meisten Beiträge fokussieren die afrikanischen Missionsgebiete im heutigen Ghana und Kamerun, und in der Hauptsache werden die ersten eineinhalb Jahrhunderte der Basler Missionsgeschichte thematisiert. Eine Perspektive auf das indonesische Missionsgebiet Kalimantan oder ein indonesischer Beitrag zu diesem Band fehlen gänzlich.

Trotzdem bieten die Aufsätze jeweils hochinteressante Einblicke. Nur einige wenige können hier exemplarisch erwähnt werden. Das erste Kapitel zum Thema »Identität« enthält eine interessante Darstellung von Thomas K. Kuhn zu den Anfängen der Basler Mission, eingebettet in ihren zeitgeschichtlichen Kontext. Christine Christ-von Wedel widmet sich in einer »Kritischen Erinnerung« dem Thema »Jubiläen und Kulturtransfer«. In ihm werden nicht nur prägende Gestalten wie Inspektor Joseph Josenhans oder Präsident Jacques Rossel in ihrer Bedeutung für die theologischen und historischen Narrative der Basler Mission kritisch-konstruktiv gewürdigt. Hier findet sich auch die am weitesten gehende Anfrage an die offizielle Selbstdarstellung der Basler Mission im Jubiläumsjahr: sie stehe in der Gefahr, die heute gelebte Entwicklungszusammenarbeit als Ergebnis eines zielgerichteten Prozesses von den Anfängen der BM her zu konstruieren.

Im zweiten Kapitel »Menschen« richtet Dieter Becker einen wohlwollend-kritischen Blick auf die Entwicklung der »Marke Missionar« im Spannungsfeld zwischen Selbst- und Fremdverständnis. Auch er zieht die Gedankenlinie bewusst bis in die Gegenwart aus. Sehr eindrücklich und sensibel geht der Beitrag von Dagmar Konrad den Schicksalen der entstehenden, aufgrund der Basler Bestimmungen getrennten und nach langen Jahren wieder mehr oder weniger erfolgreich zusammengeführten Missionarsfamilien im 19. Jahrhundert nach.

Der dritte Themenkomplex wird unter dem Stichwort »Institution« zusammengefasst. Neben Ausführungen zur Entwicklung der Basler Leitungsstrukturen findet sich ein eigener Aufsatz von Heinrich Christ über die monetären Grundlagen der Basler Mission, besonders über ihre in Missionsgebieten seit Mitte des 19. Jahrhunderts tätige und im Ersten Weltkrieg aufgelöste Missions-Handlungs-Gesellschaft, ihren Nutzen für die Missionsgesellschaft und ihre Gefahren für deren Glaubwürdigkeit. Peter Haenger gelingt es, die missionsinterne Sklavenbefreiung an der Goldküste Mitte des 19. Jahrhunderts so kontextsensibel nachzuzeichnen, dass die darin zutage tretenden Spannungen zwischen dem die Befreiung anordnenden Komitee in Basel und den ihr gegenüber im anderskulturellen Kontext skeptisch gegenüberstehenden Missionaren als komplexes ›interkulturelles ethisches Dilemma‹ verständlich und jede vorgefasste Parteinahme wohltuend erschwert werden.

Der vierte Themenkomplex ist mit »Medien« überschrieben. Neben Bildern und Publikationen der Mission ist auch dem Liedgut der Basler Mission ein eigener Beitrag gewidmet. Benedict Schubert vergleicht darin die Missionslieder-Sammlung von 1870 mit dem 1995 gemeinsam mit dem Evangelischen Missionswerk in Deutschland herausgegebenen Liederbuch »Thuma Mina« (Sende mich). Der »missionarischen Kartographie« (135) widmet sich Guy Thomas informativ und facettenreich in einer historischen Betrachtung und Analyse einiger von Basel im Laufe des 19. Jahrhunderts publizierter »Weltkarten der Mission«. Sie sind ebenso Ausdruck des Bemühens um einen wissenschaftlich kommunizierten Überblick über den Sachstand der Missionsbemühungen wie Motivationsmittel für Verantwortliche und Spendende jener Zeit.

Unter der Überschrift »Impulse und Wirkungen« finden sich Resumees aus heutiger Sicht für unterschiedliche Missionsgebiete. So befasst sich Cephas Omenyo in seinem Beitrag mit den theologischen und kulturellen Prägungen, die die Basler Mission in Ghana hinterlassen hat. Wing Sze Tong bietet einen bis in die 60er Jahre des 20. Jahrhunderts reichenden Überblick über das Erbe der Basler Mission in Hongkong. Juan Sepúlveda G. beleuchtet die besondere Zusammenarbeit, die sich zwischen den bereits bestehenden Kirchen in Peru, Bolivien und Chile und der Basler Mission ergaben. Und Christine Lienemann nimmt in ihrem Beitrag Hermann Hesse zum Kronzeugen für die immer deutlicher werdenden Wirkungen der Mission in Europa als »reverse mission«, die freilich die akademische deutschsprachige

Theologie noch kaum erreicht zu haben scheine.

Das sechste Kapitel hält schließlich eine umfangreiche diachrone und synchrone Synopse zur Geschichte der Basler Mission bereit. Eine Chronologie der institutionellen Leitung der BM bis zum Jahre 2000 sowie ein alphabetisches Namensverzeichnis der institutionellen Leitung runden den Band ab.

Der Zusammenschau der verschiedenen Beiträge zuträglich sind ebenfalls die in jedes Kapitel eingefügten kurzen »Porträts« bedeutender Persönlichkeiten der Basler Mission und sogenannte »Themenfenster«, die sich etwa den Sammlerinnen und Sammlern der BM, Kulturleistungen wie der Verschriftlichung einheimischer Sprachen oder der Frage der Emanzipation widmen. Sie vergrößern nochmals die Vielfalt der angesprochenen Aspekte. Zugleich wird damit allerdings noch deutlicher spürbar, dass gewisse Themen nicht eigens Berücksichtigung finden. So wird zwar die frühe Geschichte der Basler Mission ausführlich betrachtet, der dramatische Prozess jedoch, der zur Auflösung der KEM und zur Gründung von mission 21 führte, wird keines eigenen Beitrags gewürdigt, obwohl er doch der Basler Mission eine völlig neue Rolle als eines Trägervereins unter mehreren anderen zuwies. Ebenso wird in diversen Beiträgen zwar die notwendig spannungsvolle, interkulturelle Brückenfunktion der frühen Missionarinnen und Missionare zwischen dem Basler und dem überseeischen Kontext verdeutlicht. Inwieweit dies jedoch auch für ihre Nachfolgerinnen und Nachfolger in der jüngeren Vergangenheit, den Ökumenischen Mitarbeitenden, gilt, wird nicht eigens bedacht. Und, um ein Drittes zu nennen: Ist nicht in den vergangenen Jahrzehnten deutlich geworden, dass trotz Demokratisierungsprozessen auf der Leitungsebene von Missionsgesellschaften ein finanzielles Ungleichgewicht zwischen den Partnern in Nord und Süd auf der operativen Ebene nach wie vor feststellbar bleibt? Eine kritische Reflexion nicht nur der ferneren, sondern auch der jüngeren Vergangenheit hätte die Aktualität dieses beeindruckenden Bandes noch steigern können.

Eckhard Zemmrich

Berufungen und Ehrungen

Prof. Dr. **Heike Walz** (49) hat zum Sommersemester 2016 ihre Tätigkeit auf dem Lehrstuhl für Interkulturelle Theologie, Missions- und Religionswissenschaft an der Augustana-Hochschule in Neuendettelsau aufgenommen. Walz hat in Heidelberg, Montpellier und Tübingen Evangelische Theologie studiert und wurde 2005 an der Universität Basel mit einer Arbeit über *Ekklesiologie und Geschlecht in ökumenischem Horizont* promoviert. Von 2005 bis 2009 war sie im Auftrag von *mission 21* außerordentliche Professorin für Systematische Theologie am *Instituto Universitario ISEDET* in Buenos Aires/Argentinien. Von 2009 bis 2016 war sie Juniorprofessorin für Feministische Theologie und Theologische Geschlechterforschung im Fachbereich Missions- und Religionswissenschaft und Ökumenik an der Kirchlichen Hochschule Wuppertal-Bethel.

Dr. **Benjamin Simon** (44), Landeskirchlicher Beauftragter für Mission und Ökumene der Evangelisch-Lutherischen Kirche in Baden und Lehrbeauftragter für Ökumenische Theologie an der Pädagogischen Hochschule Karlsruhe, wird ab dem Wintersemester 2016 die Professur für Ökumenische Missionswissenschaft am Ökumenischen Institut des Ökumenischen Rates der Kirchen (ÖRK) in Bossey bei Genf inne haben. Simon hat Evangelische Theologie und Sozialwissenschaften studiert. 2003 wurde er an der Universität Heidelberg mit einer Arbeit über »Christentum afrikanischer Herkunft in Deutschland« promoviert. Von 2005 bis 2008 unterrichtete er am Makumira-College in Tansania.

Prof. em. Dr. **Theo Sundermeier** (80) wurde am 4. Mai 2016 von der Theologischen Fakultät der Universität von Pretoria mit der Würde eines *Doctor Honoris Causa* ausgezeichnet. Damit würdigte die Fakultät Sundermeiers Forschung zu traditionellen afrikanischen Religionen auf der Grundlage seiner Erfahrungen als Missionar und Forscher im südlichen Afrika. In der Begründung für die Auszeichnung wird weiterhin Sundermeiers Engagement sowohl für Missions- und Religionswissenschaften als auch für kirchliche Entwicklungsarbeit hervorgehoben. Dabei wird insbesondere die hohe Bedeutung seines Konvivenzmodells für den gesellschaftlichen Frieden zwischen kulturell und religiös verschiedenen Ethnien im südlichen Afrika unterstrichen.

Dr. **Heinrich Bedford-Strohm** (56), Ratsvorsitzender der EKD und Landesbischof der Evangelisch-Lutherischen Kirche in Bayern, wurde mit dem »Herbert-Haag-Preis für Freiheit in der Kirche« ausgezeichnet. Begründet wurde die Entscheidung mit dem Einsatz des Landesbischofs für Freiheit in der Kirche und aktiven interreligiösen Dialog sowie für einen menschenrechtsverbundenen Islam. Die Herbert-Haag-Stiftung für Freiheit in der Kirche wurde 1985 von dem katholischen Theologieprofessor Herbert Haag (1915–2011) gegründet. Bisherige Preisträger sind unter anderen die feministische Theologin Elisabeth Moltmann-Wendel, der Kirchenkritiker Eugen Drewermann und der Befreiungstheologe Leonardo Boff.

Der jordanische **König Abdullah II** und die Jugendorganisation **Aktion Sühnezeichen** teilen sich den diesjährigen 10. Westfälischen Friedenspreis. Der Vorsitzende der Wirtschaftlichen Gesellschaft für Westfalen und Lippe, Reinhard Zinkann, begründete die Entscheidung mit dem Einsatz des Königs für Frieden in der Region, insbesondere für Flüchtlinge aus dem Libanon. Aktion Sühnezeichen wird für die kontinuierliche Arbeit für die Wiedergutmachung von NS-Verbrechen ausgezeichnet, die seit 1958 durch Jugendliche in verschiedenen Ländern der Welt geleistet wird. Mit dem Friedenspreis werden Menschen und Organisationen ausgezeichnet, die ein Vorbild für Ausgleich und Frieden in Europa und in der Welt sind. Unter den bisherigen Preisträgern waren die Altbundeskanzler Helmut Schmidt und Helmut Kohl, der frühere UN-Generalsekretär Kofi Annan, der frühere tschechische Präsident Václav Havel und der Dirigent Daniel Barenboim.

Der Diplomtheologe **Georgios Vlantis** (36) ist neuer Geschäftsführer der *Arbeitsgemeinschaft Christlicher Kirchen* (ACK) in Bayern. Vlantis gehört der griechisch-orthodoxen Kirche an und hat diese mehrere Jahre lang bei der ACK Bayern vertreten. Ökumenische Erfahrungen sammelte er u.a. auch als Studienleiter der Orthodoxen Akademie auf Kreta und in Gremien zur Vorbereitung der 10. Vollversammlung des Ökumenischen Rates der Kirchen in Busan/Korea. Der gebürtige Athener ist ursprünglich als Erasmus-Student nach Deutschland gekommen. Dem folgte ein mehrjähriges theologisches Aufbaustudium. Zuletzt war er als wissenschaftlicher Mitarbeiter an der Ausbildungseinrichtung für Orthodoxe Theologie an der Ludwig-Maximilians-Universität in München tätig.

Die Stadt Bayreuth hat die umstrittene US-amerikanische Bürgerrechtsbewegung **Code Pink** mit dem »Wilhelmine-von-Bayreuth-Preis für Toleranz und Humanität in kultureller Vielfalt« ausgezeichnet. Der mit 10.000 Euro dotierte Preis wird seit 2008 an Personen oder Gruppen verliehen, die sich auf kulturellem, sozialem, politischem oder wissenschaftlichem Gebiet international um die kritische Reflexion gemeinsamer Wertvorstellungen und die interkulturelle Verständigung verdient gemacht haben. Die Verleihung an Code Pink hatte zuvor scharfe öffentliche Debatten ausgelöst. Israels Botschafter in Deutschland, Yakov Hadas-Handelsman, und der Präsident des Zentralrats der Juden in Deutschland, Josef Schuster, hatten der Bewegung eine israelfeindliche Grundhaltung und Antisemitismus vorgeworfen. Die Gruppe distanzierte sich von dem Vorwurf des Antisemitismus.

Neue Promotionen und Habilitationen

Andreas Helmut Herrmann (Theologische Fakultät der Universität Rostock, Promotion 2016): »Der Islam als nachchristliche Religion – Die Konzeptionen George A. Lindbecks als Koordinaten für den christlich-islamischen Dialog«.

Bernhard Dinkelaker (Theologische Fakultät der Universität Heidelberg, Promotion 2016): »›How is Jesus Christ Lord?‹ – Perspectives of Intercontextual Theological Encounters in the Work of Kwame Bediako«

Stephan Johanus (Theologische Fakultät der Universität Heidelberg, Promotion 2016): »Kultur, Mission und Ästhetik – die Missionstheologie TAKENAKA Masaos. Analyse und Kritik«

Sonstiges

Eine interreligiöse Kooperation in der theologischen Ausbildung haben die *Kirchliche Hochschule Wuppertal/Bethel, das Institut für Islamische Theologie Osnabrück und das Abraham Geiger Kolleg Berlin* durch die Vermittlung des *Centre for Mission and Leadership Studies* der VEM beschlossen. Eine offizielle Vereinbarung wurde am 2. März 2016 im Hackhauser Hof in Solingen unterzeichnet. Kernstück der Kooperation bildet die gemeinsame Teilnahme von Studierenden der drei Institute an der jährlich stattfindenden internationalen Tagung zum Dialog von Juden, Christen und Muslimen (JCM), umrahmt von drei jeweils bis zu viertägigen interreligiös vorbereiteten und durchgeführten Kompaktseminaren in Wuppertal, Berlin und Osnabrück.

Die Forderungen der Partei *Alternative für Deutschland* (AfD), den Islam öffentlich als unvereinbar mit dem Grundgesetz darzustellen und den Bau von Minaretten, den Einsatz von Muezzins und die Vollverschleierung zu verbieten, haben Religionspolitiker verschiedener im Bundestag vertretener Parteien als unvereinbar mit dem Grundgesetz kritisiert. Der Zentralrat der Muslime zog angesichts des Anti-Islam-Kurses der AfD sogar Parallelen zum Nationalsozialismus, da er eine ganze Religionsgemeinschaft diskreditiere und existenziell bedrohe. Damit bedrohe die Partei zugleich die freiheitlich-demokratische Grundordnung der Bundesrepublik.

Einen *Mangel an muslimischen Seelsorgern* in deutschen Kliniken beklagte die Bundesvorsitzende der evangelischen Krankenhausseelsorge, Sabine Hofäcker. Sie wies auf den gestiegenen Bedarf an muslimischer Seelsorge in den Krankenhäusern aufgrund der Ankunft der Flüchtlinge hin. Im Unterschied zu christlichen KrankenhausseelsorgerInnen sind muslimische SeelsorgerInnen ehrenamtlich tätig.

Hofäcker benannte als konkrete Herausforderungen den Umgang mit der Tatsache, dass türkische Imame der türkischen Religionsbehörde unterstehen, was Fragen hinsichtlich der Fach- und Dienstaufsicht sowie der Schweigepflicht aufwirft.

Im *Rundfunkrat von Radio Bremen* werden erstmalig in Deutschland *Aleviten vertreten* sein. Damit zieht die Landesregierung Konsequenzen aus dem 2014 geschlossenen Staatsvertrag mit den Aleviten, der ihnen eine angemessene Repräsentanz in gesellschaftlichen Gremien zusichert.

Der erste *alevitische Friedhof* Deutschlands entsteht *in Hamburg*. Auf dem Bergedorfer Friedhof ist ein rund 5.000 m² großes Gelände für 250 Gräber ausgewiesen worden. Außerdem stellt der Bezirk den Aleviten eine ehemalige Schulsporthalle kostenlos zur Verfügung. Diese Regelung ermöglicht es Aleviten erstmals in Deutschland, ihre Bestattungsriten unabhängig von muslimischen Gemeinschaften zu vollziehen, derentwegen es andernorts häufig zu Konflikten kommt, weil sie sich von den muslimischen Riten unterscheiden.

Die Hochschule des CVJM in Kassel hat einen neuen *Lehrstuhl Migration, Integration und Interkulturalität* eingerichtet. Der Rektor der Hochschule, Prof. Rüdiger Gebhardt, erläuterte, der Lehrstuhl solle dazu beitragen, ehren- und hauptamtliche Flüchtlingshelfer zu qualifizieren, aber auch zu untersuchen, wie sich die Folgen der Migration auf die Gesellschaft auswirken. Die

Finanzierung für die ersten drei Jahre hat der mittelhessische Unternehmer Friedhelm Loh (Haiger) zugesagt. An dem Projekt beteiligt sind auch die gemeinnützige Gesellschaft Wertestarter der Stiftung für Christliche Wertebildung (Berlin) und die Theologische Fakultät der Universität Greifswald.

Zum umstrittenen Thema der *Judenmission* hat der Vorsitzende des pietistischen Evangelischen Gemeinschaftsverbands Württemberg, Steffen Kern, in einem Artikel in der evangelischen Monatsschrift *zeitzeichen* Stellung bezogen. Darin begründet er das christliche Zeugnis gegenüber Juden als »Ausdruck christlicher Identität auf der Basis großer Gemeinsamkeit«, zu der er auch die bleibende Erwählung Israels zählt. Er wendet sich gegen jede Form von Antijudaismus und plädiert zugleich für einen Dialog mit den messianischen Juden. Die Synode der EKD führte im April einen Studientag zur Judenmission durch, der einen gemeinsamen Beschluss zum Thema im Rahmen der Herbstsynode vorbereiten sollte.

Termine

Am 24. und 25. Juni 2016 veranstaltet die Forschungsstelle Interkulturalität und Religion der Internationalen Hochschule Liebenzell (IHL) ihr drittes Symposium, dieses Mal zu dem Thema *Religionsfreiheit, Meinungsfreiheit und christlicher Glaube*. Die Forschungsstelle der IHL wird sich im Rahmen dieses Themas schwerpunktmäßig mit Aspekten aus historischer,

theologischer und religionswissen-
schaftlicher Sicht beschäftigen. Neben
Beiträgen zur europäischen Geschichte werden grundsätzliche und missionswissenschaftliche Fragestellungen
erörtert (Toleranz, Ethikkodex für
christliche Mission). Weitere Informationen unter www.ihl-symposium.eu ·
Die 21. Welt-Aids-Konferenz findet
vom 18. bis 22.Juli 2016 in Durban/
Südafrika statt. Sie wird ausgerichtet
von der *Ecumenical Advocacy Alli-
ance*, einer Initiative des ÖRK. Alle
zwei Jahre kommen bei dieser Konferenz über 20.000 Forscher, Politiker,
Aktivisten, Menschen mit HIV/AIDS
und andere Akteure zusammen, um
sich über die jüngsten Fortschritte aus-
zutauschen und die nach wie vor bestehenden Hindernisse zur Überwindung
der Pandemie zu identifizieren und ab-
zubauen.

*(Zusammengestellt am Lehrstuhl für
Interkulturelle Theologie, Missions-
und Religionswissenschaft der Augustana-Hochschule von Dr. Verena
Grüter, Waldstraße 11, D-91564 Neuendettelsau.*
*Bitte senden Sie Informationen und
Hinweise an verena.grueter@au-
gustana.de bzw. Fax: 09874/509–555.)*

■ Schriftleitung und Herausgeber

Prof. Dr. Ulrich Dehn (Hauptschriftleiter)
FB Evangelische Theologie der Universität Hamburg, Sedanstr. 19, D-20146 Hamburg,
ulrich.dehn@uni-hamburg.de

Dr. Verena Grüter (Informationen und Termine) Augustana-Hochschule, Waldstr. 11,
D-91564 Neuendettelsau, verena.grueter@augustana.de

Prof. Dr. Andreas Heuser, Theologische Fakultät der Universität Basel, Nadelberg 10, CH-4051
Basel, andreas.heuser@unibas.ch

Prof. Dr. Klaus Hock (Rezensionen) Theologische Fakultät der Universität Rostock, D-18051
Rostock, klaus.hock@uni-rostock.de

Dr. Katrin Kusmierz (Berichte und Dokumentationen) Theologische Fakultät der Universität Bern,
Länggassstr. 51, CH-3012 Bern, katrin.kusmierz@theol.unibe.ch

Prof. Dr. Heike Walz, Augustana-Hochschule, Waldstr. 11, D-91564 Neuendettelsau,
heike.walz@augustana.de

Deutscher Vorsitzender des Herausgeberkreises:
Prof. Dr. Henning Wrogemann, Kirchliche Hochschule Wuppertal/Bethel, Missionsstr. 9a/b,
D-42285 Wuppertal, henning.wrogemann@kiho-wuppertal-bethel.de

■ VerfasserInnen und Renzensentinnen

Prof. Dr. Dr. Heinrich Balz, Stadtseestr. 31, D-47189 Weinsberg, Hbalz.weinsberg@web.de

Judith Bollongino, Blumenweg 13, D-21514 Büchen, j.bollongino@me.com

Dr. Tobias Brandner, Chung Chi Divinity School of Theology, Shatin N.F., Hong Kong SAR,
tobiasbran@gmail.com

Prof. Dr. Daniel Cyranka, Martin-Luther-Universität Halle-Wittenberg, Theologische Fakultät,
D-06099 Halle, daniel.cyranka@theologie.uni-halle.de

Patrick Ehmann, Bornemannstr. 6, D-13357 Berlin, patrickehmann@gmx.net

Dr. Hanns Walter Huppenbauer, Loorenstr. 25b, CH-8910 Affoltern am Albis,
hwh.huppenbauer@bluewin.ch

Dr. Samuel Désiré Johnson, CS49530 – 13, rue Louis Perrier, F-34961 Montpellier, Cedex 2,
Frankreich, johnsonsamueld@yahoo.fr

Prof. Dr. Werner Kahl, Missionsakademie, Rupertistr. 67, D-22609 Hamburg,
werner.kahl@missionsakademie.de

Dr. Michael Kannenberg, Nürnberger Str. 55, D-74074 Heilbronn, kannenberg@posteo.de

Dr. Dagmar Konrad, Hoher Markstein 6, D-72108 Rottenburg a. N., dagmarkonrad@yahoo.de

Prof. Dr. Christine Lienemann, Manuelstr. 116, CH-3006 Bern, christine.lienemann@unibas.ch

Dr. Abraham Nana Opare Kwakye, University of Ghana, P. O. Box LG 25, Legon, Accra,
nkwakye@hotmail.com

Dr. Eckhard Zemmrich, Parkstr. 61, D-13187 Berlin, eckhard.zemmrich@gmx.de

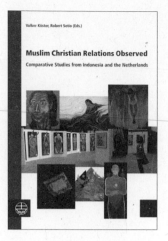

Volker Küster | Robert Setio (Eds.)
Muslim Christian Relations Observed
Comparative Studies from Indonesia
and the Netherlands

392 Seiten | 15,5 x 23 cm | Paperback
mit 12 Abb.
ISBN 978-3-374-03794-0
EUR 34,00 [D]

The Indonesian Dutch Consortium on Muslim-Christian Relations brought together academics, intellectuals as well as social activists from both countries, Christian and Muslim alike. While what is published here is the academic output, the impact of the consortium has therefore been much broader. The contributions are organized according to five generative themes: Identity, Religion and State, Gender, Hermeneutics and Theology of Dialogue. The book has attracted attention already before its publication. It is hoped that this project will inspire continuous efforts for interreligious dialogue.

EVANGELISCHE VERLAGSANSTALT
Leipzig www.eva-leipzig.de

Tel +49 (0) 341/ 7 11 41 -16   vertrieb@eva-leipzig.de